学科全息育人丛书

丛书主编　朱福荣　饶　英

初中历史
学科全息育人

本册主编　廖成林　周　均　陈晓琴

图书在版编目(CIP)数据

初中历史学科全息育人 / 廖成林, 周均, 陈晓琴主编. -- 重庆 : 西南大学出版社, 2024.5
("学科全息育人"丛书)
ISBN 978-7-5697-1516-3

Ⅰ.①初… Ⅱ.①廖…②周…③陈… Ⅲ.①中学历史课—教学研究—初中 Ⅳ.①G633.512

中国国家版本馆CIP数据核字(2024)第092827号

初中历史学科全息育人
CHUZHONG LISHI XUEKE QUANXI YUREN

丛书主编　朱福荣　饶　英
本册主编　廖成林　周　均　陈晓琴

策　　划：王　宁　时曼卿　周万华
责任编辑：时曼卿
责任校对：张　庆
装帧设计：殳十堂_未氓
排　　版：吕书田
出版发行：西南大学出版社(原西南师范大学出版社)
　　　　　地址：重庆市北碚区天生路2号
　　　　　邮编：400715
　　　　　市场营销部电话：023-68868624
印　　刷：重庆美惠彩色印刷有限公司
成品尺寸：185 mm×260 mm
印　　张：13.5
字　　数：365千字
版　　次：2024年5月　第1版
印　　次：2024年5月　第1次印刷
书　　号：ISBN 978-7-5697-1516-3
定　　价：48.00元

 编委会

丛书主编

朱福荣　饶　英

丛书副主编

贺晓霞　黄吉元

丛书编委（以姓氏笔画为序）

于泽元　王天平　艾　兴　代　宁　朱福荣　朱德全
李　鹏　李雪垠　杨　旭　吴　刚　张　良　陈　余
陈　婷　陈登兵　范涌峰　罗生全　赵　鑫　胡　焱
饶　英　贺晓霞　唐小为　黄吉元　常保宁

本册主编

廖成林　周　均　陈晓琴

本册副主编

康　宇　邹　婷　赵敏岩

本册编委

廖成林　周　均　陈晓琴　康　宇　邹　婷　赵敏岩
邓佰平　汪玉梅　叶　静　熊春梅

总序

新中国成立以来,我国的教育方针历经多次演进,但强调学生德、智、体等方面全面发展是一以贯之的基本原则和思想。1957年,我国的教育方针是"使受教育者在德育、智育、体育几方面都得到发展,成为有社会主义觉悟的有文化的劳动者"。至1995年,教育方针表述为"教育必须为社会主义现代化建设服务,必须与生产劳动相结合,培养德、智、体等方面全面发展的社会主义事业的建设者和接班人"。2015年,教育方针表述为"教育必须为社会主义现代化建设服务、为人民服务,必须与生产劳动和社会实践相结合,培养德、智、体、美等方面全面发展的社会主义建设者和接班人"。2021年,教育方针表述为"教育必须为社会主义现代化建设服务、为人民服务,必须与生产劳动和社会实践相结合,培养德智体美劳全面发展的社会主义建设者和接班人"。教育方针的演进充分体现了不同时期国家对人的发展的总体方向和要求,但随着时代的发展会增加和融入新的元素和内容。总体而言,对人的身心等方面全面发展的要求始终是我国教育方针的大方向,这也体现了马克思主义关于人的全面发展学说的本质规定性。

党的十九大报告指出,"优先发展教育事业。建设教育强国是中华民族伟大复兴的基础工程,必须把教育事业放在优先位置,深化教育改革加快教育现代化,办好人民满意的教育。要全面贯彻党的教育方针,落实立德树人根本任务,发展素质教育,推进教育公平,培养德智体美全面发展的社会主义建设者和接班人"。2019年,中共中央、国务院在《关于深化教育教学改革全面提高义务教育质量的意见》中进一步提出,"坚持以习近平新时代中国特色社会主义思想为指导,全面贯彻党的教育方针,落实立德树人根本任务""培养德智体美劳全面发展的社会主义建设者和接班人"。要"坚持五育并举,全面发展素质教育",要突出德育实效,提升智育水平,强化体育锻炼,增强美育熏陶,加强劳动教育。我国义务教育和普通高中课程方案中都明确提出,课程要"全面贯彻党的教育方针,落实立德树人根本任务""培养德智体美劳全面发展的社会主义建设者和接班人"。可以说,立德树人作为我国教育的根本任务,围绕人的全面发展而提出的"五育并举",以及由此而引发的学校全面、全程、全员育人机制的转变,是新时代教育发展的关键。

"全息"一词原意指一种可以全面、多角度地再现物体的原貌,反映物体所承载的各种信息和状态的光学成像技术。引用其部分含义,教育领域的全息育人指的是学生成长过程中所涉及时空的全部信息都是育人的信息源,发挥这些信息源的共同与合力作用来有效促进学生的各方面发展。作为一种育人理念,其主张调动和运用各种可以利用的因素,全方位、全过程地促进学生各个方面的共同发展。具体到学科领域,在新时期探索"五育"共同发展的过程中,学科教学中"五育融合"的观念应运而生,并开展了诸多有益的实践探索。

我国当前中小学的教学组织形式仍然是班级授课制为主,教学工作仍然是学校的中心工作,学科课程仍然是学校课程的主体,课堂仍然是育人的主阵地。因此,在遵循现行中小学教学形式的前提下,课堂教学还是落实立德树人根本任务、促进学生德智体美劳全面发展的最直接途径。今天,在学科教学中,"育什么人""为谁育人"已经非常明晰,"怎样育人"以及如何提升"育人质量",成为学校教学亟须回答的重大问题。通往学科"育人质量"提升的路径多种多样,全国教育理论研究者和中小学教师都进行了卓有成效的探索,其中"五育融合"是最值得关注的发展方向和路径之一。重庆市北碚区教师进修学院与西南大学教育学部和教育部西南基础教育课程研究中心共同开展的"学科全息育人"研究,就比较好地回答了在学科教学中如何实现"五育融合""怎样育人"的重大问题。他们采取的主要策略是以学科的教科书作为引领载体,以"五育融合"为视角和眼光,以单元教学为单位,按照德智体美劳从学科到单元或主题建立学科育人框架,全面挖掘单元教学内容中的"认知育人点""德性育人点""审美育人点""健康育人点"和"劳动育人点"等,实行基于"五育融合"的整体教材解读和教学设计,进而将德智体美劳等育人要素有机融合,利用课堂主阵地开展学科育人,实现学科教学向学科育人的转变。

重庆市北碚区中小学校实施的学科全息育人,坚持以马克思的"人的全面发展"学说和赫尔巴特的"教育性教学"原则为理论基础,高扬"立德树人"的大旗,以社会主义核心价值观为统领,将"德智体美劳"育人要素融入中小学各学段、各学科,使所有学科都从学科性质、地位、任务出发,既体现学科特质,又彰显育人的特殊功能,指向德智体美劳,实现由"学科教学"到"学科育人"的转变,学生通过学科学习,实现"成人"与"成才"的双统一、双发展。在育人理念层面,以学科育人的"全息性",解决学科价值与育人价值分离或单项推进的问题;在课堂实践层面,以学科育人的全面性,解决学科育人随意化、碎片化或无视化问题;在区域推进层面,通过"全要素落实、全学段推进、全学科联动",有效破解了学校、学段、学科等育人壁垒问题。

学科全息育人需要育人理念的重构。学科课程是学校落实立德树人根本任务的基本载体,每个学科都要围绕"有理想、有本领、有担当"这三个维度培养未来担当民族复兴大任的时代新人,这是对学科课程和教学的基本要求。所有学科都从学科性质、地位、任务出发,把人的发展作为学科教学的旨归,使学科价值与育人价值融合共生,既体现学科特质,又与其他学科协同为学生的成长起作用,彰显育人的特殊功能,把学科价值作为育人价值实现的条件,把育人价值作为学科价值实现的目的。这样就能把"有理想、有本领、有担当"落实到每个学科的综合素养培养中,落实到每节课、每所学校的育人目标中,学生德智体美劳全面发展的总目标就不会落空。无论是学科教学设计还是课堂教学,教学思维的起点就是将这堂课要达成的教学目标,逆向分解成每一个时段的子目标,同时,在教学中又从一堂课的时间轴进行正向思考,依据逆向设计的子目标开展多样化的学习活动。在此基础上,教师还要立体思考,将除本学科认知目标以外的其他育人目标放在何处,以怎样的方式达成,确保每个学科、每节课都将育人贯穿始终。

学科全息育人需要育人课程的设计。课堂教学既是学校教育的主阵地,也是学校教育体系的核心要素,一旦离开学校教育体系,课堂教学很难真正实现学科全息育人。实现学科课堂教学的全息育人,关键就是要找出能包含教学内容的全部信息,或能进行全息育人教学内容的整体信息,我们称之为"关键信息"(关键知识、关键方法、关键思维等)。贯穿于教学活动中的"五育"是具有"五育间性"的,也就是每"一育"既关涉其他"四育",又在教学过程中保持和谐。教学中通过"五育间性"建立基于教育学立场、育完整人的教学生态体系,实现由"渗透"到"互联"至"互育"达"合育"的逻辑演绎。重庆市北碚区的做法是,每个学科以现行国家教科书为蓝本,以"单元"为单位挖掘五育"育人点"和"融合点"。这个"单元"既可以是教科书上所列的单元,又可以是按照综合学习或跨学科学习的主题、专题设置单元,既考虑了各学科独有的"模式语言"特征,做到学科"双基"扎实"有本领",又关注到融合育人的"五育间性",做到铸魂立德"有理想、有担当",同时,避免"穿靴戴帽"式、"空洞说教"式的"五育融合"、学科全息育人。

学科全息育人催生育人方式的转型。育人方式就是要回答"新时代教育三问"的"怎样培养人",对于课堂教学的主体而言,"怎样培养人"一定是贯穿于学科教学始终的,学科全息育人引领下的教学催生育人方式的转型。一是要对"学科全息育人"理念有非常透彻的理解,把育人方式本身作为育人的重要资源;二是要把党和国家的课程方案、课程标准的要求与课堂教学及其评价关联,将"五育"要求与课程核心素养关联,并恰当融入课堂教学活动之中;三是要在课堂教学、作业布置与批改、学生学习指导、考试评价等育人环节以是否有利于学生综合素养、"五育"全面发展来衡量,将那些不经意的细节都看成会给学生带来终身影响的重要环节。特别是在智能化时代,育人方式更要从"重教书"向"重育人"转变,从固定学习到泛在学习,从储备学习到即时学习,从寻找答案的学习到寻找问题的学习,从接受性学习到批判性学习,从独自性学习到合作性学习，从烧脑学习到具身学习，从线下学习到融合学习，切实破解"见分数不见素养""见学科不见学生"的教育难题。

学科全息育人需要育人师资的再造。学科全息育人的成与败都在教师。什么样的教师能够实施学科全息育人？具有"全息"的视野、思维与能力的教师。首先，教师要有"全息"视野，也就是能从"培养完整的人"角度看待"五育"的整体性、统一性，理解德育、智育、体育、美育和劳动教育有机融合对促进学生全面发展的意义，追求"五育"相互融合、有机统一的整体融通式育人观。正如苏霍姆林斯基所言，"没有单独的智育，也没有单独的德育，也没有单独的劳动教育"，这样才能将"全息育人"理念作为学科教学的起点和归属。其次，教师要有"全息"思维，关注育人过程的关联性和整体性，培养教师用关联式、融通式思维设计与实施"全息育人"。教师要摒弃用割裂式思维看待"五育"，简单地将单科对应"单育"，认为学科课程对应智育，体育课程对应体育，音乐、美术课程对应美育。用关联式思维引导教师看到所教学科有"五育"渗透的可能性和必要性，突破"分科单育"的狭隘认知，在落实学科核心目标的同时兼顾渗透并关联其他"四育"，实现学科内的"五育融合"。用融通式思维观念引导教师打破学科逻辑和领域界限，设计跨学科、多学科的综合性主题，看到各学科交叉点与整合点之间的"相融"关系，实现学科间的"五育融合"。

重庆市北碚区中小学学科全息育人研究，切中了近年基础教育时弊，符合教育教学规律以及核心素养教育改革发展方向，以教科书为载体的"五育融合"研究范式切实有效，可借鉴、可推广，其主体研究成果《全息育人教学论》具有学术性和创新性，系列成果各学科全息育人研究对学科开展"五育融合""全息育人"具有较强的指导性和实践性。当然，该项研究主要是在2022年版的义务教育课程方案和课程标准发布之前进行的，可能还与学科课程标准提倡的学科核心素养要求有一定差距，在小学至高中学段也还有个别学科的研究成果没有出来，但是，这些不会影响该项研究及其成果的总结与推广，也希望他们能够继续深入研究，取得更有价值的研究成果。

2022年10月

（朱德全，西南大学教育学部部长，教育学博士、二级教授、博士生导师）

前言

在世界形势风云变幻的背景下,在当今教育改革的浪潮中,"育什么人""为谁育人"已非常明确,"怎样育人"以及如何提升"育人质量",成为当前和今后一段时间教育最值得关注的问题。为了落实立德树人,培养德育智体美劳全面发展的社会主义接班人和建设者,重庆市北碚区教师进修学院牵头开展了全息育人研究。该研究坚持"五育并举",全面发展素质教育;强化课堂主阵地作用,切实提高课堂教学质量。初中历史学科全息育人研究突出初中历史学科的学段特点,发掘学科育人点,彰显历史核心素养,促进历史课堂教学的科学优化,促进教师的专业发展,助推学生的全面发展,实现师生共生共长。

《初中历史学科全息育人》一书是重庆市北碚区教师进修学院全息育人研究重点课题系列丛书的初中历史分册。本书编者来自重庆市北碚区教师进修学院和十余所学校的一线教师,具有多年一线教学与科研经历,及丰富的历史教育教学成果。编者在全息育人思想引领下,对北碚区历史学科教学研究的多年成果进行总结与提升,形成了本书的研究成果。本书有理论研究的成果,但更侧重于初中历史教学的实践研究,是"五育并举"在历史课堂融合的一次有益探索,该书通过指标体系构建、教材解读、备课、上课、教研等模块系统展示了"五育并举"在初中历史教学中的实践路径。对于初入职的教师,该书可以起到拐杖的作用,帮助他们尽快入格;对于资深教师,该书可以起到路径引领作用,帮助他们把党和国家对教育的新要求落地;对研训机构的从业者而言,该书提供了全息育人背景下的历史学科研训实操案例,具有很强的参考性。

本书用六章的篇幅系统阐述了如何从教、学、评、研一体的角度出发,在初中历史学科实施全息育人,在历史课堂上实现"五育并举"。第一章《初中历史学科全息育人概述》从理论上对全息育人进行论述,为全息育人的课堂实践提供理论支持,确保研究方向的正确。第二章《初中历史学科全息育人点导引》是全书的核心内容。编者以课标、教材、学情为依据,以全息育人为指导,全面落实立德树人,建立了学科认知、德性育人、审美育人、健康育人、劳动育人五个维度,13个一级指标,42个二级指标的初中历史学科全息育人指标体系。根据指标体系,对初中历史统编版六本教材进行解读,对每一堂课如何落实全息育人提出了指导意见,这些指导意见维度丰富,视角独特,具有实操性。第三章《初中历史学科全息育人教学设计》,将理论落实到实践中,指导教师将《初中历史全息育人点导引》落实到课堂教学设计中。本章以育人为核心,指导教师进行教学设计,弥补了原来教学设计重知识、轻育人的不足,彰显了本书核心。第四章《初中历史全息育人教学实施》从理论到案例指导教师如何在课堂教学中落实全息育人。第五章《初中历史学科全息育人教学评价》从育人角度对课堂进行评价,编者还提供了课堂观察量表,帮助教师从评价角度去理解全息育人,促进五育在课堂教学中的实现。第六章《初中历史学科全息育人研修》,为教师研训提供理论指导和实操案例,既可以为区域性的研究指导提供引领,也可以为校本研修提供指导。

  在本书编写过程,编者坚持为一线教师指明教学指导重心,注重实践性,因此本书的另一个亮点就是有大量来自一线的案例,涵盖了新授课、复习课等不同课型,对广大一线初中历史教师而言,具有很强的参考价值。

目录

第一章　初中历史学科全息育人概述

第一节　初中历史学科全息育人的背景　3
第二节　初中历史学科全息育人的价值　4
第三节　初中历史学科全息育人的内涵与特点　7

第二章　初中历史学科全息育人点导引

第一节　初中历史学科全息育人点导引设计的依据　11
第二节　初中历史学科全息育人框架设计　13
第三节　初中历史学科全息育人点导引设计　17

第三章　初中历史学科全息育人教学设计

第一节　全息育人教学设计的理念　111
第二节　全息育人教学设计的原则　113
第三节　初中历史学科全息育人教学设计流程　115
第四节　教学设计案例及分析　123

第四章　初中历史学科全息育人教学实施

第一节　初中历史学科全息育人教学实施理念　141
第二节　初中历史学科全息育人课堂教学方式　142

第五章 初中历史学科全息育人教学评价

第一节 初中历史学科全息育人教学评价理念　157
第二节 初中历史学科全息育人教学评价原则　158
第三节 初中历史学科全息育人的课堂教学评价方法　161
第四节 初中历史学科全息育人教学评价案例　166

第六章 初中历史学科全息育人研修

第一节 初中历史学科全息育人研修理念　175
第二节 初中历史学科全息育人研修原则　178
第三节 初中历史学科全息育人研修策划与实施　180
第四节 初中历史学科全息育人课堂教学研修案例及评析　185

参考文献　199

后记　203

第一章 初中历史学科全息育人概述

初中历史学科全息育人

    随着教育的发展,学科教学不仅要发挥传授学科知识的简单功能,还要发挥学科育人功能,使教育对学生产生深远影响。2019年,中共中央、国务院发布《关于深化教育教学改革全面提高义务教育质量的意见》,明确提出要坚持立德树人,着力培养担当民族复兴大任的时代新人;坚持"五育"并举,全面发展素质教育。历史作为一门人文性很强的社会学科,必须要承担起塑造学生健全人格的责任,当前我国推行的新课程教学改革也对历史学科的育人价值提出了新要求。

第一节　初中历史学科全息育人的背景

一、新时代国家教育方针的有效落实

中共中央、国务院于2019年发布《关于深化教育教学改革全面提高义务教育质量的意见》，明确提出：坚持德育为先，教育引导学生爱党爱国爱人民爱社会主义；坚持全面发展，为学生终身发展奠基；坚持面向全体，办好每所学校、教好每名学生；坚持知行合一，让学生成为生活和学习的主人。因此"育什么人""为谁育人"已非常明确，"怎样育人"以及如何提升"育人质量"，成为当前教育最值得关注的问题。

2019年，国务院办公厅发布了《关于新时代推进普通高中育人方式改革的指导意见》，通过突出德育时代性、强化综合素质培养、拓宽综合实践渠道、完善综合素质评价等方式，来构建全面培养体系。2020年，中央全面深化改革委员会第十一次会议审议通过了《关于全面加强新时代大中小学劳动教育的意见》，强调把劳动教育纳入人才培养全过程，贯通大中小学各学段，贯穿家庭、学校、社会各方面。这一系列政策的出台，使"五育并举"成为当今的热点。

二、中学历史课程改革的相关要求

教育部于2001年6月颁发的《基础教育课程改革纲要（试行）》中，对这次改革的目的进行了全面阐述："新课程的培养目标应体现时代要求。要使学生具有爱国主义、集体主义精神，热爱社会主义，继承和发扬中华民族的优秀传统和革命传统；具有社会主义民主法制意识，遵守国家法律和社会公德；逐步形成正确的世界观、人生观、价值观；具有社会责任感，努力为人民服务；具有初步的创新精神、实践能力、科学和人文素养以及环境意识；具有适应终身学习的基础知识、基本技能和方法；具有健壮的体魄和良好的心理素质，养成健康的审美情趣和生活方式，成为有理想、有道德、有文化、有纪律的一代新人。"

随着时代的发展，尤其在当今信息时代的大背景下，相对稳定的中学历史教材或缺乏观念更新的教师，更易受到大众媒体上不同史料、不同观点的挑战。历史学科的育人价值若只重视基础知识、基本技能,却轻视认识历史的方法能力,或只重说教而轻体验感悟,难免会陷入捉襟见肘、苍白无力的尴尬境地。

三、初中历史课堂教育教学的现状

在很长一段时间里,初中历史课堂教学为了迎合升学考试的需要,在实际教学中只重视基础知识的传授,"狠抓双基"成了很多学校追求的主要目标。在这样的教学环境中,生动复杂的历史变成了死记硬背的条文,学生缺乏学习历史的兴趣,只有为了升学压力而硬着头皮去学习的无奈。对历史学科育人价值的基础定位,教学者在认识与实践上也存在着某些偏差,比如把系统的历史知识及其概念体系作为历史学科的"基础知识";把对这些知识与概念的识记和机械反馈式的运动视作"基本技能";情感熏陶、思想教育多采用说教、煽情或灌输等方式。虽然其中也有教师个人魅力的体现,但更多时候教师将历史视作叙述而非解释,对历史的认识显得封闭而非开放,以至于忽视了"我们如何知道(过往)""我们如何认识(历史)"等学习和认识历史的方法与能力,忽视了在认识历史过程中对学生情感体验和观念意识的培养,忽视了历史学科本身所蕴含的智慧、修养和人格的穿透力及内化,将历史学科的育人价值及实践"窄化"了。

第二节　初中历史学科全息育人的价值

一、落实国家育人的要求

"培养什么人、怎样培养人、为谁培养人"是当今必须要深刻思考的问题,也是必须要面对解决的问题。二十大报告中明确提出:"我们要坚持教育优先发展、科技自立自强、人才引领驱动,加快建设教育强国、科技强国、人才强国,坚持为党育人、为国育人,全面提高人才自主培养质量,着力造就拔尖创新人才,聚天下英才而用之。"这为当今我国的教育事业注入了一针强心剂,不仅对我国的教育事业有着非凡的意义,同时对我国的社会主义发展进程也有着深远的影响。

党和国家多次强调学校教育要"育人为本,德育为先""把立德树人作为教育的根本任务"。2014年,教育部《关于全面深化课程改革落实立德树人根本任务的意见》指出:"要在发挥各学科独特育人功能的基础上,充分发挥学科间综合育人功能",明确了各学科的育人任务。其中,深化课程改革的工作目标是,"高举中国特色社会主义伟大旗帜,推动社会主义核心价值观进教材、进课堂、进头脑,着力培养学生高尚的道德情操、扎实的科学文化素质、健康的身心、良好的审美情趣,努力使学生具有中华文化底蕴、中国特色社会主义共同理想、国际视野,成为社会主义合格建设者和可靠接班人。"

党的十八大把"立德树人"作为教育工作的根本任务,培养德智体美劳全面发展的社会主义建设者和接班人,深刻回答了"培养什么人、怎样培养人、为谁培养人"这一根本问题。2018年全国教育大会也指出,要努力构建德智体美劳全面培养的教育体系,形成更高水平的人才培养体系,对"五育"建设提出了要求。"学科全息育人"正是"立德树人"教育方针和社会主义核心价值观的落地,以解决"五育"分离及重知识教学、轻学科育人的问题。由此看来,学科育人成为当下及未来我国教育研究的重要内容。

二、课程标准的深度实施

《义务教育历史课程标准(2022年版)》(以下简称《课标》)中按照时序与主题相结合的方法组织学习内容,将历史内容分为中国古代史、中国近代史、中国现代史、世界古代史、世界近代史、世界现代史6个学习板块,同时新增了跨学科主题学习。确立了历史课程应围绕核心素养确立课程目标,并对核心素养,即唯物史观、时空观念、史料实证、历史解释、家国情怀五个方面的内涵和要求做了具体的阐释,特别强调课程目标是一个不可分割、相互交融、相互渗透的连续过程和有机整体,与现阶段提出的"学科全息育人"理念相契合。

《课标》明确提出,历史课程改革要以唯物史观和科学的教育理论为指导,通过精选历史课内容,设计灵活多样的教学方式,激发学生学习历史的兴趣,转变学生被动接受、死记硬背的学习方式,拓展学生学习和探究历史问题的空间。针对这样的要求,教师应从创新上多下功夫,寻求改变之法,而学科全息育人理念正是为"创新"开辟了新的途径,五育并举,真正实现教学方式的转变。

初中历史学科全息育人

三、课堂教学的科学优化

新课程改革对初中历史课堂教学提出了新的时代要求,中学历史教学工作者只有通过改变传统的教学方式,不断进行历史教学方式的探索与创新,培养更高素质的学生,才能达到新课程改革的标准,为社会提供更强能力的人才。

学科育人要求教师改变传统的教学方法,选择更灵活高效的教学手段,以适应新时期的发展要求。通过提高学生的创新能力、思考能力、自学能力,培养学生更深厚的历史素养,及更高的积极性与能动性,成为知识的主人。教师应遵循历史学科的特点,强化历史学科育人价值的研究和实践,通过点明、点拨、点化等策略,让学生感悟人类文明的进程,领悟、体悟求真务实的史学方法,最终形成基于理性认识与人文关怀的兴趣、情感和人生观、世界观,实现历史学科的育人价值。

四、促进教师的专业发展

随着我国课程改革的不断深入,教师的专业发展有了更高的要求,教学不再简单地以传授学生历史知识为主,而是让学生正视历史,从历史的发展轨迹中探寻未来社会的发展趋势,培养未来社会需要的人才。这些新要求、新挑战,促使我们不断探索教师专业发展的新路径。学科全息育人教学理念要求教师优化自身知识结构,让学生按照专业发展严格要求自己,扩大知识体系,加强与其他相关科目教师的交流,实现综合性教学过程。这既能促进教师个人发展,也有利于各学科教师间的协同发展。

五、助力学生的全面发展

历史学科全息育人以大视野、大格局、大系统、大整合的思路与策略,整合教学内容与形式,以最精要的知识、方法、能力等为教学骨架,加强历史学科课堂的育人功能。通过历史学科全息育人,让学生在了解历史事件、历史人物、历史发展的过程中自然地接受社会主义核心价值观教育。引导学生树立唯物史观,感悟中华文明的历史价值和现实意义,深化爱国主义情感,拓宽观察世界的视野,认识世界历史发展的总体趋势,增强对祖国和人类的责任感,逐步树立为中国特色社会主义事业、人类的和平与发展做贡献的人生理想。通过历史学科全息育人,让每一节历史课成为提升学生学科整体素养和促进学生生命发展的全息载体,实现学生对世界的深度认识、对社会的全面了解、对个体的准确评价,以及对未来的美好盼望,让每个学生涵养创造未来的智慧,养成行走全球的品格。

第三节　初中历史学科全息育人的内涵与特点

一、初中历史学科全息育人的内涵

随着教育的发展,学科教学不仅要发挥传授不同知识的简单功能,还要发挥学科育人的功能,使教育对学生产生深远影响。2014年教育部印发的《关于全面深化课程改革落实立德树人根本任务的意见》明确提及学科育人这一概念后,关于学科育人的研究成为热点。随后,我国对学科育人展开了大讨论,并在各个学科领域进行了实践,取得了丰硕的成果。

学界对学科知识和学科教学育人功能也做了理论上的阐释。学科育人是学科本质的应有之义,是从学科的文化土壤里萌发、生长起来的,而不是外加的。[1]"人—知"互动是学科育人的逻辑起点。构建"人—知"互动关系,促进学生与知识相遇,把知识引入学生生命,实现知识内蕴的对于学生成长的价值,体现学科知识与学科教学的育人功能。[2]学科育人观念的树立有助于教师顺利达成立德树人的使命。教育目的由单一注重知识掌握和技能习得,演进到培养德智体美劳全面发展的人,促使教学活动的具体实践者应相应甚至提前更新自身的教学价值观。此外,学生核心素养的培育呼唤学科育人的实施。核心素养关注的是"培养什么样的人"的问题,它超越了学科本位,直指育人核心。核心素养引领下的课堂教学实践必然要以学科育人理念为指导,以此保证学科育人价值的显现和发挥,而这又为学生核心素养的培育奠定了基础。

二、初中历史学科全息育人的特点

(一)学科性

中学历史学科具有独特的育人价值,这个观点在不同的时代、不同的国家,尽管受不同的时代观念影响或主流意识支配,也已经殊途同归地被证明了无数次了。历史教学的价值被概括为科学价值、政治价值、理智价值、伦理价值、借鉴价值、思维价值和审美价值。历史教学能帮助学生在思考和解决历史相关问题时,培养比较稳定的兴趣、情感和价值取向,故历史学科在促使学生认同社会主义核心价值观等方面有着无可替代的作用。

---

[1] 成尚荣.学科育人:教学改革的指南针和准绳[J].课程·教材·教法,2019(10):82-89.
[2] 郭元祥.论学科育人的逻辑起点、内在条件与实践诉求[J].教育研究,2020(04):4-15.

(二)生成性

在初中历史学科全息育人理念中,要求教师对知识进行重新定义,把知识理解为个人和社会解读经验的方法,将学生看作社会中不断发展变化的个体,将学科课堂教学看作动态和生成的过程。在学科学习中,认识和理解已有经验不是最终目的,最终目的是在学会认识和理解这些经验的过程中,利用这些经验探究历史问题,从中发现和发展新知识,推动人类社会发展。要求学生在趋近真实的历史情境中获得发展,而不能只在书本中或试卷上进行抽象的演绎。

(三)时代性

从广义上讲,无论是仁人志士的嘉言懿行,还是无耻之徒的污言秽行,均会为后人的修身立德、树根立魂产生激励或警示的作用。虽然道德也具有时代性,但那些经历了岁月历练而积淀下来,至今仍为人们所认可、尊奉、追求的普世价值,仍是激励后人不断奋进、持久拼搏的动力。从狭义上讲,某些具体的育人内容,也自然会随着时代的发展和人们观念的进步有所丰富、有所完善。例如在相当长的一个时期里,历史教育把无私无畏、不畏强暴、蔑视权威、视死如归的革命精神教育、民族气节教育等作为革命传统教育的重要内容,这是由民主革命时代特有的时代特征所决定的。在新的历史时期,历史教育不仅要展现共产党人面对强敌的大无畏革命精神,更应该展现人类在追求真理过程中勇于进取、勇于开拓的创新精神;展现共产党人在革命中体现的美德、智慧和毅力;展现革命前辈在探索中国民主革命和社会主义建设道路时表现出的探索精神,在艰苦革命环境中表现出的大公无私的精神,用这种精神教育我们年轻的一代,勇于探索、克己奉公,这才是对革命传统教育内涵、对历史知识育人价值内容的发展与完善。学生有权利知道人类历史发展的经验教训以及人类认识历史的思想方法,时代性赋予初中历史学科全息育人特有的内涵,与时俱进应当成为其不断发展、日益完善和追求卓越的本质意义。

第二章

初中历史学科全息育人点导引

初中历史学科全息育人

全息育人要求落实全内容、全过程、全要素、全方位的育人思想。初中历史学科教学的主要阵地在课堂,初中历史学科知识是育人的主要资源,围绕教学主题的教学设计就是把教材知识、教师引导、学生认知通过教学活动联系起来,实现学习和育人的目的。教学设计的构思和教学活动的设置对于专业的历史教师来说不是难点,难点在于:历史课堂教学怎样实现立德树人的目标?如何把历史知识点的教学与历史学科的育人有机结合?

教师、学生和教材之间其实是相辅相成、辩证统一的关系。我们依据统编版初中历史教材设计全息育人点导引,目的在于对教师如何选取教材知识点进行教学设计,把教材知识变成立德树人的素材,把学生学习活动变成立德树人的途径,以期抛砖引玉。本章从教材每一课的知识点出发,从德智体美劳五个角度对教材知识点进行育人点分解,把历史学科核心素养在初中阶段的要求进行了初步的解读,希冀一线教师在具体教育教学实践中实现"印象—意识—实践—精神—自我内化",提升自己的教育教学水平。

第一节　初中历史学科全息育人点导引设计的依据

2020年,中共中央、国务院印发《深化新时代教育评价改革总体方案》,这是新中国第一个关于教育评价系统性改革的文件。其中,重点任务第二点提出,改革学校评价,推进落实立德树人根本任务。要坚持把立德树人成效作为根本标准,完善幼儿园评价,改进中小学评价,健全职业学校评价,改进高等学校评价。第四点提出改革学生评价,促进德智体美劳全面发展。要树立科学成才观念,完善德育评价,强化体育评价,改进美育评价,加强劳动教育评价,严格学业标准,深化考试招生制度改革。落实立德树人就是要把培养学生的初中历史学科核心素养落到实处。

一、课程标准

华东师范大学教授聂幼犁曾说过,我们必须严肃地研读《课标》,因为它体现了国家的期望。因此,教师要认真解读《课标》,充分研读教材,运用教材资源,合理补充相应的资源,从学生的实际情况出发,采用多种教学方法,激发学生学习的兴趣,调动学生参与课堂教学活动的积极性,完成《课标》规定的任务,打造高效、优质的课堂,将培养学生的史学素养落到实处。[1]

《课标》指出:义务教育历史课程是学生在马克思主义唯物史观指导下,了解中外历史发展进程、传承人类文明、提高人文素养的课程,具有思想性、人文性、综合性、基础性特点,具有鉴古知今、认识历史规律、培养家国情怀、拓宽国际视野的重要作用。

初中阶段的学习应该在唯物史观的指导下,弘扬以爱国主义为核心的民族精神和以改革创新为核心的时代精神,引导学生了解和认识人类社会的发展历程,更好地认识当代中国和当今世界。学生通过初中阶段的学习,能够掌握为人生发展所必备的关键能力。

二、教材特点

2016年,中共中央办公厅、国务院办公厅联合印发《关于加强和改进新形势下大中小学教材建设的意见》,要求要使大中小学教材的内容始终坚持正确政治方向和价

---

[1] 张文英.初中历史统编教材施教策略[J].贵州教育,2019(15):29-31.

值导向,牢固树立和贯彻落实新发展理念,全面贯彻党的教育方针,加强社会主义核心价值观教育……努力培养又红又专、德才兼备、全面发展的中国特色社会主义事业合格的建设者和可靠的接班人。①

历史教材是根据设定的培养目标和历史课程标准编写的。统编初中历史教材突出"德育为魂、能力为重、基础为先、创新为上"的基本原则,具有以下特点:

一是在教材内容的呈现方式上,体现出历史学科的时序性和系统性。

二是内容编排上采取编年体的"点—线"结合的呈现方式。

三是具体呈现"单元—课—目"的结构。每课以正文为主体,辅以功能性栏目,以便拓宽学生视野,培养学生的学科能力与学科素养。

三、学情教情

教学是双向行为,既有教师的教,也有学生的学,二者缺一不可。要想使初中历史教学成为科学的、有效的教与学行为结合体,必须研究学情和教情。

(一)学情

初中生往往在读的三年期间会经历生理的快速发育并实现生理发育的基本成熟。这其中包括大脑技能的完善,骨骼肌腱的生长发育、男女生性别特征的发育成熟等等。而其心理方面的成长发展则主要体现在认知与语言能力的发展、个体人格的不断健全以及社会性的日益凸显等等。②正因为如此,初中生的情绪、情感、思维、意志、能力及性格还极不稳定,具有很大的可塑性和易变性。

从心理角度来看,初中学生对新鲜事物充满好奇,在人际交往中好表现,希望得到肯定和表扬。

从生理角度来看,初中学生好动,注意力易分散,不容易长时间学习。

从学习态度来看,大部分学生学习目标还是比较明确的,能够认真完成教师布置的学习任务。但一部分学生仍然存在学习目的不明确、学习动力不足、学习主动性不够等问题。

从学习状态来看,初中学生受认知结构、能力水平的限制,对事物的认识还停留在表面,处在感性认识阶段,辩证看待历史问题的能力不足。理论知识比较欠缺,但思维活跃、敢于发言,素质呈现多层次的特点。

---

① 方颖.理解导向 把握特点 优化课堂——部编本初中历史教材使用建议[J].福建基础教育研究,2017(07):12-14.
② 王艺璇.新时代中学生品德养成教育研究[D].长沙:湖南大学,2019:12.

从社会意识角度来看,初中学生对于自己在集体、社会、国家中的角色认识不足。部分学生义务意识淡薄,更多的只关注自己,不关注他人、集体、社会和国家的利益,自我为中心的现象比较突出。

(二)教情

教师是教学实践改进与变革的实施者与推动者,教师以符合教学需要的理念指导并参与教学实践,从而实现对教学实践的改造与变革。初中历史教师是学生进行历史学习活动的设计者,在课堂上是引导学生进行学习活动的引导者和评价者,在课后是指导学生参与历史学习实践的指导人。

教材是教学的起点与依据,教师对教材的理解必然会影响教学活动的开展。在从知识本位转向学生本位的教学转变过程中,伴随着诠释学的引入及其在课程与教学中的彰显,所理解概念拥有了更为丰富的内涵,传统意义上的知识至上、直线式理解的观念逐渐受到质疑,对教材理解的认识和观念正在发生着转变。

教学的复杂性要求教师在理解教材时要突破简单思维与简单方式,把教材理解从单一的、表层的知识理解转向更为广阔、更为深入的复杂性理解。这种理解需要在以知识为载体的基础上,关涉教材中的学科思想方法、国家和社会的主流意识形态,历史社会中的文化传统与创新,学生的生活体验、经验与生命意义建构以及教师专业成长中的自我理解,是各个维度、各个层次的综合性理解。[①]

初中历史教师往往有很大部分不是科班出身,或者本身是教其他学科的教师,因为各方面的原因转教历史,长期被边缘化,虽然他们对于教育教学没有什么问题,但是对历史学科本身的特点把握比较差,不能完全理解基本历史概念。这样,往往会影响其历史教育与教学,最终使历史课堂教学达不到效果。

第二节 初中历史学科全息育人框架设计

历史学科的育人价值在于:通过历史学习帮助学生将历史的间接经验转化为他们的直接经验,以滋养他们的心智成长。促进学生形成初步的唯物史观,了解和热爱祖国的历史和文化,增强爱国主义情感,坚定社会主义信念,逐步形成对自己、对社

[①] 岳定权.意义的追寻:教师教材理解研究[D].成都:四川师范大学,2020:82.

会、对国家和对民族的责任意识。初步学会从历史的角度观察和思考社会与人生，从历史中汲取智慧，逐步树立正确的世界观、人生观和价值观，提高综合素质，得到全面发展。

一、初中历史学科全息育人框架设计的目的和思路

总体目标：落实立德树人根本任务，让初中历史学科核心素养落地。

教学过程要与教育过程紧密结合在一起，在注重知识传授的过程中实现教育目标，促成学生学科素养、人文素养的形成。因此，教师必须努力使学生都得到平等的学习机会，使其健康发展。教师在教学过程中还要加强对学生的社会主义核心价值观、中华优秀传统文化等方面的教育，帮助学生树立正确的历史观念，形成国家认同、民族认同、文化认同，增强"四个自信"，培养学生的民族意识、国家意识和国际意识，使学生成为具有中国心的世界人。

立德树人是教育的根本任务，本育人框架的编写本着德智体美劳五个方面落地的目的，把"五育并举、全息育人"分解为：学科认知、德性育人、审美育人、健康育人、劳动育人五个维度，每个维度再层层分解成三级指标，为初中历史教师在具体操作时提供依据。

二、初中历史学科全息育人框架

表2-1　初中历史学科全息育人框架

维度	一级指标	二级指标	三级指标
学科认知	学科知识	历史事件	知道重要历史事件的起因、经过、结果，了解其影响。
		历史人物	知道重要历史人物的基本情况，了解他（她）主要的历史活动轨迹。
		历史现象	了解历史事件运动的外部联系和表面特征。
		历史线索	了解历史的时序和多种历史呈现方式，初步掌握历史发展的基本线索。
	基本方法	阅读教材及相关历史读物的方法	掌握"目录—课文—地图、插图—习题、题目—年表"的"五步教材阅读法"；初步学会挑选和鉴别课外历史读物的方法。
		识别和运用历史地图和图表的方法	掌握基本的科学记忆方法，如历史年代特征记忆法、谐音记忆法、等距记忆法、中外对照记忆法等。
		查找和收集历史信息的方法	学会通过阅读教材、课外读物或观看文物图片、资料，获取历史信息的方法。

续表

维度	一级指标	二级指标	三级指标
学科认知	基本方法	运用材料具体分析历史问题的方法	初步学会对获取的材料进行分析、比较、归纳、整理的方法。
	关键能力	历史线索把握能力	通过重要的历史事件、历史人物及历史现象,知道人类文明的主要成果,初步掌握历史发展的基本线索。
		历史事物认知能力	在具体的时空条件下对历史事物进行考察,从历史发展的进程中认识历史人物、历史事件的地位和作用。
		史料信息提取与解读能力	通过文献、图片、图表、实物、遗址、影像、口述以及历史文学作品等,提高阅读能力和观察能力,形成符合当时历史条件的一定的历史情境想象。 初步学会从多种渠道获取历史信息,了解以历史材料为依据来解释历史的重要性;初步形成重证据的历史意识和处理历史信息的能力。
		历史问题解决能力	初步掌握运用唯物史观、对比分析等分析和解决历史问题的能力。
	学科思维	逻辑思维	在学习历史的过程中借助于概念、判断、推理等,能动地认识客观现实,形成逻辑推理能力,并能够在生活中迁移运用。
		辩证思维	在学习历史的过程中借助概念、判断、推理等,正确认识客观事物辩证发展的过程,在生活中能在矛盾的运动、变化与联系中对事物有全面认识。
		批判思维	在历史学习中基于历史事实,因循历史发展的规律,通过严谨、明辨的思考对历史事实进行分析和判断。能够在生活中明辨是非。
		发散思维	在历史学习中沿着各种不同的方向去思考,重组历史信息,寻求历史的多面性。在生活中能从多维度认识事物,理解世界。
德性育人	家国情怀	国家认同	知道主要文化遗产有哪些,厘清中国作为统一的多民族国家的发展历程,增强对国家的认同感和归属感、责任感和使命感,逐渐形成对祖国和人民的深情大爱。
		民族认同	能从历史的角度认同中华优秀传统文化,理解在漫长的历史进程中,我国各族人民密切交往、相互依存、休戚与共,形成中华民族多元一体的格局,共同推动了国家的发展和社会的进步,增强民族自信心和自豪感。
		制度认同	从社会主义发展的实践进程,深刻认识和把握在中国共产党的领导下的中国特色社会主义制度的优越性和先进性,不断增强对这一制度的价值认同、情感认同和理性认同。
	社会责任	遵纪守法	对规章制度遵从,对法律发自内心地认可、遵守、崇尚,成为遵纪守法的合格公民。
		担当奉献	正确认识个人与集体、个人与社会、个人与国家的关系,具有正确的价值判断,培养担当、奉献精神。
		环保意识	提升对环境保护的认识水平,不断调整自身行为,积极参与人与自然和谐共生的实践活动。

续表

维度	一级指标	二级指标	三级指标
德性育人	社会责任	国际视野	能用国际视野观察人类社会历史发展的基本趋势及人类文化的多样性，理解和尊重世界各国、各民族的文化传统。学习汲取人类创造的优秀文明成果，知道和平与发展是当今时代主题，逐步形成面向世界的视野和意识。
德性育人	个人品行	明礼诚信	逐渐养成讲文明、懂礼仪，诚实守信，表里如一，言行一致等个人行为品质。
德性育人	个人品行	孝亲敬长	逐步养成孝敬父母、尊重长辈的习惯。培养感恩之心、仁爱之心，陶冶宽广胸襟。
德性育人	个人品行	友善待人	在人际交往中互相尊重、互相关心、互相帮助。将仁爱、友善延伸至他人、社会和国家，形成社会主义新型人际关系。
审美育人	自然之美	环境之美	领略人类赖以生存的自然环境之美。初步认识人类历史发展的过程就是和自然环境互动的过程，形成热爱地球、保护环境的意识。
审美育人	自然之美	和谐之美	感受人与自然的和谐相处，以及人类适应自然、利用自然所创造出来的卓越的文明成果。
审美育人	人文之美	社会发展之美	通过国家治理、制度进步等角度认识人类社会是由低级向高级发展的，人类社会发展会越来越美好。
审美育人	人文之美	人文艺术之美	走进历史，从图片、实物、遗址、遗迹等体会其反映出的古人美好的愿望，感受历史沉淀中展现出来的艺术美。
审美育人	人文之美	人类智慧之美	感受在历史的时间长河里闪烁的人类智慧的光芒，汲取前人的经验和历史智慧。
健康育人	身体健康	身体健康的意识	通过了解某些身体强健的历史人物对社会的贡献，认识个体的健康有益于自身的成长，有益于社会的发展。认识群体的健康与社会的发展紧密相关，形成个人强健体魄的意识和社会健康的意识。
健康育人	身体健康	身体健康的方法	学习中华优秀传统文化中锻炼身体、增强体质的方法，养成健康的生活习惯。
健康育人	心理健康	悦纳自己	通过历史上重要历史人物的嘉言懿行，形成积极进取的人生态度和尊重生命、悦纳自己的健康心理。
健康育人	心理健康	理解他人	通过学习历史人物胸怀宽广的品质，学会尊重他人，理解他人。
健康育人	心理健康	适应时代	了解人类社会历史发展的基本趋势，认识历史是不断发展的，逐渐形成把握时代的脉搏，顺应历史的潮流，走在时代前列的意识。
劳动育人	劳动意识	劳动观念	认识劳动对于人类的起源和人类社会发展的重要作用，形成正确的劳动意识，拥有积极的劳动态度，主动参与劳动，为实现中国梦艰苦奋斗。
劳动育人	劳动意识	实证精神	逐渐形成证据意识、实证意识。
劳动育人	劳动意识	创新意识	学习历史人物勇于抛弃旧思想、旧事物，创立新思想、新事物，敢为天下先的精神。综合运用所学，形成提出新方法、新观点的思维能力，以及革故鼎新的进取精神。

续表

维度	一级指标	二级指标	三级指标
劳动育人	劳动实践	历史制作	从对历史的学习中加深对历史的认识和理解,积极参与历史制作(如地图制作等),还原历史事物的本貌。
		历史考察	对历史遗迹、遗址、遗物等历史载体进行考察,把历史与现实进行关联,提升学习历史的兴趣,培养时空观念、史料实证的学科素养。
		历史写作	通过写历史小论文、历史影视作品观后感、历史书籍读后感、历史演讲稿、历史短剧剧本等,提升收集和处理历史信息的能力和语言表达能力。

第三节　初中历史学科全息育人点导引设计

我们力图解决初中历史课堂教学中育什么样的人,以及一线初中历史教师备课盲目等问题,帮助初中历史教师整体把握初中历史课程要从哪些具体方面来立德树人,对于同一教学主题设计可以选取哪些历史知识点作为育人点,教师要从学生的实际情况出发,采取有效的施教策略,关注、激发学生学习历史的兴趣,充分调动学生学习的积极性,使学生在学习的过程中掌握最基本的历史知识和学习方法,提高学生学习历史和认识历史的能力,逐步发展学生的历史学科核心素养,最终完成立德树人的任务。[1]

一、《中国历史　七年级　上册》全息育人点导引

第一单元　史前时期:中国境内早期人类与文明的起源

(一)教材分析

本节内容为中国古代史的开篇,是中国历史的源头,是中国历史的第一块基石。

在一百多万年前,中华大地上就有人类活动。考古学发现的旧石器时代遗址为研究中国古人类提供了可靠的依据。中华文明诞生于考古学上的新石器时代。中国是世界上原始农业产生最早的地区之一。通过考古发掘、传说故事,勾勒出中国历史的原初风貌,开启中国历史学习的篇章。

---

[1] 张文英.初中历史统编教材施教策略[J].贵州教育,2019(15):29-31.

(二)单元目标

知道北京人的特征,了解发现北京人的意义。知道化石是研究人类起源的主要依据。了解半坡居民、河姆渡人的生活和原始农业的产生。知道考古发现是了解史前社会历史的重要依据。知道炎帝、黄帝的传说故事,理解传说与神话中的历史信息。

(三)单元构成

本单元分为三课:第1课《中国境内早期人类的代表——北京人》,第2课《原始农耕生活》,第3课《远古的传说》。

表2-2 《中国境内早期人类的代表——北京人》课时育人导引

	第1课《中国境内早期人类的代表——北京人》
学科认知	了解人类历史的起源;掌握我国主要的远古居民元谋人、北京人的生产生活情况及距今年代,理解发现北京人的意义。
德性育人	知道中国是世界上最早的文明起源地之一,增强学生的民族自豪感。
审美育人	1.体会北京人在恶劣的自然条件下,认识、利用自然所体现的人与自然和谐之美。 2.鉴赏《山顶洞人使用的骨针和装饰品》,了解艺术的起源,体会原始艺术之美。
健康育人	在合作学习中,让学生理解他人、愉悦自己。
劳动育人	讲述发掘历史文物的相关知识,组织学生去博物馆等场所参加体验活动。
教学设计提示	1.播放文物考古的视频,帮助学生初步认识考古发掘在历史学上的地位与作用。 2.出示考古图片,指导学生识读历史图片,鉴赏历史文物。 3.讲述北京人头盖骨的故事,让学生体会考古学者的责任与担当。

表2-3 《原始农耕生活》课时育人导引

	第2课《原始农耕生活》
学科认知	1.了解半坡居民、河姆渡人的生活和原始农业的产生。 2.比较半坡居民、河姆渡人的生活场景,培养学生的比较思维。
德性育人	半坡、河姆渡遗址的发现,证明中国是世界重要的文明发祥地之一。
审美育人	1.从半坡与河姆渡人的生活场景中体会历史的自然之美。 2.鉴赏教材中的图片,体会原始的艺术之美;比较半坡居民、河姆渡人的生活场景,感受古人应对自然的智慧之美。 3.结合良渚文明申遗成功的事迹,感受中国先民的智慧之美。
健康育人	比较半坡居民与河姆渡人的生活情景,体会中国先民与自然抗争、积极向上的精神风貌。
劳动育人	学习有关农耕生活的知识,体会人类改造自然的艰辛,增强学生的劳动意识。
教学设计提示	1.播放半坡、河姆渡的考古纪录片。引导学生讲述原始农耕生活。 2.出示教材中的图片,引导学生初步识读历史图片。 3.播放良渚文明申遗成功视频,引导学生总结良渚文明的地位与作用。

表2-4 《远古的传说》课时育人导引

	第3课《远古的传说》
学科认知	了解华夏族的形成,炎帝、黄帝的重要发明,尧、舜、禹的禅让等相关知识。
德性育人	1.了解有关炎帝、黄帝的传说,认识远古先民对人类文明发展所做的贡献,体会作为炎黄子孙的骄傲和自豪。 2.学习大禹舍小家为大家的奉献精神。
审美育人	鉴赏骨笛,体会古代音乐的艺术之美;学习禅让制,体会古人治理社会的智慧。
健康育人	在合作学习中,让学生理解他人,悦纳自己。
劳动育人	比较大禹与前人的治水方案,体会大禹的创新精神,引导学生树立创新意识。
教学设计提示	1.召开学生故事会,分享关于中国的古代神话故事。 2.比较禹与鲧的治水方案,引导学生得到启示。 3.展示骨笛的照片,认识中国古代艺术之美。

第二单元 夏商周时期:早期国家与社会变革

(一)教材分析

本单元主要由两大主题构成:国家的产生和国家发展到一定阶段出现的社会变革。国家的产生是中华民族进入文明社会的标志之一,也是人类社会发展的结果,夏朝是中国历史上最早的国家,随后的商朝、西周继续向前发展。金属工具的发明和文字的使用是人类进入文明社会的两大标志。春秋战国时期的历史,最大的特点就是"变",从春秋时期的"渐变"到战国时期的"巨变",诸子百家共同铸就了中华民族传统文化的基本精神,建立统一的多民族国家成为历史发展的必然。通过本单元的学习,使学生认识国家产生和社会变革对人类文明进步的影响,让学生用发展的眼光看待早期奴隶制国家的文明成就和社会变革。

(二)单元目标

知道夏朝的建立标志着国家的产生,知道夏、商、周三代的更替,了解西周的分封制及其作用。了解青铜工艺的成就,知道甲骨文是已知最早的比较成熟的汉字。知道春秋战国时期诸侯国之间的战争,了解这一时期的社会变化。通过商鞅变法,理解改革促使秦国强大、社会发展。通过都江堰工程感受中国古代人民的智慧和创造力。知道老子和孔子,初步理解"百家争鸣"对后世的深远影响。

(三)单元构成

本单元分为五课:第4课《夏商周的更替》,第5课《青铜器与甲骨文》,第6课《动荡的春秋时期》,第7课《战国时期的社会变化》,第8课《百家争鸣》。

初中历史学科全息育人

表2-5 《夏商周的更替》课时育人导引

	第4课《夏商周的更替》
学科认知	1.了解夏、商、西周三代更替的基本事实,了解西周分封制的内容和作用,初步梳理历史发展线索。 2.在夏商周兴替的学习中培育历史思维。
德性育人	1.通过了解中国早期国家的建立和发展,认识中国古代政治文明的起源,树立对国家的认同感与自豪感。 2.了解朝代兴衰和更替的规律,体会治国理政担当。
审美育人	品鉴《二里头遗址出土的镶嵌绿松石的铜牌》《二里头遗址出土的铜鼎》,体会艺术之美;学习西周分封制,体会古人治理国家的智慧之美。
健康育人	以周武王为例,引导学生合作探究身体健康与事业发展之间的关系,认识健康的重要性,培养锻炼身体的意识。
劳动育人	学习夏朝历史,认识考古发掘对历史研究的价值。
教学设计提示	1.播放二里头遗址视频,指导学生从视频中解读夏朝的历史信息。 2.讲述夏商的历史故事,帮助学生理解朝代兴衰和更替的规律。 3.思考西周实行分封制的原因和影响。

表2-6 《青铜器与甲骨文》课时育人导引

	第5课《青铜器与甲骨文》
学科认知	1.了解夏商周时代青铜器、甲骨文的特点。 2.了解甲骨文的造字特点,培养学生的发散思维和史料实证的意识。
德性育人	学习青铜器和甲骨文的相关知识,感受中华文明源远流长、一脉相承的强大生命力,增强民族自豪感和振兴中华的历史责任感。
审美育人	鉴赏青铜器和甲骨文,体会其中蕴含的艺术之美;了解青铜器的冶炼方法和甲骨文的制作方法,体会中国古代文明中蕴含的智慧之美。
健康育人	
劳动育人	制作介绍青铜器和甲骨文造字特点的卡片。
教学设计提示	1.播放相关视频,激发学生的学习兴趣。 2.学生分组讨论自己所知道和了解的青铜器,锻炼学生的知识提炼能力和归纳总结能力。 3.出示一些甲骨文图片,让学生发挥想象力,猜猜这些文字的意义,了解甲骨文的特点。 4.让学生说出对甲骨文的认识,培养学生的民族自信心和民族自豪感。

表2-7 《动荡的春秋时期》课时育人导引

	第6课《动荡的春秋时期》
学科认知	1.了解春秋时期经济和社会制度的深刻变化及春秋争霸带来的影响;了解春秋时期社会动荡的局面。 2.学习春秋争霸的影响,培养学生的辩证思维和发散思维。

续表

	第6课《动荡的春秋时期》
德性育人	1.了解春秋时期的经济发展,增强学生的民族自豪感;引导学生理解春秋争霸战争促进了局部地区的统一和民族交融,增强学生的国家认同和民族认同。 2.了解春秋时期的社会变化,认识到人才的重要性,兴人是兴国的关键,培养学生的担当意识和大局意识。 3.学习春秋争霸的史实,培养学生明礼诚信、友善待人的品德。
审美育人	
健康育人	学习春秋霸主的史实,培养学生坚忍不拔的毅力以及正确应对挫折的意识。
劳动育人	搜集史料,体会春秋时期的动荡局面和春秋争霸带来的影响。
教学设计提示	1.通过对铁器、牛耕等出土文物和图片文献记载的学习,激发学生的学习兴趣,增加感性认识,培养实证意识。 2.可以组织学生从积极和消极两方面,就春秋争霸战争的影响展开讨论。

表2-8 《战国时期的社会变化》课时育人导引

	第7课《战国时期的社会变化》
学科认知	1.了解战国七雄、商鞅变法、都江堰水利工程,知道战国时期的发展趋势,知道改革促使秦国逐渐强大。 2.识读本课地图和相关材料,培养学生了解和解读历史信息的能力;学习商鞅变法,培养学生分析和评价历史事物的能力。 3.对商鞅变法进行讨论,培养学生的辩证思维和发散思维。
德性育人	1.学习商鞅变法,认识改革是时代的需要;学习都江堰水利工程,增强民族自豪感和民族自信心,培养爱国情怀。 2.学习商鞅变法,培养诚信的品行和敢于创新的精神。
审美育人	了解都江堰水利工程,感受它体现出的人与自然和谐共生之美。
健康育人	培养学生强健体魄的意识。
劳动育人	搜集史料,论证商鞅变法,评价商鞅、李冰等历史人物。
教学设计提示	1.结合地图,认识并了解七国的名称及地理位置,归纳战国社会在政治、经济、军事等方面发生的巨变。 2.结合地图与史料,引导学生总结归纳商鞅变法的主要内容及作用。 3.观看视频《都江堰》,引导学生结合史料探讨都江堰水利工程所起到的作用,归纳古人在修筑都江堰水利工程中所展现出的智慧。 4.对商鞅、李冰等历史人物进行评价,提高学生评价历史人物的能力。

表2-9 《百家争鸣》课时育人导引

	第8课《百家争鸣》
学科认知	1.知道儒家、道家、墨家、法家等诸子百家的代表人物及主要观点。 2.学会运用唯物史观理解历史现象,培养学生的逻辑思维;能选择一家观点批驳其他观点,掌握运用知识进行驳论和论证的思维能力。

初中历史学科全息育人

续表

	第8课《百家争鸣》
德性育人	1.学习老子、孔子、孟子、荀子、韩非子等人不同的政治主张,体会他们在国家动荡之际不计个人得失、忧国忧民,为国家的稳定、发展积极出谋献策的高尚品质。 2.解读"仁""兼爱""非攻"等思想,体会先贤思想中蕴含的经世济国、匡扶天下的社会担当意识。
审美育人	收集论语中的谨言妙句;收集百家争鸣人物小故事;参观孔庙、孔府、孔林。
健康育人	从孔子等历史人物的经历中,感受他们坚定的信念,学习积极进取的人生态度。
劳动育人	
教学设计提示	1.现场模拟百家争鸣,增强学生对本课的印象。 2.引导学生认识百家观点在传统文化及精神文明发展历程中所起的作用。 3.研读《论语》《道德经》《孟子》《韩非子》《孙子兵法》,体会文学之美,理解老子思想所蕴含的辩证思维之美,感受《论语》中描绘的人与社会关系的和谐之美,领悟兵家谋略所蕴含的智慧之美。让学生体会中华文明中的历史智慧,汲取前人的经验和智慧。

第三单元　秦汉时期:统一多民族国家的建立和巩固

(一)教材分析

公元前221年,秦始皇建立起中国历史上第一个统一的多民族的封建国家,创立了专制主义中央集权的国家体制,并推行一系列巩固统一的措施,对后世有深远的影响。秦朝统治者实行残暴统治,最终被大规模的农民起义推翻。西汉建立后,统治者采取休养生息政策,使经济恢复、社会稳定。在汉武帝统治时期,大一统的局面得到进一步的巩固和发展,国力达到鼎盛,是当时世界上的大国。东汉统治后期,政治动荡,中国社会危机严重。两汉时期科技与文化都有突出的成就,并开通了"丝绸之路",促进了中外经济、文化的交往。

(二)单元目标

知道秦始皇和秦统一中国,了解秦代的中央集权制度和统一措施对中国历史发展的影响。知道秦的暴政和陈胜、吴广起义,知道秦朝的灭亡和西汉的建立。了解"文景之治",知道汉武帝巩固大一统王朝。了解丝绸之路在中外交流中的作用。了解东汉的建立,知道东汉外戚、宦官专权造成的社会动荡;知道佛教的传入和道教的产生。知道司马迁和《史记》;知道造纸术的发明对传播文化的作用;讲述张仲景和华佗的故事。

(三)单元构成

本单元分为七课:第9课《秦统一中国》,第10课《秦末农民大起义》,第11课《西汉

22

建立和"文景之治"》,第12课《汉武帝巩固大一统王朝》,第13课《东汉的兴衰》,第14课《沟通中外文明的"丝绸之路"》,第15课《两汉的科技和文化》。

表2-10 《秦统一中国》课时育人导引

	第9课《秦统一中国》
学科认知	1.知道秦始皇和秦统一了中国,了解秦代的中央集权制度和统一措施对中国历史发展的影响。 2.识读《秦朝形势图》《秦朝的政治建制示意图》,学习识读历史地图的方法。
德性育人	学习秦始皇相关史实,感悟他的雄才伟略,以及坚毅的个人品质。
审美育人	1.秦朝东到大海、西至陇西、南达南海、北至长城,一个统一大帝国的壮丽山川图卷跃然纸上,体悟辽阔疆域中展示的山川之美。 2.从"三公九卿"到郡县再到统一度量衡,感受制度创新体现出的统治者的智慧之美。
健康育人	
劳动育人	1.秦朝修筑长城、北击匈奴、南征越族,都建立在劳动人民辛苦劳作的基础之上。 2.参观秦长城、秦都城遗址、秦历史博物馆。
教学设计提示	1.本节围绕"一"展开设计,各种"第一"成就了统一的大帝国。引导学生理解统一后实施的各种措施都是为了应对统一的大帝国面临的难题与困境,让学生感受制度创新的魅力,形成迎难而上、不怕吃苦、解决困难的精神。 2.识读《秦朝形势图》,观看秦统一相关视频,理解国家统一的内涵。 3.小组合作讨论"国家统一对各地区、各民族之间的经济、文化交流有什么好处",建立相互尊重的课堂氛围。

表2-11 《秦末农民大起义》课时育人导引

	第10课《秦末农民大起义》
学科认知	1.了解和掌握秦暴政的主要表现,陈胜、吴广起义以及秦朝灭亡的基本史实;了解楚汉之争的基本情况。 2.分析秦末农民起义的原因,初步掌握运用历史唯物主义观点分析历史问题的方法;通过比较秦亡前后农民战争性质的变化,培养学生对历史事件进行分析评价的辩证思维。
德性育人	1.从秦暴政的学习中,体会统治者品德好坏是国家是否安定的重要因素。 2.项羽刚愎自用,刘邦收揽民心、善用人才,比较两人的区别,学会友善待人、明礼诚信。
审美育人	赏析秦空心砖,感受劳动人民的智慧;学习楚汉之争,感受古人的政治智慧。
健康育人	分析项羽在楚汉之争中失败的原因,感受性格缺陷对人生的影响,引导学生形成友善待人的人际交往理念。
劳动育人	参观秦长城、秦史博物馆等,引导学生体会劳动人民的智慧,培养创新精神。
教学设计提示	1.小组合作讨论秦朝南征百越、北击匈奴、修筑长城等一些有助于统一的措施,因何变为"暴政",引导学生明白人民安居乐业、社会稳定是国家强盛的重要保证。 2.引导学生理解项羽刚愎自用,而刘邦收揽民心、善用人才,最终一统天下。 3.可以将以上两点进行关联,让学生在探究学习中,理解和认同我国目前的民生工作。 4.可以采用对比的方式突出课堂主题,加强学生对秦朝灭亡的理解。 5.可以用韩信忍胯下之辱的典故,培养学生对是与非、善与恶、美与丑的判断能力,引导学生形成健康的个性品质。

初中历史学科全息育人

表2-12 《西汉的建立和"文景之治"》课时育人导引

	第11课《西汉的建立和"文景之治"》
学科认知	1.了解西汉的建立、休养生息政策、"文景之治"等基本史实。 2.引导学生思考和探究"文景之治"出现的原因,能够透过历史现象发现历史发展规律,培养学生的逻辑能力和辩证思维。
德性育人	1.从休养生息政策认识到国家注重实际情况制定政策,才能促进国家的发展繁荣。 2.文帝以身作则、勤俭治国,从他的身上学习优秀的品德和文化传统。
审美育人	理解休养生息政策,感受汉初统治者吸取历史教训,从实际出发的历史智慧。
健康育人	文帝和景帝时期废除了断残肢体的肉刑,引导学生体会身体健康的重要性。
劳动育人	1.了解中国古代纪年的主要方法,掌握识读历史年表的基本技能并尝试应用。 2.收集我国现在对农业的扶持政策;收集并整理现阶段国家是如何关注民生问题的资料。
教学设计提示	1.汉初统治者实行休养生息政策,既是稳固政权的需要,更是当时西汉国情的需要。汉朝的休养生息政策是汉初统治者吸取秦亡教训而推行的,引导学生认识改革在一定程度上促进了社会的进步。 2.让学生从休养生息政策的成就中体会"仁政"的重要性,是本课育人的重点。可以组织学生讨论,让学生认识到民生政策与国家长治久安的关系,从而对当今我国一系列民生政策产生认同感,增强历史责任感。 3.初步理解个人与群体、个人与社会的关系。

表2-13 《汉武帝巩固大一统王朝》课时育人导引

	第12课《汉武帝巩固大一统王朝》
学科认知	1.了解"推恩令""罢黜百家,独尊儒术"及盐铁专卖等巩固大一统的措施。 2.评价汉武帝,培养学生初步运用唯物史观评价历史人物的能力以及辩证思维。
德性育人	1.理解汉武帝巩固"大一统"王朝的措施和效果,树立维护国家统一的意识,理解政治统一是国家强盛的重要保证。 2.感知汉武帝为维护国家统一所做的努力,认识维护和巩固国家统一是中华民族永恒的任务。 3.了解汉武帝的个人经历和事迹,懂得个人应担当起对国家和民族的责任。
审美育人	1.引导学生了解汉武帝颁布的一系列措施,感受他的雄才大略。 2.赏析金缕玉衣及汉代楼车,体会汉代的艺术之美。
健康育人	引导学生了解汉武帝通过"大一统"措施改变了他即位之初汉朝内外交困的局面,使汉朝进入鼎盛时期,培养学生坚忍不拔、乐观向上的心理品质。
劳动育人	1.材料研读《史记·货殖列传》、材料分析《西汉初期中央和封国力量对比》,树立实证意识。 2.撰写小论文《我看汉武帝》,加深对汉武帝的理解;利用假期参观汉武帝茂陵。
教学设计提示	1.识读《西汉形势图》,了解汉武帝时期西汉的疆域范围,思考这与汉武帝强化中央权力有何关系,从而树立维护国家统一的意识。 2.通过观看海昏侯墓的相关视频及其出土文物的图片,体会汉武帝时期经济的繁荣,增强对国家的自豪感。 3.观看《汉武大帝》视频,加深对汉武帝的了解,评价汉武帝,并在课后撰写小论文《我看汉武帝》。

表2-14 《东汉的兴衰》课时育人导引

	第13课《东汉的兴衰》
学科认知	1.了解东汉的建立,知道东汉外戚、宦官专权造成的社会动荡。 2.了解中国古代纪年的主要方法,掌握识读历史年表的基本方法。 3.对比汉高祖刘邦和汉光武帝刘秀的统治政策,初步掌握比较历史人物或历史事件异同点的方法;学习外戚、宦官交替专权的原因和后果,初步培养分析和概括历史问题的能力和方法。 4.了解东汉兴亡的基本脉络,初步培养学生运用历史唯物观认识、分析历史问题的方法和逻辑思维。
德性育人	刘秀建立了东汉,巩固了统一的多民族国家,树立维护国家统一的意识;了解东汉走向衰落的重要原因,认识政治稳定和社会安定是国家发展的重要保障。
审美育人	通过对《东汉宅院画像砖》《东汉彩绘陶击鼓说唱俑》等图片的赏析,认识其高超的艺术价值。
健康育人	学习汉光武帝刘秀的经历,树立积极进取的心理品质。
劳动育人	1.材料研读《后汉书·光武帝纪》等树立实证意识。 2.制作秦汉时期的历史大事年表,培养学生的时空观念。
教学设计提示	1.播放有关东汉后期外戚宦官专权的视频,观察《东汉后期皇帝即位年龄统计表》,引导学生理解社会安定是国家发展的重要保障。 2.小组合作学习,组织探讨汉高祖刘邦和汉光武帝刘秀的治国措施有何异同,认识刘秀社会责任担当的品质。组织讨论王朝兴盛的历史经验有哪些,培养学生分析和归纳历史问题的能力。 3.赏析《东汉宅院画像砖》《东汉彩绘陶击鼓说唱俑》及《陶院落(模型)》等图片,引导学生体会其艺术美,认识历史图片在历史学习中的实证价值。

表2-15 《沟通中外文明的"丝绸之路"》课时育人导引

	第14课《沟通中外文明的"丝绸之路"》
学科认知	1.了解张骞两次出使西域、丝绸之路的开辟、西汉对西域的管理等基本史实,理解张骞通西域与丝绸之路开通的意义。 2.分析张骞出使西域产生的影响,学会运用史料得出历史结论的方法;分析丝绸之路开辟的作用,学习综合分析、评价历史事件,及识别和运用历史地图的方法。 3.了解东汉兴亡的基本脉络,初步培养学生运用历史唯物主义观点认识、分析历史问题的方法和思维。
德性育人	1.了解丝绸之路的影响,认识中华文明对世界文明做出了重要贡献,从而增强民族自豪感和自信心;通过西汉设置西域都护的史实,引导学生认识新疆自古以来就是祖国不可分割的一部分,牢固树立维护祖国统一的爱国意识。 2.了解张骞的事迹,感悟其不畏艰险、忠于职守、牢记使命、有信有恒、开拓进取的优秀品质和爱国情怀。
审美育人	1.通过欣赏丝绸之路上的自然风光,认识丝绸之路上的环境美、和谐美。 2.识读《丝绸之路上出土的"绣花粉袋"》等文物图片,认识中国古代高超的丝织技术的艺术美。 3.了解张骞两次出使西域的经历和班超"不入虎穴,焉得虎子"的故事,体悟智慧之美。
健康育人	1.引导学生认识张骞能两次完成出使西域的使命,与他拥有强健的身体是分不开的,培养学生树立积极锻炼身体的意识。 2.通过引导学生学习张骞两次出使西域的事迹,培养学生形成坚韧不拔、勇于冒险开拓、积极进取、乐观向上的心理品质。

续表

	第14课《沟通中外文明的"丝绸之路"》
劳动育人	1.材料研读《汉书·张骞传》《史记·大宛列传》等有关张骞通西域的史料,培养学生的史证意识。 2.表演《张骞应募》的历史短剧;绘制《丝绸之路线路图》;绘制《张骞两次出使西域比较表》。
教学设计提示	1.观看《张骞出使西域》的视频或微课,了解其事迹。学习其牢记使命、有信有恒、忠于祖国的爱国情怀。 2.组织学生表演《张骞应募》的历史短剧,了解张骞出使西域的背景,激发学生的学习兴趣,感悟其不畏艰险、开拓进取的优秀品质。 3.引导学生绘制《张骞两次出使西域比较表》,掌握张骞出使西域的史实。 4.通过丝绸之路的开辟及其影响的学习,使学生了解人类文化的多样性,认识不同文明之间交流的重要性。 5.可指导学生根据《丝绸之路示意图》绘制丝绸之路的路线,初步学习绘制历史地图的方法。 7.课后可编辑以"丝路寻踪"为主题的历史板报或历史小报,以加深对"一带一路"的了解,增强民族自尊心和自豪感。

表2-16 《两汉的科技和文化》课时育人导引

	第15课《两汉的科技和文化》
学科认知	1.知道造纸术的发明对传播文化的作用。能够讲述张仲景和华佗的故事。知道司马迁和《史记》。知道佛教的传入和道教的产生。 2.通过讲述张仲景和华佗的故事,司马迁的生平与《史记》的故事,锻炼学生的表达能力。 3.学习佛教和道教在我国得以传播的原因及所产生的影响,培养学生的历史逻辑思维。
德性育人	1.了解造纸术,认识中国对世界文明的伟大贡献;归纳张仲景和华佗的医学贡献,知道中国的传统医学有着悠久的历史,培养民族自信心和自豪感。 2.了解"坐堂医生"张仲景普济世人的高尚品德。
审美育人	1."五禽戏"模仿动物动作,体现了人与动物的自然和谐之美。 2.《史记》文笔优美,所记人物形象生动,体现文学之美;书写材料的发展体现了中华民族的智慧之美。
健康育人	学习司马迁身残志坚、坚韧不拔、积极向上的人生观。
劳动育人	了解造纸技术,学习制作竹简,并在其上书写;练习五禽戏。
教学设计提示	1.观看造纸工艺相关视频,了解书写材料的演化历程。组织学生制作竹简,体会造纸术的发明是中华民族对人类文明所做的巨大贡献,进而树立民族自豪感。 2.补充张仲景关注百姓疾苦、治病救人的故事,助力学生感受良医济世救人的大爱之心。讲述屠呦呦的故事,让学生感受中医对人类社会做出的伟大贡献。 3.小组讨论宗教得以传播的原因,让学生形成科学的宗教观,客观认识宗教在社会中的作用,要清楚理解"科学所到之处,宗教就难以生存"这句话。

第四单元 三国两晋南北朝时期:政权分立与民族交融

(一)教材分析

东汉末年的农民起义和军阀割据,结束了两汉大一统的局面。魏、蜀、吴三国的鼎立,使分裂的中国走向局部的统一。三国鼎立是东汉末年军阀割据混战的必然结果,同时，它实现了几个大范围的局部统一，为西晋的统一奠定了基础。

西晋结束了三国分裂的局面，统一了全国。但西晋的统治很短暂，不久国家又陷入分裂的局面。此后的东晋、南北朝时期，多个政权并立，政局纷乱复杂。

但正是在魏晋南北朝时期，各民族之间加强了交往、交流与交融，区域经济得到开发，科技文化有着显著的进步，这些都为新的统一局面的出现奠定了基础。尤其是江南地区相对安定，得到大规模开发，农业、手工业有长足的发展，为日后中国古代经济中心的南移奠定了基础。

(二)单元目标

知道赤壁之战和三国鼎立局面的形成。知道两晋南北朝的更替；通过西晋发生内乱的原因及影响，初步了解北方游牧民族内迁的情况。通过东晋南朝时期的更替史实，初步了解人口南迁及江南地区的开发。通过北魏孝文帝改革，初步理解民族交往、交流、交融对中华民族发展的意义。知道祖冲之的数学成就，初步认识书法艺术；通过《齐民要术》和《大明历》，了解北方农业技术的成熟和农历。

(三)单元构成

本单元分为五课：第16课《三国鼎立》，第17课《西晋的短暂统一和北方各族的内迁》，第18课《东晋南朝时期江南地区的开发》，第19课《北魏政治和北方民族大交融》，第20课《魏晋南北朝的科技与文化》。

表2-17 《三国鼎立》课时育人导引

	第16课《三国鼎立》
学科认知	1.通过学习官渡之战、赤壁之战的基本史实，初步了解三国鼎立局面的形成。 2.通过比较历史事实和文艺作品中描述的情节，提高学生对历史事实和文艺创作的分辨能力。通过表格梳理三国鼎立格局，培养学生的历史归纳能力。 3.通过分析官渡之战和赤壁之战曹操一胜一败的原因，培养学生透过现象看本质的历史思维。
德性育人	1.通过对本课的学习，认识三国鼎立局面的形成是分裂割据逐步走向统一的过程，鼎立局面的形成创造了相对稳定的社会环境，三国均采取积极有效的措施推动了社会、政治、经济、文化的恢复和发展，是中华民族多元一体格局的重要环节。 2.通过了解官渡之战中曹操善于用人、遇事沉着冷静等表现，培养学生遇事冷静的性格。 3.通过阅读诸葛亮《出师表》，体会诸葛亮"鞠躬尽瘁"的高尚品质，助力学生树立正确的人生观、价值观和世界观。
审美育人	体会官渡之战、赤壁之战中，以少胜多的历史智慧。
健康育人	学习"三顾茅庐""诸葛亮七擒孟获"等史事，培养学生良好的交际习惯。
劳动育人	阅读《三国演义》的片段，讲述史实与文学作品描述的区别。

续表

	第16课《三国鼎立》
教学设计提示	1.本课可以抓住"鼎立"从三个方面对教材重新整合。第一，曹操统一北方后，北方经济尚未得到恢复和发展，刘备还没有巩固势力范围，孙权的江东也正在开发中。三方均不具备完成统一的绝对力量。第二，三国鼎立局面的发展，与三个国家壮大本国实力紧密相关。三个政权为战胜对方都采取了一系列措施恢复和发展生产，在对抗中进步，竞争中发展。第三，三国鼎立局面的形成，使东汉末年的割据状态走向了局部统一，推动了中华民族多元一体格局的形成与发展。 2.比较阅读《三国演义》与《三国志》针对相同片段的不同描述，让学生了解文学作品和真实历史史实之间的区别。 3.引导学生分析江南地区开发的原因，认识不同地区之间的交流对社会经济发展的重要作用，及劳动人民对社会发展做出的重大贡献；引导学生领略不同地域的自然风光，培养学生对祖国大好河山的热爱之情。 4.组织学生梳理东晋、南朝政权更替对经济发展的影响，使学生认识和平、安定是经济发展的重要前提，认识维护和平的重要性。

表2-18 《西晋的短暂统一和北方各族的内迁》课时育人导引

	第17课《西晋的短暂统一和北方各族的内迁》
学科认知	1.通过学习西晋的建立、八王之乱、北方游牧民族的内迁相关史实，初步了解西晋发生内乱的原因。 2.通过阅读材料列举对"西晋为什么是一个短命王朝"的分析，培养学生综合归纳史实的能力。通过对"西晋内迁少数民族分布图"的识读，理解各民族的交流与融合形成了统一多民族国家，培养学生提取有效历史信息的能力。 3.通过认识中原大乱与人口大规模迁徙、迁入地区的经济开发和社会进步的辩证关系，培养学生的辩证思维。
德性育人	1.通过分析西晋统一在历史发展中的重要作用，以及西晋时期民族交往、交流、交融在民族大融合方面的重要作用，体悟各民族共同创造了中华文明。 2.培养学生正确的民族观。
审美育人	1.展现北方自然风光的图片、视频，让学生感受祖国壮丽河山的自然美。 2.欣赏教材图片，感受中华民族艺术之美。通过《敕勒歌》让学生感受诗歌的艺术美。
健康育人	
劳动育人	参观历史博物馆。搜集南北朝时期民族交往、交流、交融的资料，编写一期板报。
教学设计提示	1.利用地图册，结合教材，帮助学生理解西晋统一短暂的原因。 2.观看地图册，阅读学生语文课本所学《敕勒歌》，引导学生感受此时北方游牧民族的生活状况，加深学生对北方民族内迁的理解。结合前秦苻坚厉行改革的史事，培养学生初步的唯物史观意识。 3.观赏教材图片，引导学生懂得历史文物中蕴含的历史信息是中华文明辉煌灿烂的证据，认识中华民族的历史是汉族和其他各少数民族共同创造的，培养史料实证的学科素养。

表2-19 《东晋南朝时期江南地区的开发》课时育人导引

	第18课《东晋南朝时期江南地区的开发》
学科认知	1.学习东晋的兴亡、南朝的政治,了解两晋南北朝的更替历史,初步了解人口的南迁和江南地区的开发。 2.观察江南地区的开发地图,培养学生从历史地图中提取有效信息的能力和时空观念。 3.分析江南地区得到开发的原因,认识政治与经济的辩证关系,培养学生的综合分析的历史思维。
德性育人	1.引导学生分析江南地区开发的原因,认识不同地区之间的交流对社会经济发展的重要作用,及劳动人民对社会发展做出的重大贡献;引导学生领略不同地域的自然风光,培养学生对祖国大好河山的热爱之情。 2.组织学生梳理东晋、南朝政权更替对经济发展的影响,使学生认识和平、安定是经济发展的重要前提,认识维护和平的重要性。
审美育人	1.比较南方与北方自然环境的差异,引导学生领略不同地域的自然风光。 2.引导学生欣赏教材插图,感受南朝精湛的雕刻技艺;引导学生分析江南地区开发的原因和影响,认识劳动人民的勤劳和智慧之美。
健康育人	引导学生理解江南地区开发过程的不易,培养学生坚忍不拔、自强不息、乐观向上的心理品质;引导学生对江南地区开发的原因和影响进行探讨,培养学生平等、互助的合作意识。
劳动育人	对南朝牛车、画像砖等进行探究,了解当时的手工业技术发展状况,认识到劳动工具对社会生产的影响,树立劳动意识。
教学设计提示	1.引导学生阅读相关史料,加深其对江南地区地理位置和经济发展的直观认识。 2.梳理东晋、南朝政权更替的过程,分析其统治对南方经济发展产生的影响,认识稳定的社会环境是经济发展的重要前提。 3.利用小组合作学习,组织学生探讨江南地区开发的原因,认识不同地区之间的交流对社会经济发展和对劳动人民做出的重大贡献。 4.组织学生进行角色扮演,阅读"相关史实"中祖逖的豪言壮语,体会其收复中原的决心和忧国忧民的深深爱国之情。

表2-20 《北魏政治和北方民族大交融》课时育人导引

	第19课《北魏政治和北方民族大交融》
学科认知	1.学习北魏孝文帝改革,初步理解民族交往、交流、交融对中华民族发展的意义。 2.引导学生识读《淝水之战形势图》,培养学生从历史地图中获取有效信息的能力和时空观念。 3.引导学生分析北魏孝文帝改革的原因、内容及影响,培养学生掌握辩证和全面分析历史问题的思维方式。
德性育人	引导学生归纳北方地区民族交融的史实,认识北魏孝文帝改革推动了北方民族大融合,符合时代发展潮流,从而树立维护民族团结和祖国统一的价值观。
审美育人	1.引导学生分析孝文帝改革的影响,体会鲜卑族丰富了中华民族的文化而呈现出的社会进步之美,及孝文帝作为我国历史上杰出的少数民族政治家、改革家的历史智慧。 2.引导学生识读教材中的插图,感受不同民族、不同地域相互交融、又有所创新的文化之美。

续表

	第19课《北魏政治和北方民族大交融》
健康育人	引导学生理解孝文帝推行鲜卑族汉化过程会遇到的阻力,培养学生迎难而上、敢于创新的心理品质;引导学生归纳北方地区民族交融的史实并分析其影响,培养学生善于借鉴、虚心学习的宽容意识。
劳动育人	1.识读《北魏帝王出御图》《北魏陶俑》《魏书》等图片或著作。 2.认识民族交融过程中在衣食住行方面发生的变化。
教学设计提示	1.引导学生阅读史料,加深学生对孝文帝改革措施和影响的直观认识。 2.指导学生完成课后活动,认识中华民族的历史是由各民族共同缔造的,从而初步树立维护民族团结和祖国统一的历史价值观。 3.分小组探讨当时北方民族与中原地区汉族在哪些方面相互影响,体会汉族与少数民族不但在生产技术上相互学习,而且在生活习俗上也相互影响,联系日益密切,中华民族在交融中逐渐发展为一体。

表2-21 《魏晋南北朝的科技与文化》课时育人导引

	第20课《魏晋南北朝的科技与文化》
学科认知	1.知道祖冲之的数学成就,初步认识书法艺术。了解北方农业技术的成熟和农历。 2.引导学生研读材料,分析魏晋南北朝时期科技、文化繁荣的原因,培养学生历史解释的能力;鉴赏教材中文字、绘画、书法、雕刻等插图,提高学生对艺术的审美能力。 3.制作表格,梳理魏晋南北朝时期的重要科技与文化成就,培养学生的综合归纳能力。 4.通过对历史材料的分析,培养学生论从史出、史论结合的历史学科思维。
德性育人	1.引导学生分析魏晋南北朝时期科技与文化的成就对中国和世界的影响,增强学生的民族自信心和自豪感。 2.引导学生认识这一时期的各种成就是科学家和各族人民辛勤劳动和智慧的结晶,并明白刻苦钻研是成功的秘诀。懂得从历史优秀人物和文化成果中吸收营养,提高自身素质和文化素养。
审美育人	引导学生了解《齐民要术》、圆周率、《大明历》,体会古人在农业和科学方面的历史智慧之美;通过引导学生鉴赏教材中文字、绘画、雕塑等插图,体会其魅力。
健康育人	1.引导学生理解《齐民要术》强调农业生产要顺应天时地利的原因,培养学生形成人与自然和谐相处的良好品质。 2.引导学生分析南北朝时期我国佛教雕塑的艺术特点,培养学生善于借鉴、融汇创新的意识。
劳动育人	
教学设计提示	1.引导学生制作表格,梳理魏晋南北朝时期的重要科技与文化成就,培养学生的综合归纳能力。 2.引导学生识读《齐民要术》《九章算术》,加深学生对南北朝时期农业和科学领域所获成就的理解。 3.引导学生鉴赏教材中文字、绘画、雕塑等插图,体会其魅力,感受艺术的精美绝伦之美,提高学生对艺术的审美能力。

二、《中国历史 七年级 下册》全息育人点导引

第一单元 隋唐时期：繁荣与开放的时代

(一)教材分析

隋朝建立后，结束了数百年的政权分立状态，南北统一。隋朝开通了贯通南北的大运河，创立了科举制，它创建的科举制度逐渐成为后世选拔官员的主要途径。唐初统治者改良政治，发展生产，形成了"贞观之治"的太平局面。到开元年间，唐朝经济繁荣、社会稳定、文化发达，中外交流活跃，国力达到顶峰，呈现出繁荣、富强的盛唐景象，成为当时世界上具有影响力的强大国家。但唐中期安史之乱后，唐朝由盛转衰。至唐末五代，中国再次陷于割据势力膨胀、社会动荡不安的局面。

(二)单元目标

知道隋朝的统一，了解科举取士制度的创建和大运河的开通；知道隋朝灭亡的原因。知道唐太宗和"贞观之治"，知道唐玄宗和"开元盛世"，初步认识唐朝兴盛的原因。以文成公主入藏、鉴真东渡、玄奘西行等史实为例，说明唐代民族和睦与中外文化交流的发展。通过繁荣的经济、开放的社会风气和唐诗的盛行，了解盛唐的社会气象。知道安史之乱导致唐朝由盛转衰；知道唐朝灭亡后五代十国的局面。

(三)单元构成

本单元分为五课：第1课《隋朝的统一与灭亡》，第2课《从"贞观之治"到"开元盛世"》，第3课《盛唐气象》，第4课《唐朝的中外文化交流》，第5课《安史之乱与唐朝衰亡》。

表2-22 《隋朝的统一与灭亡》课时育人导引

	第1课《隋朝的统一与灭亡》
学科认知	1.知道隋朝的统一；了解科举取士制度的创建和大运河的开通；知道隋文帝与隋炀帝统治的基本史实；知道隋朝灭亡的原因。 2.结合《隋朝大运河示意图》讲述大运河的开通及其影响，认识重大历史事件在历史上的作用。 3.分析隋文帝和隋炀帝的不同行为对隋朝历史产生的不同影响，让学生学会反思历史，从历史中吸取经验和教训，培养学生的辩证思维和发散思维。
德性育人	1.大运河的开通，沟通了南北，促进经济文化的交流，对缓解北方的环境压力起到重要作用。正如皮日休所言："至今千里赖通波"。 2.统治者的品德是国家安定的重要因素；得民心才能得天下。隋炀帝好大喜功，不恤民力，没有考虑到国家和人民的承受能力，最终导致国家灭亡。

续表

	第1课《隋朝的统一与灭亡》
审美育人	1.大运河依势而建,是人类利用自然、改造自然的典范。东都洛阳城有效利用地形,集物资流通、安全保卫于一体,实现了人与自然的和谐相处。大运河沟通南北,南方物资源源不断送往北方,缓解了北方的物资压力,也缓解了北方对自然环境的破坏。实现了人与自然的可持续发展。 2.隋朝是一个制度创生的伟大时代,隋朝的三省六部制、科举制、府兵制等形成或创立于这个时代,可谓泽被后世。赵州桥、洛阳城是人与自然结合的经典之作。
健康育人	
劳动育人	隋朝举世瞩目的大运河、洛阳城是劳动人民智慧与汗水的结晶。大运河、赵州桥、洛阳城体现了劳动人民的创新能力。
教学设计提示	1.本课立意:隋朝是一个伟大的王朝,结束了魏晋南北朝的纷争,并开通了贯通南北的大运河,创立了科举制,对后世有深远影响。 2.讲述本课内容时,需要回顾上册有关三国两晋南北朝的内容,明白在分裂中的民族交融给中华民族的统一创造了机遇。 3.隋文帝顺应历史潮流实现国家统一,并在国家治理、制度创新上做出了重要贡献,奠定了其后历史的走向。 4.讲述隋朝的灭亡时,主要强调统治者要体恤民力,勤政爱民。隋炀帝开运河、兴科举、远征高丽本身没有问题,但是集中起来不顾人民的承受能力,想要短时间内完成,就是大问题,这最终导致了隋朝的灭亡。

表2-23 《从"贞观之治"到"开元盛世"》课时育人导引

	第2课《从"贞观之治"到"开元盛世"》
学科认知	1.知道唐朝的建立,知道唐太宗与"贞观之治",知道女皇帝武则天,知道唐玄宗与"开元盛世"。 2.通过阅读与分析史实,评价唐太宗、武则天、唐玄宗的历史地位与作用,认识历史人物对历史发展所起的推动作用。对比隋唐的制度,初步掌握历史发展的基本线索。 3.学习唐承隋制的表现,理解历史发展的逻辑。
德性育人	1."贞观之治""开元盛世"时期的统治措施顺应民心,注重国家的实际情况,促进国家的发展繁荣;盛世局面在历代的史书中反复书写,成为后世的统治模板,推动了国家治理能力的提升。 2.唐太宗"水能载舟,亦能覆舟"的治国思想和治国措施,缓和了社会矛盾,推动了社会经济的发展与繁荣。武则天统治时期,一边极力维护其统治,一边励精图治,起到了"上承贞观,下启开元"作用。 3.通过唐玄宗统治前期与后期的对比,进一步认识封建统治者个人品行对国运的影响。
审美育人	唐太宗、武则天和唐玄宗汲取前人智慧,不断革新进取,完善了科举制、三省六部制。"贞观之治""开元盛世"推动了社会的进步。
健康育人	唐太宗、唐玄宗、武则天施展雄才大略的前提,都是拥有健康的身体。
劳动育人	1.懂得"贞观之治""开元盛世"是劳动人民共同创造的。 2.为武则天无字碑写一段200字的碑文。

续表

	第2课《从"贞观之治"到"开元盛世"》
教学设计提示	1.本课立意:明君与盛世。理解统治者个人品行对历史的影响。 2.分析唐太宗、武则天、唐玄宗的执政措施,形成唐朝盛世是历史的继承与发展的观念,学习中华传统优秀文化,培养文化自信。 3.组织探讨唐朝统治者值得借鉴的做法有哪些,引导学生列举并认同当今中国的各项措施,使学生认识到革新进取是中华民族精神的重要部分,培养制度自信和民族认同。 4.学习三位统治者吸取前人的经验和教训,善于纳谏、虚怀若谷的品德,从而认识健全人格的力量。

表2-24 《盛唐气象》课时育人导引

	第3课《盛唐气象》
学科认知	1.通过了解盛唐繁荣的经济、开放的社会风气和多彩的文学艺术,感悟盛唐的社会气象。 2.通过理解唐朝开明的政策、统治者博大的胸怀与盛唐气象之间的关系,培养学生透过历史现象看本质的能力,以及从不同类型的史料中获取历史信息的能力。 3.用批判的眼光在文化生活中还原大唐的历史。
德性育人	1.通过学习唐太宗开明的民族政策、民族交往与交融的史实,唐诗中歌颂祖国山河的诗句,认识唐朝时期统一多民族国家的发展。 2.学习唐朝诗人在唐诗中表现出的忧国忧民的情怀。
审美育人	曲辕犁、筒车设计巧妙,应用在生产生活中体现出了智慧之美。蜀锦、瓷器、唐三彩巧夺天工,在实用的同时,美妙无比。长安布局规整,功能性强。
健康育人	1.从边塞诗里体会戍边将士的艰辛,强健体魄的重要性。 2.从文学艺术作品中领会当时人们的精神风貌与社会的气象。
劳动育人	曲辕犁、筒车的发明提升了人们改造自然的能力,推动了唐朝社会的进步。
教学设计提示	1.本课立意:盛世的气象。唐朝盛世的特质在于开放包容,文化多元。这是大唐气象,也是中华民族的气象。 2.唐朝时期国家统一、民族和睦、对外开放,这为国家的经济繁荣、社会文化发展提供了条件。 3.利用好地图册,引导学生分析唐朝民族政策产生的原因、影响及特点。 4.通过对唐诗的了解,认识到李白、杜甫、白居易等诗人不仅才华过人,而且热爱祖国,关心民间疾苦,具有高尚的情操和爱国情感,以此教育学生应当做到个人品德与社会担当并重。

表2-25 《唐朝的中外文化交流》课时育人导引

	第4课《唐朝的中外文化交流》
学科认知	1.知道遣唐使、鉴真东渡、玄奘西行、唐与新罗关系等史实。 2.通过遣唐使、鉴真东渡、玄奘西行等史实,理解唐代中外文化交流与发展的图景。 3.认识唐朝对外交往是大唐历史拼图中的重要组成部分,是唐的精神与文化气质的彰显,是了解唐朝历史的重要内容。
德性育人	1.遣唐使、鉴真东渡体现了中华文明的强大感召力。 2.玄奘西行展现了唐朝向外学习,吸取人类优秀文明成果的国际视野。
审美育人	玄奘西行使得中原地区人民对西域风土人情有了更多的了解。

33

续表

	第4课《唐朝的中外文化交流》
健康育人	1.理解鉴真、玄奘事业成功的前提是拥有健康的身体。 2.从鉴真、玄奘坚韧不拔的意志和献身精神中得到启迪。培养学生健康的价值观和正确的人生追求。
劳动育人	观看《大唐盛世》等纪录片。找寻唐文化遗迹。
教学设计提示	1.本课立意:开放包容源于对文化的自信。唐朝繁荣的经济和发达的文化吸引了世界的目光,又以兼容并包的开放政策吸纳外来文化之精华。唐朝发达的对外交流既是统治者开明对外政策推行的结果,也是盛唐气象的表现之一。 2.派出遣唐使这一历史史实,既显示了中国友好的态度,也促进了中外文化交流,扩大了中华文化的影响力。通过对本课的学习,学生更清楚地认识到今天改革开放的伟大意义。可联系"一带一路"倡议让学生对国家政策有更清楚的认识,以培养学生的制度自信、文化自信。 3.充分利用好教材,创设情境教学。通过对鉴真和玄奘的经历,激发学生积极上进、自强不息的精神动力。 4.通过对隋唐时期我国同亚洲各国,特别是日本、天竺等国友好往来的学习,启发学生思考这一时期出现对外交往高潮的主要原因,及这种友好交往对历史发展的重大影响,培养学生的世界意识。

表2-26 《安史之乱与唐朝衰亡》课时育人导引

	第5课《安史之乱与唐朝衰亡》
学科认知	1.知道"安史之乱"导致唐朝由盛转衰;知道唐朝灭亡后五代十国的局面。 2.阅读教材,绘制安史之乱至五代十国的时代的时间轴图。 3.学习安史之乱后形成的藩镇割据局面到五代十国更替的历程,理解历史发展的逻辑。
德性育人	1.从唐末藩镇割据到五代十国的发展演变过程中,让学生理解维护国家统一的重要性。 2.学习"安史之乱"给人民带来的灾难,培养学生以人为本的观念。
审美育人	《韩熙载夜宴图》代表了中国古代工笔重彩的最高水平,对研究中国古代绘画、传统服饰、民族音乐以及古代人文生活艺术具有极高的参考价值。
健康育人	
劳动育人	查阅资料,写一篇有关武将专权与五代十国更替的历史小作文。
教学设计提示	1.本课立意:制度变更与政权稳定的关系。唐朝的社会制度无法解决后期所面临的财政与军事压力,导致藩镇的产生。藩镇解决了唐王朝的局部问题,却把整个王朝引向崩溃。历代封建王朝有一个致命的缺陷,即很难从内部实现制度升级,并且每一次升级,必然伴随着破坏与重建。 2.利用杨贵妃的故事导入新课,提高学生的学习兴趣。通过"相关史事"对黄巢起义队伍人数的增加的描述,认识唐朝安史之乱对唐朝的打击。通过《韩熙载夜宴图》了解五代十国政权的更迭。 3.小组讨论唐朝灭亡的原因,培养学生合作学习、分享交流的能力。

第二单元　辽宋夏金元时期:民族关系发展和社会变化

(一)教材分析

本单元讲述的是辽宋夏金元的历史,这是我国从多民族政权并立走向国家统一的历史时期。北宋的建立结束了唐末、五代十国的分裂局面,统治者采取重文轻武、加强中央集权的政策,与此同时周边少数民族相继崛起,使中国出现多个民族政权并立的局面。女真族建立金朝,先后灭辽与北宋,与南宋形成对峙,最终蒙古族建立的元朝统一了全国。虽然这一时期民族之间的战争比较频繁,但各民族政治、经济、文化、交流依然密切,民族交融进一步加强,封建经济继续发展,经济重心向南转移,科技文化成就突出,继续领先世界。

(二)单元目标

知道北宋的建立,了解宋朝重文轻武的特点。知道辽、西夏与北宋的对峙局面;了解女真族的崛起,知道金灭辽及北宋;知道岳飞抗金的事迹。知道宋代南方经济的发展,理解中国古代经济重心的南移。知道成吉思汗的崛起以及蒙古军灭亡夏、金和南宋;知道元朝的统一。通过宣政院管辖西藏,知道西藏在元朝正式被纳入中国版图。知道宋元时期繁荣的商业贸易;了解宋元时期的都市生活和宋词、元曲的流行。通过活字印刷术的发明以及指南针、火药的应用和外传,认识四大发明对世界文明发展的贡献。

(三)单元构成

本单元分为八课:第6课《北宋的政治》,第7课《辽、西夏与北宋的并立》,第8课《金与南宋的对峙》,第9课《宋代经济的发展》,第10课《蒙古族的兴起与元朝的建立》,第11课《元朝的统治》,第12课《宋元时期的都市和文化》,第13课《宋元时期的科技与中外交通》。

表2-27　《北宋的政治》课时育人导引

	第6课《北宋的政治》
学科认知	1.知道北宋的建立;了解宋朝重文轻武的特点。 2.通过对赵匡胤实施集权的原因和具体措施的分析,培养学生总结归纳、捕捉重点的能力。 3.通过分析赵匡胤加强中央集权措施的利与弊,培养学生的辩证思维。学习宋朝加强中央集权的各项措施,让学生认识到封建时代君主的权力是不断加强的,任何封建统治者都跳不出这一历史的铁律。

续表

	第6课《北宋的政治》
德性育人	1.北宋"重文轻武"的国策导致军事上的积弱,周边少数民族政权的发展。认识大一统国家的发展。 2.陈桥兵变实现了政权的和平交接,没有血腥的杀戮。杯酒释兵权让权力和平转移并集中,体现赵匡胤以史为鉴、爱惜民力的品质。
审美育人	1.杯酒释兵权、北宋加强中央集权的措施都体现了智慧之美。 2.科举制的发展与完善推动了中华文明的发展,进一步奠定了文人治国的格局。
健康育人	
劳动育人	组织历史故事会,分享陈桥兵变、杯酒释兵权等故事。
教学设计提示	1.本课立意:开国皇帝与王朝基因。开国的制度设计决定一个王朝的基因;北宋重文轻武的制度设计吸取了唐朝末年藩镇割据的教训,加强中央集权,却产生了积弱的局面。 2.通过《清明上河图》导入,引导学生了解北宋的文明成果,激发学习的本课兴趣。 3.对比北宋建立和北宋统一的地图,培养学生的时空观念。 4.对比北宋统一和唐朝前期地图,培养学生的时空观念,认识宋朝统一的特点。 5.呈现材料,引导学生从材料中依次归纳出北宋加强中央集权的措施。 6.通过归纳中央集权的措施,引导学生认识重文轻武的特点及其影响。

表2-28 《辽、西夏与北宋的并立》课时育人导引

	第7课《辽、西夏与北宋的并立》
学科认知	1.知道辽、西夏与北宋的对峙局面。 2.识读地图,从空间上强化学生对民族政权统治区域的掌握。通过列表归纳的方法帮助学生厘清各民族政权建立的基本情况。 3.对战争形成正确的认识,培养学生的辩证思维。
德性育人	辽、西夏与北宋并立时期的民族交往、交流、交融,共同构成了多元一体的中华文明。
审美育人	北宋与少数民族政权之间的战争与和谈,都采用了文明交流的方式,推动了各政权的经济文化发展。
健康育人	欣赏辽墓壁画《契丹人引马图》,了解契丹人的生产与生活。
劳动育人	解读教材中的图片,认识到中华文明是各民族共同创造的。
教学设计提示	1.本节立意:开发与交融。北宋积弱的军事给周边各民族的发展创造了条件,少数民族政权的崛起,推动了边疆的建设与发展。 2.观察《五代十国后期形势图》《辽、北宋、西夏形势图》,引导学生发现中国这一时期形势的变化。 3.介绍关于契丹族起源的美丽传说,引导学生从诗、图、故事中了解该民族,对契丹有初步认识。 4.组织学生讨论课本插图,知道契丹货币反映了契丹族经济的发展;契丹文字是学习汉文化的重要成果。

表2-29 《金与南宋的对峙》课时育人导引

	第8课《金与南宋的对峙》
学科认知	1.了解女真族的崛起;知道金灭辽及北宋;知道岳飞抗金的事迹和南宋偏安的史实。 2.讨论岳飞抗金的行为,培养学生的辩证思维。
德性育人	1.理解我国各族人民密切交往、相互依存,形成了中华民族多元一体的格局。学习岳飞抗金的史实,认识到国家统一、民族团结对国家和社会发展的重要性,增强学生对国家的认同感。 2.通过学习岳飞抗金的史实,培养学生担当意识、大局意识和奉献精神。 3.通过学习岳飞抗金的史实,培养学生明礼诚信和正直的品格。
审美育人	学习女真族崛起壮大、岳飞郾城大捷的史实,体会中华文明的智慧之美。
健康育人	组织课堂讨论活动,引导学生懂得在合作交流中应该学会理解和包容他人,正确应对挫折,努力融入集体。
劳动育人	1.形成搜集史料评价岳飞和宋金议和影响的意识。 2.搜集有关岳飞的故事。
教学设计提示	1.结合教材相关图片和历史地图,让学生观察、提炼信息,了解女真人的活动区域和生活特点。 2.引导学生比较《金、南宋、西夏对峙图(1142年)》和《北宋形势图》的不同,了解金灭辽和金灭北宋的史实。 3.提供文献材料,帮助学生分析女真族的崛起和北宋的灭亡。 4.结合史料,引导学生客观评价、正确认识历史人物。

表2-30 《宋代经济的发展》课时育人导引

	第9课《宋代经济的发展》
学科认知	1.了解宋代农业、手工业发展与商业繁荣的表现;分析宋代南方经济发展的原因;理解经济重心南移对古代经济发展的影响。 2.通过学习宋代经济重心南移的史实,培养学生分析问题的能力;通过观察《清明上河图》,培养学生利用图片查找、收集信息的能力;通过学习宋代南方经济的发展,培养学生的逻辑思维。
德性育人	1.学习宋代经济的发展,感受创新是一个民族发展不竭的精神动力,增强学生对国家、民族的认同感。 2.学习宋代发达的海外贸易,培养学生面向世界的视野和意识。
审美育人	1.识读宋代《耕获图》,感受人与自然的和谐相处。 2.鉴赏《清明上河图》和陶瓷制品,感受中国传统艺术之美。了解宋代造船技术、纸币的出现与指南针等,体会中国古代文明的智慧。
健康育人	
劳动育人	1.学习宋代经济发展的原因,培养劳动意识。 2.搜集史料论证宋代经济的发展。
教学设计提示	1.本课立意:一个被误读的王朝——北宋。通过学习厘清北宋军事积弱、经济繁荣背后的历史逻辑。 2.充分运用教材图片资料,如《货郎图》《清明上河图》等,引导学生从感受、理解宋代都市的繁华和商业的繁荣。 3.可用表格法指导学生整理宋代农业、手工业、商业发展的概况,帮助学生认识宋代经济发展的主要因素。 4.充分运用教材辅助栏目,探讨宋代南方经济发展的原因。

表2-31 《蒙古族的兴起与元朝的建立》课时育人导引

	第10课《蒙古族的兴起与元朝的建立》
学科认知	1.了解蒙古族的兴起和成吉思汗统一蒙古的史实;认识成吉思汗统一蒙古各部对蒙古社会的积极作用;知道元朝的统一为国家发展奠定了基础。 2.通过对元朝的统一和历史人物的评价学习,培养学生的辩证思维。
德性育人	1.通过学习元朝的统一,体会国家统一对多民族国家进一步发展起到的作用;通过学习忽必烈行汉法,理解中华民族文化的多样性,增强对中华民族先进文化的认同感。 2.通过学习文天祥高尚的民族气节,培养学生表里如一、言行一致等行为品质。
审美育人	通过对蒙古统一中国的策略、忽必烈行汉法等内容的学习,体会中国古代文明的智慧。
健康育人	通过对蒙古统一过程的学习,形成正确的人生观、战争观和国防意识。
劳动育人	搜集史料论证元朝统一中国带来的积极作用。
教学设计提示	1.展示《蒙古统一中国形势图》,引导学生厘清蒙古统一中国的过程。 2.探究文献材料,深化元朝的建立与统一促进了多民族国家进一步发展的认识。 3.指导学生阅读"知识拓展"板块,师生共同探究,正确评价文天祥抗元。 4.探究元朝统一的影响,认识元朝统一中国的积极作用。

表2-32 《元朝的统治》课时育人导引

	第11课《元朝的统治》
学科认知	1.了解元朝的疆域,知道行省制度的实施和影响;了解西藏正式归属中央政府管辖的历史史实,知道元朝管理西藏、台湾等地区的机构有哪些。 2.通过对元朝行省制度和边疆地区管理措施的学习,培养学生的逻辑思维和发散思维。
德性育人	学习元朝建立后采取的各项措施,以及回族形成等史实,充分理解中华文明是由各民族共同创造的事实。通过对行省制度的学习,对中华优秀传统文化产生认同。通过元朝对边疆地区的管辖,充分认识到西藏、台湾自古以来就是我国领土不可分割的一部分。
审美育人	
健康育人	
劳动育人	搜集史料论证中华文明是由各民族共同创造的,探究行省制度与今天行政建制的关系。
教学设计提示	1.充分利用地图,引导学生掌握元朝疆域的范围。 2.通过元朝对台湾、西藏的管辖,引导学生注意历史与现实之间的联系。 3.学生分组讨论行省制度的基本内容,通过探究活动,引导学生理解元朝行省制度的深远影响。 4.启发学生认识元朝为扩大和巩固统一多民族国家所做的贡献,培养学生运用历史唯物主义观点分析问题的能力。

表2-33 《宋元时期的都市和文化》课时育人导引

	第12课《宋元时期的都市和文化》
学科认知	1.知道宋元时期商业贸易的繁荣;了解宋元时期的都市生活和宋词、元曲的流行。 2.探讨宋词、元曲广泛流行的原因,培养学生的分析、比较能力。
德性育人	1.通过学习宋元时期繁荣的城市商业、丰富多彩的都市生活、广受欢迎的宋词和元曲,感受丰富多彩的中华文明内涵,爱上中华优秀传统文化。 2.了解李清照个人经历,欣赏著名词作《夏日绝句》,感受词人对国家的忧患情怀,引导学生树立对国家、对民族的忧患意识和责任意识。 3.欣赏欣弃疾的《京口北固亭怀古》等著名词作,感受词人的家国情怀,激励学生的爱国热情。

续表

	第12课《宋元时期的都市和文化》
审美育人	品读著名宋词代表作及《窦娥冤》等著名元曲片段,感受文学之美。识读《宋代墓葬的歌舞散乐壁画》《元墓出土的杂剧陶俑》等图片,感受艺术之美,了解当时高超的艺术水平。
健康育人	学习李清照、辛弃疾等人的生平经历,培养学生形成正确的人生观、价值观,及坚强不屈、热爱祖国、自强不息的品质。了解关汉卿的身世经历及创作《窦娥冤》的过程,认识到一个人成功之路少不了磨难。
劳动育人	1.材料研读《东京梦华录》《梦粱录》《宋史·乐至》。 2.举行宋词、元曲名篇品诵会。
教学设计提示	1.引导学生对比宋元时期和欧洲同期城市的规模,认识中国城市在世界的领先地位,增强民族自豪感。 2.指导学生在课前搜集李清照、辛弃疾和关汉卿的生平经历,学习他们的优秀品质。 3.赏析《清明上河图》,引导学生分析宋代城市生活中的衣、食、住、行和风俗习惯,感受宋代城市之美。 4.通过角色体验"瓦子见闻记",感悟东京社会生活的丰富多彩。 5.小组讨论"宋词元曲流行的原因",认识文学作品与时代背景的关系。 6.开展宋词、元曲名篇品诵会,增强学生热爱中华优秀传统文化的意识。

表2-34 《宋元时期的科技与中外交通》课时育人导引

	第13课《宋元时期的科技与中外交通》
学科认知	1.知道印刷术、指南针、火药的发明,了解其应用与外传的史实,认识其意义。 2.通过识读《元朝交通路线图》,培养学生形成初步的时空观念,并掌握识读地图的基本方法。 3.通过分析、评价印刷术、指南针、火药发明的意义,培养学生史论结合分析问题的方法和思维。
德性育人	1.理解印刷术、指南针、火药对世界产生的深远影响,增强学生的民族自豪感和自信心。 2.理解科学技术对人类历史发展的作用,培养学生努力学习、热爱科学的品质。了解毕昇发明活字印刷术的过程,培养学生不懈探索、勇于创新的精神。
审美育人	欣赏教材图片,体会我国古代科技发明的艺术之美。通过了解毕昇发明活字印刷术的过程,感受中国古代劳动人民的智慧美。
健康育人	学习毕昇发明活字印刷术过程,培养学生坚持不懈、承受挫折的意识和创新精神。
劳动育人	1.材料研读《梦溪笔谈》中关于活字印刷术的记载,材料研读《马可·波罗行纪》。 2.尝试用活字印刷术印制《兰亭集序》;绘制元朝旅游地图。
教学设计提示	1.可让学生课前准备橡皮泥和牙签,分小组制版印制,体验活字印刷术的过程。 2.列表整理四大发明的发明经过、传播过程及作用。 3.可以让学生收集当今中国的各项发明,让学生认识当今中国正向"创新中国"迈进,培养学生的创新意识。 4.结合《元朝交通路线图》,设置情境:"假设你是宋元时期的一名商人,家里有上好的绸缎、书籍和烟火,你要将其远销海外,你会选择怎样的路线,会途经哪些国家和地区?"通过模拟,加深学生对宋元时期中外交通路线的理解。 5.组织学生在课后分小组搜集四大发明的资料,出一期有关四大发明的手抄报或板报。

第三单元　明清时期：统一多民族国家的巩固与发展

(一)教材分析

本单元从政治、经济、文化和对外关系四个方面叙述了从1368年明朝建立到清朝中前期(至1840年鸦片战争)的历史。

这一时期，一方面，政治上专制主义中央集权制度更加完善、强化；经济上取得长足进步，出现了康乾盛世的局面；文化上产生了多部总结性的科技巨著，小说、戏剧得到发展；对外关系上，郑和下西洋客观上增进了中国与亚非国家及其地区的友好往来，戚继光抗倭、郑成功收复台湾、康熙帝抗击沙俄殖民主义者都沉重打击了外国侵略势力。统一的多民族国家的整体格局得到进一步巩固和发展，现代中国版图的基础得以奠定。另一方面，中国进入封建社会晚期，统治集团渐趋腐朽，统治者为巩固君主专制所采取的"八股取士"、文字狱、闭关锁国政策等措施，不断加深了社会危机，阻碍了中国社会的发展，使得清朝中期以后的中国逐渐与世界发展的大势失之交臂。

(二)单元目标

知道明朝的建立。通过学习皇权的强化和"八股取士"，初步理解皇帝专权的弊端。了解郑和下西洋的航海壮举。知道戚继光的抗倭斗争。通过了解明长城和北京城的建筑，体会中国古代人民的智慧和创造力。通过学习《本草纲目》《天工开物》《农政全书》等名著，了解明代科技的成就及影响。了解李自成起义推翻明朝。知道满族入主中原。了解郑成功收复台湾和清朝在台湾的建制。知道册封达赖和班禅与设置驻藏大臣。知道西北边疆的巩固。认识台湾、西藏、新疆是中国不可分割的一部分。学习清朝经济发展和人口增长的史实，了解清朝前期的兴盛。通过军机处的设置与文化专制措施，认识君主专制在清朝走向极端强化。以《红楼梦》和京剧为例，了解清代文学艺术的成就和特色。通过清代中期以来的腐败现象和闭关锁国政策，了解中国此时开始落后于世界发展潮流。

(三)单元构成

本单元共八课：第14课《明朝的统治》，第15课《明朝的对外关系》，第16课《明朝的科技、建筑与文学》，第17课《明朝的灭亡》，第18课《统一多民族国家的巩固和发展》，第19课《清朝前期社会经济的发展》，第20课《清朝君主专制的强化》，第21课《清朝前期的文学艺术》。

表2-35 《明朝的统治》课时育人导引

	第14课《明朝的统治》
学科认知	1.知道元朝灭亡、朱元璋建立明朝的史实,了解朱元璋加强中央集权的措施及影响,理解这些措施的内涵及其产生的影响。 2.通过对比、分析,发现我国封建社会中央集权制度逐步加强的趋势,提高学生的比较、分析能力与思维,学习对比历史现象的方法。 3.通过对朱元璋加强皇权的史实的分析,培养学生的辩证思维。
德性育人	1.朱元璋灭亡元朝,建立明朝,最终统一全国,我国统一多民族的封建国家得到进一步发展。 2.引导学生了解八股取士的弊端,结合实际,鼓励他们充分发挥学习主动性,敢于提出新观点,摒弃读死书的学习习惯。
审美育人	学习朱元璋强化皇权的措施,感受智慧之美。通过赏析明代青花扁壶,感受我国古代瓷器技艺的高超水平及精美瓷器的艺术美。
健康育人	
劳动育人	1.材料研读《中国历代政治得失》关于朱元璋强化皇权的记载,材料研读《二十七松堂文集·明太祖论》,材料研读顾炎武《日知录》中对八股文的抨击。 2.搜集有关"八股取士"的资料,讨论"八股取士利大于弊还是弊大于利"。
教学设计提示	1.指导学生绘制《明朝中央官制示意图》,引导学生直观认识明朝中央集权制度与前朝的区别。 2.播放《锦衣卫》或《新龙门客栈》片段,帮助学生了解厂卫的职能。 3.引导学生制作表格,分析朱元璋强化皇权的措施,理解明朝中央集权专制统治高度强化的显著特征,并组织学生讨论朱元璋强化皇权举措的利弊得失。 4.引导学生识读《南京贡院的科举考场》《举子看榜图》及相关文字材料,了解明朝的八股取士的弊端。 5.赏析明代青花扁壶等明代瓷器,认识我国瓷器的高超水平。

表2-36 《明朝的对外关系》课时育人导引

	第15课《明朝的对外关系》
学科认知	1.了解郑和下西洋的航海壮举;知道戚继光抗倭的斗争。 2.引导学生完成对比郑和下西洋的路线和欧洲新航路的表格,培养学生横向、纵向的比较思维。
德性育人	学习郑和、戚继光优秀的精神品质。
审美育人	欣赏《榜葛剌进麒麟图(局部)》,体会不同地区间文化交流的和谐美;欣赏《凯歌》,体会戚家军气吞山河的磅礴气势和爱国情怀之美。
健康育人	
劳动育人	识读郑和下西洋的路线图。
教学设计提示	1.绘制郑和下西洋和欧洲新航路的表格,对比分析,培养学生的比较思维,知道郑和下西洋是世界航海史上的壮举,他的远航增进了我国同亚非各国的交流,增强学生的民族自信心和自豪感。 2.通过分析郑和下西洋面临的困难,体会其百折不挠、积极进取、勇于开拓、睦邻友好、献身祖国的精神;通过学习戚继光抗倭的事迹,培养爱国主义情感,感受中国人民反抗侵略的英勇斗争的精神。 3.引导学生识读《<榜葛剌进麒麟图>(局部)》,体会不同地区间文化交流的和谐美;通过引导学生研读《凯歌》,感受戚家军气吞山河的磅礴气势和强烈的爱国情怀。

41

表2-37 《明朝的科技、建筑与文学》课时育人导引

	第16课《明朝的科技、建筑与文学》
学科认知	1.知道《本草纲目》《天工开物》《农政全书》等名著,了解明代科技的成就及影响。 2.通过引导学生制作明朝科技、建筑与文学成就的表格,培养学生归纳整理的能力。 3.引导学生总结明朝科技发展的时代特点,培养学生初步运用历史的、发展的眼光看待问题、分析问题的能力。
德性育人	理解《本草纲目》《天工开物》《农政全书》等明朝科技巨著的地位及影响。
审美育人	
健康育人	引导学生学习李时珍坚忍顽强的意志、求真务实的态度。
劳动育人	1.解读《天工开物》示意图;鉴赏北京城的布局图。 2.认识生活中常见的具有药物作用的草本植物。
教学设计提示	1.引导学生分析明朝科技发展的影响和时代特点,培养学生自尊自信的民族情怀。 2.通过对北京城布局特点的分析和对小说的鉴赏,引导学生懂得从思想主题和艺术表现两个方面鉴赏作品。 3.通过搜集李时珍、宋应星、徐光启三位科学家的事迹,探究他们取得杰出成就的原因,从而培养学生刻苦学习、勤于思索、脚踏实地、开拓进取的品质。

表2-38 《明朝的灭亡》课时育人导引

	第17课《明朝的灭亡》
学科认知	1.了解李自成起义推翻明朝;知道满族入主中原。 2.通过对比秦朝末年和明朝末年两次农民起义的异同,培养学生学会运用对比辨析的学习方法。 3.引导学生归纳明朝后期政治腐败的表现,提高学生分析、归纳历史问题的能力;分析明末政治腐败、社会动荡与农民起义之间的因果联系,提升学生通过历史现象探索历史问题的能力。
德性育人	引导学生认识明末政治腐败与社会动乱的密切关系,体会当前中国反腐倡廉的现实必要性,培养关注时政的家国情怀;引导学生分析明末农民起义军攻占北京,推翻明朝腐朽统治的原因,认识人民群众是推动历史前进的主要动力。
审美育人	感受吴伟业《圆圆曲》的艺术之美。
健康育人	引导学生分析明朝灭亡的根本原因是腐朽的封建君主专制统治,认识反腐倡廉对于国家安定、人民幸福的重要性;引导学生研读明末农民欢迎李闯王的歌谣,培养学生敢于同恶势力斗争,追求幸福生活的精神。
劳动育人	
教学设计提示	1.研读《陕西通志》,引导学生感知明朝末年社会动荡、民不聊生的社会状况,理解农民起义的必然性。 2.引导学生识读《明末农民起义形势图》并结合"材料研读"中的歌谣,分析李自成农民起义得到广大民众欢迎并发展迅猛的原因。 3.历史上的崇祯帝是一个非常勤奋的皇帝,但也无法挽救明朝的覆灭,引导学生从中认识到明朝腐败政治的巨大破坏力,理解明朝灭亡的必然性。

表2-39 《统一多民族国家的巩固和发展》课时育人导引

	第18课《统一多民族国家的巩固和发展》
学科认知	1.了解郑成功收复台湾和清朝在台湾的建制,知道册封达赖和班禅与设置驻藏大臣;知道西北边疆的巩固。 2.通过学习清朝对统一多民族国家的巩固和发展所做的努力,培养学生综合分析历史问题的能力。
德性育人	1.清朝统一全国后,加强了对边疆地区的管辖,统一的多民族国家因此得以发展,让学生体会统一的多民族国家是由各族人民共同缔造的,统一是我国历史发展的大趋势。 2.台湾自古以来就是中国领土不可分割的一部分,面对"台独"的分裂活动,我们要坚决打击,增强国家统一与民族团结的责任感。 3.了解康、雍、乾三位皇帝的丰功伟业,体会历史伟人坚毅的个人品格。
审美育人	1.郑成功收复台湾,康、雍、乾三位皇帝对边疆的有效管辖,奠定了今天祖国大好河山的基础。 2.从加强对西疆的管理中,体现中国的和善而坚定、中庸而有原则的智慧之美。
健康育人	1.康熙、乾隆是中国历史上在位时间最长的两位皇帝,他们不仅有远大的抱负,更重要的是有健康的身体,懂得身体健康是实现个体理想的前提。 2.还原《尼布楚条约》的谈判历程,体会谈判当事人强大的内心。
劳动育人	
教学设计提示	1.本节内容多,难度大,很容易让学生陷入一个个零散的史实之中,因此本节课设计宜从大处着眼,小处着手。 2.主线突出统一多民族的巩固和发展。 3.以明清疆域图对比导入新课。 3.以东、西南、北、东北四个方向切入,从威胁、应对两个维度讲解清王朝巩固统一的措施及意义。

表2-40 《清朝前期社会经济的发展》课时育人导引

	第19课《清朝前期社会经济的发展》
学科认知	1.通过清朝前期经济发展和人口增长的史实,了解清朝前期的兴盛。 2.通过本节学习了解自然环境、社会发展与人口增长的辩证关系。
德性育人	经济基础决定上层建筑,清朝前期社会经济的发展为清朝统一多民族国家的巩固和发展,以及反对外来侵略斗争的胜利奠定了物质基础。
审美育人	识读《耕织图》《盛世滋生图》《门前街市图》,体会清朝前期经济发展、社会稳定、百姓各归其位、安居乐业的繁荣景象。感受几大商帮的兴起,体会交流融通之美。
健康育人	
劳动育人	《清代开荒执照》以及各行各业的发展都体现了劳动人民的勤劳。
教学设计提示	1.本课主题为"清朝人口增长",以"为什么明朝中国人口过1亿,清朝过3亿"的剖析为主线。 2.通过比较《清明上河图》《盛世滋生图》的异同引入新课。 3.教学过程中需讲清商业的发展三个条件:农业发展、手工业发展、社会稳定。 4.通过史料研读,帮助学生认识到人口增长是古代中国经济发展的风向标。

表2-41 《清朝君主专制的强化》课时育人导引

	第20课《清朝君主专制的强化》
学科认知	1.利用史料研读,帮助学生通过本课了解到军机处与文化专制措施,认识君主专制在清朝的极端强化。 2.理解中国古代君主专制中央集权制度的发展趋势。
德性育人	1.中国古代君主专制中央集权政治体制强化至康乾达到顶峰,同时也走到了尽头。中国出现了近代前夜的危机。但是由于中国古代君主专制中央集权制度发展过于精致,只能从外部打破,一场危机正在降临。 2.清朝大兴文字狱,出现了"万马齐喑"局面,但是也有一些有责任、有担当的文化人发出了时代的呼声。
审美育人	清朝末期大河日下,让我们更加珍惜安定和平的社会生活。
健康育人	
劳动育人	
教学设计提示	1.以"清朝走向衰败,在衰败中看到的危机"的主题,统领学科教学。 2.围绕清朝强化君主专制的措施创设情境,引导学生认识清朝后期的政治强化和思想强化,让专制主义中央集权制更加精致。 3.认识政治腐败、百姓生活困苦为清的衰败敲响了丧钟。 4.讲清闭关锁国的危害,认识到闭关锁国拉大了中国与世界的差距,为列强的入侵创造了条件,从而加速了清王朝的灭亡。

表2-42 《清朝前期的文学艺术》课时育人导引

	第21课《清朝前期的文学艺术》
学科认知	1.以《红楼梦》和京剧为例,了解清朝文学艺术的成就和特色。 2.通过文学作品的学习,理解文学艺术是一定社会政治、经济的反映。
德性育人	通过学习清代文学艺术成就,激发学生对祖国传统文化的认同。
审美育人	《红楼梦》是我国古代最优秀的古典长篇小说,在世界文学史上占据了重要地位。
健康育人	在文学艺术作品的鉴赏中,提升个人的人文精神和健康的审美情趣。
劳动育人	认识到小说的兴起,是市民阶层兴起的重要体现。
教学设计提示	1.本课的主线围绕着经济发展、市民阶层的兴起展开。 2.文学艺术的兴起满足了市民阶层不断壮大形成的文化需求。 3.赏析曹雪芹的《红楼梦》、昆曲和京剧,认识文学艺术是一定社会政治、经济的反映。

三、《中国历史　八年级　上册》全息育人点导引

第一单元　中国开始沦为半殖民地半封建社会

(一)教材分析

19世纪中期,在西方资本主义国家相继完成工业革命,不断开拓海外市场和抢占原料产地的大背景下,中国开始沦为半殖民地半封建社会。率先完成工业革命的英国急需打开中国市场,无耻地向中国走私鸦片,给中国带来了深重灾难,鸦片战争是中国近现代史的开端。经历两次鸦片战争,中国国门洞开,中国被迫卷入世界体系,开始在新的格局中寻求国家独立、民族富强之路。

列强的入侵,清王朝的腐败,使得失去生计的贫困农民在"拜上帝会"的组织下掀起了太平天国运动。太平天国运动担负起了反侵略与反封建的双重任务,对中国近代史的走向产生了深远影响。

(二)单元目标

知道林则徐禁烟与鸦片战争,列举中英《南京条约》的主要内容,认识鸦片战争对中国近代社会的影响。简述第二次鸦片战争期间英法联军火烧圆明园,从19世纪50-80年代俄国通过不平等条约割占中国北方大片领土的侵略史实。知道洪秀全,了解太平天国运动的兴衰。

(三)单元构成

本单元分为三课:第1课《鸦片战争》,第2课《第二次鸦片战争》,第3课《太平天国运动》。

表2-43　《鸦片战争》课时育人导引

	第1课《鸦片战争》
学科认知	了解鸦片战争前的世界格局,知道林则徐虎门销烟始末;简述中英《南京条约》的主要内容,认识鸦片战争对中国近代社会的影响。
德性育人	1.鸦片战争打开了中国大门,中国开始沦为半殖民地半封建社会,开始了百年的抗争与求索。 2.三元里人民的抗英斗争,是民众自发反对外敌入侵的首义,体现了民众对国运的担当。 3.学习林则徐"苟利国家生死以,岂因祸福避趋之"的担当。学习关天培、陈化成反抗外侮的勇气。
审美育人	《南京条约》打开了中国大门,中国开始沦为半殖民半封建社会,中国人民从此开始了百年抗争。我们应该更加珍惜和平,为全面建设社会主义现代化国家而团结奋斗。

续表

	第1课《鸦片战争》
健康育人	鸦片摧毁国人身心,导致"中原几无可以御敌之兵",因此我们要加强禁毒教育,捍卫国人健康。
劳动育人	
教学设计提示	1.本节围绕"国门洞开"这一主线进行设计,教师需讲清鸦片战争的爆发背景、经过、结果及对中国社会的影响。 2.鸦片战争把中国卷入资本主义世界市场,中国和世界的联系越来越紧密,引导学生把中国近代史放入世界历史的大背景下进行思考,体会历史的必然性与偶然性。 3.模拟林则徐在朝堂辩论的场景,知道其禁烟主张,理解禁烟的原因及意义,学习其爱国精神。

表2-44 《第二次鸦片战争》课时育人导引

	第2课《第二次鸦片战争》
学科认知	1.了解英、法、俄等国侵略史实,分析不平等条约对中国社会的影响。 2.从第二次鸦片战争的结果,深入分析中国近代遭受深重苦难是由列强的入侵与腐朽黑暗的专制统治造成的。比较两次鸦片战争对中国半殖民地化程度的影响,培养学生的比较思维。
德性育人	1.英法联军攻占北京,火烧圆明园,是对人类文明的重大破坏,也是中华民族的奇耻大辱。第二次鸦片战争使得中国领土主权遭到严重破坏,中国半殖民地化程度进一步加深。 2.国破家不在,面对列强的步步紧逼,以咸丰、奕䜣等人为代表的清王朝节节退让,但是先进的中国人开始寻求救国救民之路。
审美育人	从19世纪50年代到80年代,俄国割占中国北方150多万平方千米土地,美丽的外兴安岭等从此与我们分离。
健康育人	了解英法联军火烧圆明园的相关史实,培养学生尊重、珍爱世界文化成果的意识。
劳动育人	观看电影《火烧圆明园》,观赏圆明园遗址。激起反思,激发共鸣。
教学设计提示	1.本节课围绕"延续"两个字展开。重点分析第二次鸦片战争爆发的原因,了解其过程与结果,认识它是鸦片战争的继续。 2.学习俄国割占中国大量领土的史实,认识俄国与英法侵略方式的区别,了解俄国与英法资本主义经济发展水平的差异。 3.对比《第二次鸦片战争形势图》与《沙俄侵占中国北方领土示意图》,理解中国此时的半殖民地化程度进一步加深。

表2-45 《太平天国运动》课时育人导引

	第3课《太平天国运动》
学科认知	1.认识太平天国运动的历史意义。知道太平天国运动失败的原因。 2.分析农民阶级的局限性,锻炼学生的历史思维能力。
德性育人	1.太平天国运动沉重地打击了清政府的统治和外国侵略势力,但因为农民阶级自身的阶级局限性,无法救中国。 2.学习太平天国诸将士面对中外反动势力时不畏强暴,奋起反抗的决心与勇气。
审美育人	《天朝田亩制度》旨在建立一个"有田同耕,有饭同食,有衣同穿,有钱同使,无处不均匀,无人不饱暖"的理想社会;《资政新篇》是先进的中国人最早提出的带有资本主义色彩的改革方案;它提出的这两个纲领性文件,是历代农民起义的最高峰的标志,提高了农民斗争水平,展现了人民群众的杰出智慧。

续表

	第3课《太平天国运动》
健康育人	补充太平天国统治的相关史实,理解太平天国无法带领人民走向胜利的重要原因。
劳动育人	指导学生收集《天朝田亩制度》《资政新篇》相关材料,认识农民阶级的局限性。
教学设计提示	1.本课可以围绕"农民阶级的革命性与局限性"展开设计。 2.分析《天朝田亩制度》《资政新篇》,认识其革命性和局限性。 3.分析太平天国失败的原因,认识到农民阶级无法取得革命胜利的原因。

第二单元　近代化的早期探索与民族危机的加剧

(一)教材分析

19世纪60年代,清朝面临内忧外患的困境,为了维护封建专制统治,清朝统治集团内部的洋务派,以"自强"和"求富"为旗号,掀起了"师夷长技以自强"的洋务运动。这是一场统治阶级为挽救其统治危机而进行的自救运动,其引进西方先进技术、创办近代企业、推进军事近代化和发展近代教育的努力,使中国迈出了近代化的第一步。日本在明治维新后于1895年蓄意发动了侵略中国的甲午中日战争,战争以中国的失败而告终。开展了近30年的洋务运动,也以北洋水师的全军覆没而画上了句号。中日《马关条约》的签订,使中国半殖民地化程度大大加深。这场战争的结果刺激了西方列强进一步侵华的野心,19世纪末帝国主义掀起了瓜分中国的狂潮,中国的民族危机空前严重。以康有为、梁启超为首的资产阶级维新派为了挽救民族危亡,进行了维新变法运动。但是变法失败,促使资产阶级的政治斗争由改良转向了革命。农民阶级领导的义和团运动高举"扶清灭洋"的大旗,客观上打乱了列强瓜分中国的企图,但被中外反动势力联合绞杀。八国联军侵华战争失败后,清政府被迫与列强签订了《辛丑条约》,中华民族陷入了半殖民地半封建社会的深渊。

(二)单元目标

了解洋务派为"自强""求富"而创办的军事工业和民用工业,初步认识洋务运动的作用和局限性。知道甲午中日战争的主要战役,列举《马关条约》的主要内容,说明《马关条约》与中华民族危机加剧的关系。知道康有为、梁启超等维新派代表,了解"百日维新"的主要史实;知道义和团运动和抗击八国联军侵华的史实;结合《辛丑条约》的主要内容,分析《辛丑条约》对中华民族危机全面加深的影响。

（三）单元构成

本单元分为四课：第4课《洋务运动和边疆危机》，第5课《甲午中日战争与列强瓜分中国狂潮》，第6课《戊戌变法》，第7课《八国联军侵华与〈辛丑条约〉签订》。

表2-46 《洋务运动和边疆危机》课时育人导引

	第4课《洋务运动和边疆危机》
学科认知	了解洋务派为"自强""求富"而创办的主要军事工业和民用工业，初步认识洋务运动的作用和局限性。
德性育人	学习洋务运动的相关内容，使学生了解中国开始融入世界的近代化进程，树立面向世界、面向未来的国际化意识，懂得把握时代潮流与前进方向的重要性。
审美育人	了解洋务运动的探索策略，体会历史智慧之美；欣赏"定远号"铁甲舰，体会军事装备的艺术之美。
健康育人	通过了解洋务运动前洋务派与顽固派的论战，培养学生在面对压力时强大的抗压能力。
劳动育人	1.材料研读《庚子西狩丛谈》《中国近代史资料丛刊·洋务运动》。 2.课堂辩论洋务运动的主要作用是积极的还是消极的。
教学设计提示	1.在讲授有关洋务运动的目的和主张时，可指导学生研读李鸿章《致总理衙门函》《上曾相》，引导其了解洋务运动的背景、目的及主要内容，并通过分析得出洋务运动失败的根本原因。 2.教师可充分利用教材及网络资源，指导学生绘制洋务派军事企业和民用企业的对比表格。 3.引导学生感受左宗棠的爱国情怀和优秀的个人品德。 4.引导学生对洋务运动进行评价，培养学生形成面向世界、面向未来的国际化意识。

表2-47 《甲午中日战争与列强瓜分中国狂潮》课时育人导引

	第5课《甲午中日战争与列强瓜分中国狂潮》
学科认知	1.知道甲午中日战争的主要战役；列举《马关条约》的主要内容，理解《马关条约》与中华民族危机加剧的关系。 2.归纳甲午中日战争爆发及中国战败的原因，培养学生归纳概括历史问题的方法和能力；比较《马关条约》和《南京条约》的内容及危害，掌握分析、比较历史现象的方法。
德性育人	1.学习《马关条约》内容，使学生认识到台湾自古以来是我国领土不可分割的一部分，树立维护国家统一的信念。 2.学习《马关条约》的危害和列强瓜分中国的狂潮等史实，激发学生的忧患意识；分析甲午中日战争中国失败原因，以史为鉴，树立对外开放、善于学习、科技强军和加强海防的意识。 3.了解邓世昌、左宝贵等人的事迹，感悟其热爱国家、舍生取义、视死如归的精神。
审美育人	欣赏"定远号"铁甲舰，体会军事装备的艺术之美。
健康育人	学习邓世昌的事迹，学习其积极进取的人生态度。
劳动育人	1.材料研读《世界报》有关旅顺屠城的报道；材料研读《六十年来中国与日本》。 2.讨论甲午中日战争中国战败的原因。

续表

	第5课《甲午中日战争与列强瓜分中国狂潮》
教学设计提示	1.可以充分利用《甲午中日战争形势示意图》，讲述战争的经过，对左宝贵、徐邦道等英勇杀敌的事迹加以肯定，并对叶志超贪生怕死的行为加以谴责。 2.可选取有关黄海海战的视频资料，如《北洋水师》等，体会以邓世昌为代表的清军爱国将士英勇抗敌、不怕牺牲的精神。 3.引导学生以列表的方式，对比分析《马关条约》和《南京条约》的主要内容。在此基础上，引导学生逐条分析其危害，提高学生的分析比较能力。

表2-48 《戊戌变法》课时育人导引

	第6课《戊戌变法》
学科认知	1.知道康有为、梁启超等维新派代表，了解"百日维新"的主要史实。 2.对比洋务派、维新派主张的异同，进一步学习比较的方法；口述公车上书的历史概念，初步学会陈述历史概念的方法；梳理洋务运动、甲午中日战争、戊戌变法的历史发展时序，在甲午战败、瓜分狂潮的具体时空背景下分析戊戌变法的背景、内容、影响，初步学会在具体时空背景下对历史事件进行考察的方法；归纳变法运动失败的主要原因，掌握从历史材料中提取信息的方法。
德性育人	1.了解康有为、梁启超、严复等人，培养学生以天下为己任的爱国情怀和锐意进取的改革精神；了解公车上书及戊戌六君子，激发学生忧国忧民、热爱祖国、振兴中华的情感和历史责任感。 2.了解康有为等维新派人士的变法活动和谭嗣同等"戊戌六君子"为变法图强勇于牺牲的事迹，培养学生树立以天下为己任的社会责任意识，激发学生百折不挠的奋斗精神。
审美育人	阅读维新运动期间各地重要报纸的内容，认识人类社会是由低级向高级发展的，人类社会发展越来越美好。
健康育人	了解维新派人士进行维新变法运动的相关史实，认识到近代中国为摆脱民族危亡所进行的艰难奋斗和探索，培养勇于担当、积极进取、百折不挠的奋斗精神。
劳动育人	1.材料研读《变法中》《上清帝第五书》《戊戌政变记（外一种）》。 2.课堂讨论戊戌变法为什么会失败；组织学生开展维新派与顽固派论争的短剧表演；制作有关戊戌变法内容的表格。
教学设计提示	1.围绕维新派的主张，让学生分角色进行短剧表演，总结维新派的政治主张，体会顽固派对变法的态度，为学生理解变法的失败做铺垫。 2.学习戊戌变法的内容，可让学生阅读教材后制作表格，讨论变法内容的利弊，从而理解戊戌变法的影响。 3.可以补充康有为《上清帝第五书》等文献材料，让学生进行研读，培养史证意识。

表2-49 《八国联军侵华与〈辛丑条约〉签订》课时育人导引

	第7课《八国联军侵华与〈辛丑条约〉签订》
学科认知	1.知道义和团运动和抗击八国联军侵华的史实；结合《辛丑条约》的主要内容，了解《辛丑条约》全国加深了中华民族的危机。 2.逐条分析《辛丑条约》的危害，使学生掌握基本的历史分析方法；指导学生将《辛丑条约》与其他不平等条约进行比较，认识该条约的危害性，培养学生归纳、比较史实的能力。 3.分析义和团运动提出的"扶清灭洋"口号，培养学生抓住主要矛盾、一分为二地分析评价历史现象的能力。

续表

	第7课《八国联军侵华与〈辛丑条约〉签订》
德性育人	1.通过本课学习,认识中华民族有着坚决反抗外来侵略的光荣传统,义和团的英勇抵抗显示了中国人民不屈不挠的斗争精神。 2.揭露八国联军破坏和掠夺中国国宝、践踏中华文明的罪行,引导学生永远牢记国耻、国难,树立振兴中华的坚定信念。
审美育人	学习义和团战士和清军爱国官兵英勇抗击八国联军侵略的史实,体会中国人民不屈不挠的斗争精神。
健康育人	学习八国联军侵华战争的史实,使学生认识帝国主义的凶恶本质,懂得落后就要挨打的道理。
劳动育人	搜集史料,论证《辛丑条约》签订后清政府已经成为"洋人的朝廷"。
教学设计提示	1.展示八国联军侵略京津地区的战争形势图,了解大沽、天津、北京、廊坊的大致方位。 2.引导学生根据搜集到的资料,讲述廊坊阻击战、义和团在北京的战斗以及天津保卫战的史实。 3.引导学生分析义和团运动的斗争对象、方式、领导阶级等,认识其性质。 4.结合《辛丑条约》的主要内容,引导学生分析《辛丑条约》的签订给中华民族造成的严重危害。

第三单元 资产阶级民主革命与中华民国的建立

(一)教材分析

本单元主要讲述了孙中山领导的资产阶级民主革命、中华民国的建立、北洋政府的统治等内容。以孙中山为代表的革命党人,组建革命团体,传播革命思想,不断发起武装起义。辛亥革命推翻了清朝的统治,宣告了中国两千多年君主专制制度的终结,建立了中国历史上第一个资产阶级共和政府,使民主共和的观念深入人心。然而,辛亥革命的果实落入袁世凯手中。袁世凯就任大总统后,不断破坏民主共和制度,甚至复辟帝制,倒行逆施,最终遭到举国反对,忧惧而亡。此后,中国陷入了军阀割据纷争的动乱之中。

(二)单元目标

了解孙中山早年的革命活动,知道孙中山是中国民主革命的先行者。了解武昌起义和中华民国成立的史实,认识辛亥革命的历史意义。知道袁世凯独裁统治和复辟帝制的史实,了解北洋军阀混战的黑暗局面。

(三)单元构成

本单元分为四课:第8课《革命先行者孙中山》,第9课《辛亥革命》,第10课《中华民国的创建》,第11课《北洋政府的统治与军阀割据》。

表2-50 《革命先行者孙中山》课时育人导引

	第8课《革命先行者孙中山》
学科认知	1.了解孙中山早年的革命活动,知道孙中山是中国民主革命的先行者。 2.思考孙中山成为革命先行者与他一系列活动之间的内在联系,学会以发展的眼光看待孙中山的革命之路。
德性育人	1.了解孙中山以及其他革命党人前赴后继、浴血奋斗的史实,树立刻苦学习、报效祖国的远大志向,及与时俱进、追求真理、百折不挠的奋斗精神。 2.感受孙中山百折不挠追寻救国之路的探索精神、大无畏的革命勇气和坚持民主共和的坚定立场。
审美育人	学习革命党人的相关文章如《革命军》《猛回头》《警世钟》等,感受其强烈的艺术感染力。
健康育人	1.学习早期革命起义,培养学生强健体魄的意识。 2.学习孙中山以及其他革命党人前赴后继、浴血奋斗的史实,培养学生与时俱进、追求真理、百折不挠的健康心理。
劳动育人	查阅相关资料,了解康有为、孙中山等中国近代史上的重要历史人物,并对其进行评价。
教学设计提示	1.本课的主题为孙中山的地位——革命先行者。以毛主席对孙中山的评价导入新课。 2.在讲述孙中山的早期革命活动中,教师要注意补充时代背景和孙中山的个人经历,结合故事法,引导学生认识到他作为革命先行者的独特意义。

表2-51 《辛亥革命》课时育人导引

	第9课《辛亥革命》
学科认知	1.了解武昌起义的基本史实,认识辛亥革命的历史意义。 2.分析资产阶级民主革命兴起的背景,培养学生从政治、经济、阶级等角度完整认识历史问题的能力。 3.分析反清革命起义的原因,培养学生初步运用历史唯物主义观点分析历史问题的方法;通过比较武昌起义后各省对起义态度的变化,培养学生的辩证思维。
德性育人	1.革命志士的浴血奋战,是救国救民的爱国之热情。 2.武昌起义的枪声,是辛亥革命志士不屈斗争精神的表现。
审美育人	了解武昌起义与湖北军政府领导人的推选过程,感悟战争谋略的智慧。
健康育人	阅读黄花岗起义七十二烈士的绝命书,感悟国家人爱与家庭小爱相互交织的情怀。
劳动育人	课外阅读关于革命党人事迹的书籍,讲述革命党人为革命不惜抛头颅、洒热血的故事。
教学设计提示	1.本课的主题为"辛亥革命的复杂性和艰巨性"。 2.利用时间轴的方式,建构本课的知识体系。 3.组织学生收集革命党人的感人事迹并做分享,了解革命党人的家国大爱,引导学生分析黄花岗起义的历史意义。 4.分析武昌起义的偶然性与必然性,认识革命党人在危难局势下的勇气与智慧。

表2-52 《中华民国的创建》课时育人导引

	第10课《中华民国的创建》
学科认知	1.了解中华民国成立的史实,认识辛亥革命的历史意义。 2.引导学生分析为什么辛亥革命是在一片胜利的欢呼声中失败的,培养学生的逻辑和辩证思维。
德性育人	了解孙中山《临时大总统宣言书》,认识临时政府的对外政策,培养学生的国际视野。
审美育人	理解《中华民国临时约法》,认识人类社会是由低级向高级发展的,感悟人类法治发展史上的历史智慧。
健康育人	了解宣统帝下诏退位与孙中山辞去临时大总统的职位的史实,引导学生认识在关键时刻主动避让、让贤的健康心理。
劳动育人	阅读鲁迅的《故乡》《风波》《药》《阿Q正传》等作品,体会革命对当时社会的影响。
教学设计提示	1.以"辛亥革命是在一片胜利的欢呼声中失败的"的主题统领本课。 2.收集图片、文字、视频材料,了解辛亥革命后中国复杂的政治形势,认识资产阶级的革命性与软弱性。 3.组织学生分析材料,认识《中华民国临时约法》的性质,认清其在中国历史上的价值和进步意义。

表2-53 《北洋政府的统治与军阀割据》课时育人导引

	第11课《北洋政府的统治与军阀割据》
学科认知	1.知道袁世凯独裁统治和复辟帝制的史实;了解北洋军阀混战的黑暗局面。 2.通过评价袁世凯,培养学生运用唯物史观评价历史人物的能力。
德性育人	1.了解二次革命、护国战争等一系列革命斗争,认识先进志士对国家独立、民主、富强的不懈追求,认识专制对国家发展的阻碍,体会政治民主对国家发展的重要作用。 2.孙中山为捍卫民主革命屡败屡战的斗争精神和锲而不舍的坚强品质,是今天的青年学生学习的好榜样。
审美育人	了解孙中山发表《讨袁檄文》号召爱国豪杰共同奋起,将反袁斗争进行到底,引导学生认识军事战争中的谋略智慧。
健康育人	引导学生理解在独裁与民主的较量中,在复杂的中国政治局势中,中国的前途在何方,普通百姓应坚持自己的理想同专制独裁抗争到底,培养学生明辨是非、敢于斗争的健康心理。
劳动育人	模拟宋教仁演讲,报道宋教仁遇刺真相,学会对历史事实进行理解和判断。
教学设计提示	1.本课主题为"维护民主的抗争"。 2.知道袁世凯被迫取消帝制,在绝望中死去,引导学生了解在辛亥革命后,民主共和观念深入人心。分析袁世凯复辟丑剧短暂的原因,使学生认识到违背历史发展规律必将被历史淘汰。 3.通过视频、图片、文字等材料,引导学生认识北洋军阀分裂的原因、表现、影响,增强维护国家统一的责任感。

第四单元　新民主主义革命的开始

(一)教材分析

民族资产阶级高举"民主"和"科学"两面大旗，掀起了中国近代史上一次空前深刻的思想解放运动——新文化运动，使中国的近代化历程从"制度层次"推进到"思想文化层次"，同时也促使了中国人民特别是知识青年的觉醒，为马克思主义在中国的传播创造了条件，为随后爆发的五四运动起到了思想宣传和铺垫的作用。而反对帝国主义的侵略和北洋军阀的统治，实现民族解放和国家独立，需要新的革命理论和领导阶级，需要追求新的革命前途。1919年的五四运动揭开了中国新民主主义革命的序幕，进一步促进了中国人民的思想大解放，推动了马克思主义在中国的传播，为中国共产党的成立奠定了阶级基础、思想基础，准备了干部条件。1921年中国共产党的成立使中国革命的面貌焕然一新。

(二)单元目标

知道陈独秀、胡适等新文化运动的代表人物，了解新文化运动在中国近代思想解放运动中的地位和作用。知道五四爱国运动的基本史实，认识五四运动是中国新民主主义革命的开端。了解李大钊传播马克思主义的史实；了解中国共产党第一次全国代表大会召开的史实，认识中国共产党成立的历史意义。

(三)单元构成

本单元分为三课：第12课《新文化运动》，第13课《五四运动》，第14课《中国共产党诞生》。

表2-54　《新文化运动》课时育人导引

	第12课《新文化运动》
学科认知	1.知道陈独秀、胡适等新文化运动的代表人物，了解新文化运动在中国近代思想解放运动中的地位和作用。 2.客观评价新文化运动，培养学生辩证唯物主义和历史唯物主义的历史思维。
德性育人	1.引导学生学习《新青年》杂志对尊孔复古逆流的反击，引导学生树立反对专制、维护民主、促进国家发展的意识。 2.介绍与分析新文化运动代表人物的事迹，培养学生为拯救国家、改造社会不断追求真理的精神，增强民主与科学意识。
审美育人	通过学习认识到，要改造中国，必须使国民在思想上有根本的转变，引导学生懂得不断反思、逐步深入的斗争策略。
健康育人	批判旧道德、旧思想、旧文化，培养学生敢于除旧革新的心理。

续表

	第12课《新文化运动》
劳动育人	阅读《狂人日记》等作品,认识新文化运动对封建礼教的猛烈抨击。
教学设计提示	1.本课主题为"除旧革新,重铸国魂",意图在于引导学生认识新文化运动对封建旧道德、旧思想、旧文化的猛烈批判。 2.组织学生收集新文化运动代表人物的相关作品,从中体悟其对封建传统道德礼教的批判。 3.指导学生分析新文化运动带来的影响,归纳其对中国历史发展的进步作用,分析新文化运动带来的启示。 4.指导学生制作洋务运动、戊戌变法、辛亥革命、新文化运动的对比表,总结中国人民向西方学习的历程及特点。

表2-55 《五四运动》课时育人导引

	第13课《五四运动》
学科认知	1.知道五四运动的基本史实,认识到五四运动是中国新民主主义革命的开端。 2.从对五四运动的基本史实的学习中,提高学生分析、解决问题及评价历史事件的能力。培养学生对历史名词进行历史理解和解释的能力。
德性育人	学习青年学生敢为天下先的精神。
审美育人	五四运动后期以工人阶级为主力,商人、学生、资产阶级等社会各界人士共同参与、团结协作,取得初步胜利,引导学生领略团结作战的魅力。
健康育人	
劳动育人	1.小组合作梳理五四运动的基本史实。对老师提供的史料进行合作探究。 2.角色扮演谈谈自己对忧国忧民的体会。
教学设计提示	1.五四运动的性质是学生学习最为困惑的部分,教师需要联系戊戌变法和辛亥革命等内容,让学生通过分析得出结论——五四运动反帝国主义和封建主义,是典型的爱国主义运动。 2.赏析地图册《五四运动形势(1919年)》及教材中的图片《上海商人罢市游行》《北京高师被捕学生回校时受到热烈欢迎》,让学生感受五四运动的影响涉及全国,从而理解作为一名中国人的社会担当。 3.注意合理使用教材有关"新民主主义革命"的注释,培养学生对历史名词进行历史理解和解释的能力。

表2-56 《中国共产党诞生》课时育人导引

	第14课《中国共产党诞生》
学科认知	1.了解李大钊传播马克思主义的史实;了解中国共产党第一次全国代表大会召开的史实,认识中国共产党成立的历史意义。 2.学习中国共产党成立的历史条件,培养学生综合分析与评价历史事件的能力。
德性育人	体会李大钊传播马克思主义的爱国情怀。中共二大民主革命纲领的提出体现了中国共产党彻底的反帝反封爱国精神。京汉铁路工人罢工号召"为自由而战,为人权而战",体现了人民反帝反封建的爱国要求。
审美育人	最低纲领和最高纲领的制定体现了中国共产党集体的智慧。中国共产党对京汉铁路工人罢工失败的认识,体现了其从历史事件中吸取教训的历史智慧。

续表

	第14课《中国共产党诞生》
健康育人	
劳动育人	1.收集、整理、交流、分享中国共产党成立的小故事。 2.观看《开天辟地》《建党伟业》等影片,了解中国共产党成立的历史背景。
教学设计提示	1.利用教材,引导学生理解中国共产党关注劳动者、关注广大人民群众,帮助学生进一步认识中国共产党的性质和成立的意义。 2.引导学生理解中国共产党成立时恶劣的政治环境,体会老一辈革命家立党为公、忠诚为民的奉献精神;感悟"红船精神",了解中国共产党始终站在历史和时代发展的潮头,矢志不渝地推动中国革命和建设事业不断前进。 3.借助地图册,让学生识记中国共产主义早期组织。引导学生感受革命先辈敢为人先的社会担当。

第五单元 从国共合作到国共对立

(一)教材分析

1924年,中国共产党与中国国民党展开合作,进行反帝反封建的国民革命运动,又称"大革命",第一次国共合作推动了国民革命运动的高涨。由于国民党右派背叛革命,国民革命失败,第一次国共合作破裂了。中国共产党为反抗国民党的反动统治,进行工农武装革命,在农村建立根据地,创造"工农武装割据"的局面,探索中国革命的新道路。1934年,面对国民党军队的"围剿",红军进行战略转移。中国共产党率领红军历经艰难险阻,胜利完成了长征,打开了中国革命的新局面。

(二)单元目标

简述第一次国共合作和北伐战争胜利进军的主要史实;了解南京国民政府成立的主要史实。

知道南昌起义,讲述朱德、毛泽东在井冈山会师的故事,认识中国共产党创建工农红军和农村革命根据地的意义。

讲述中国工农红军长征的故事,体会红军的革命英雄主义精神;知道遵义会议,认识其在中国革命史上的地位。

(三)单元构成

本单元分为三课:第15课《国共合作与北伐战争》,第16课《毛泽东开辟井冈山道路》,第17课《中国工农红军长征》。

表2-57 《国共合作与北伐战争》课时育人导引

	第15课《国共合作与北伐战争》
学科认知	1.简述第一次国共合作和北伐战争胜利进军的主要史实;了解南京国民政府成立的主要史实。 2.识读《北伐战争形势示意图》,培养学生掌握获取有效历史信息、分析历史史实的方法。 3.分析北伐战争胜利进军和国民革命运动失败的原因,培养学生综合分析和合作探究的能力。
德性育人	1.感受大革命时期有志之士紧追时代潮流的人生情怀,以及"天下兴亡,匹夫有责"的爱国主义情感。 2.感受大革命时期革命先烈摧毁旧社会的壮烈之举,敢为人先的社会担当。
审美育人	
健康育人	培养学生团结合作的精神和为理想而奋斗的坚强意志。
劳动育人	1.合作探究国共合作的必要性,分享自己对国共合作的看法。 2.描绘北伐战争示意图。
教学设计提示	1.引导学生认识从京汉铁路工人罢工失败到国共合作,是共产党人汲取经验教训,与时俱进的具体表现,感受中国共产党成长的艰难性。 2.展示北伐前北洋军阀吴佩孚、孙传芳、张作霖和北伐军的实力对比图,理解北伐任务的艰巨性。 3.充分利用地图册,引导学生小组合作,分析北伐军的进军路线,认识正确的战争策略是战争能够胜利的关键因素。 4.引导学生了解国民党右派叛变革命的相关史实。懂得大革命没有完成反帝反封建的民主革命任务,最终失败了。

表2-58 《毛泽东开辟井冈山道路》课时育人导引

	第16课《毛泽东开辟井冈山道路》
学科认知	知道南昌起义,讲述朱德、毛泽东在井冈山会师的故事,认识中国共产党创建工农红军和农村革命根据地的意义。
德性育人	1.学习南昌起义、秋收起义,感受革命家为国家命运前途敢为天下先的气魄,以及百折不挠的爱国情怀和革命追求。 2.学习毛泽东对革命的执着追求,以及把马克思主义与中国革命实际相结合的创新精神。
审美育人	
健康育人	引导学生学会面对挫折和失败,要不屈不挠,善于总结经验、教训。
劳动育人	交流分享与此段革命相关的历史小故事;到革命根据地进行实地考察。
教学设计提示	1.充分利用地图册及教材图片,引导学生了解南昌起义的基本史实及其历史地位。 2.利用地图册,引导学生体会井冈山精神是创新的典范,是理论与实践结合的产物,是老一辈无产阶级革命家给我们留下的宝贵财富。 3.中国共产党在革命斗争中创建了革命根据地,引导学生认识到农村包围城市、工农武装割据是中国革命唯一正确的道路,是毛泽东把马列主义普遍原理与中国革命具体实践相结合的产物。

表2-59 《中国工农红军长征》课时育人导引

第17课《中国工农红军长征》	
学科认知	1.知道红军长征的路线和长征过程中的重大事件;了解遵义会议及其在中国革命史上的重要地位;分析红军被迫实行战略转移和取得胜利的原因。 2.识读《中国工农红军长征路线示意图》,增强对长征的感性认识;分析遵义会议的影响,使学生形成对历史史实的正确解释。
德性育人	1.学习长征,让学生进一步认识中国共产党在中国革命中的作用,从而热爱中国共产党、热爱人民军队,增强国家认同感。 2.学习红军长征精神,培养学生的担当和奉献精神。
审美育人	参观遵义会议会址,体会建筑艺术之美;学习遵义会议、四渡赤水、巧渡金沙江等史实,体会毛泽东等人的智慧。
健康育人	培养学生不怕困难、坚持不懈、永不言败的乐观心态。
劳动育人	1.通过学习形成自觉传承长征精神的意识。 2.制作红军长征路线图,调查周边的长征遗址、故事等。
教学设计提示	1.本课的主题为"英雄的壮举,扭转的历史"。 2.在教学中关注乡土历史,充分利用本地红色旅游资源开展教学。 3.收集资料,分享长征故事,体悟长征精神的内涵。

第六单元 中华民族的抗日战争

(一)教材分析

1931年的九一八事变是中国人民14年抗战的起点,也揭开了世界反法西斯战争的序幕,1937年的七七事变标志着抗战由局部抗战进入到全国抗战的新阶段。西安事变的和平解决,推动抗日民族统一战线的初步形成;日军帝国主义在中国犯下了滔天罪行,英勇的中国军民同仇敌忾,在正面和敌后两个战场给予日本侵略者沉重的打击。广大爱国官兵浴血奋战,振奋了民族精神,坚定了抗战必胜的信念,中国共产党在抗战中发挥了中流砥柱的作用。1945年抗战胜利,这是百年来反侵略斗争的第一次完全胜利,促进了中华民族的觉醒,是中华民族由衰败到振兴的转折点。

(二)单元目标

知道九一八事变,了解中国局部抗战的开始;知道西安事变,理解和平解决西安事变的意义。简述七七事变的史实,认识国共第二次合作的实现和全民族抗战的意义。以侵华日军南京大屠杀等罪行为例,认识日本军国主义凶恶残暴的侵略本质。列举正面战场和敌后战场的抗日史实,体会中国军民在抗日战争中英勇顽强、不怕牺牲的精神。知道中国共产党第七次全国代表大会的主要内容;了解日本投降的史实;探讨抗日战争胜利的原因及历史意义。

(三)单元构成

本单元分为五课:第18课《从九一八事变到西安事变》,第19课《七七事变与全民族抗战》,第20课《正面战场的抗战》,第21课《敌后战场的抗战》,第22课《抗日战争的胜利》。

表2-60 《从九一八事变到西安事变》课时育人导引

	第18课《从九一八事变到西安事变》
学科认知	1.知道九一八事变,了解中国局部抗战的开始;知道西安事变,理解其和平解决的意义。 2.通过西安事变的发生与和平解决,引导学生对历史进行理解,初步形成分析历史问题的能力。
德性育人	理解周恩来等共产党人的民族情怀。
审美育人	西安事变和平解决,反映了正确的选择也是历史的智慧。
健康育人	
劳动育人	考察抗日战争的历史遗址、遗迹。举办故事会,讲述八路军、新四军坚持抗战的故事,理解中国共产党在抗日战争中起到的重要作用。举办抗战歌曲演唱会。
教学设计提示	1.合理选择教材及地图册的图片,引导学生认识日本的侵略激起了中国人民的抗日怒潮。 2.认识九一八事变使中国陷入严重的民族危机,反抗日本帝国主义的侵略成为中华民族的历史责任。突出中国共产党在抗战中发挥的中流砥柱的作用。 3.对"中国共产党为什么主张和平解决西安事变"这一问题进行讨论,让学生认识到中国共产党挽救民族危亡的责任担当。

表2-61 《七七事变与全民族抗战》课时育人导引

	第19课《七七事变与全民族抗战》
学科认知	1.了解七七事变的经过与抗日民族统一战线建立的过程,了解淞沪会战,以南京大屠杀为例,认识日本军国主义凶恶残暴的侵略本质。 2.通过对中国守军抗日史实的学习,培养学生的口头表达能力。通过对南京大屠杀等日军暴行的学习,培养学生分析历史问题的能力。
德性育人	1.学习七七事变和淞沪会战,感受中华民族顽强不屈、团结对外的优秀品质,增强学生的国家和民族认同感。 2.学习本课,使学生认识到个人与社会、国家的关系,培养学生的担当和奉献精神。 3.体会革命党人英勇顽强、不怕牺牲的精神和崇高的民族气节。
审美育人	
健康育人	学习本课,体会到和平来之不易,培养学生反对暴力、反对战争、珍爱和平的品质。
劳动育人	搜集身边的抗战故事、资料、实物等,考察身边的抗战文化遗址。
教学设计提示	1.本课主题为"共赴国难",认识在日本全面侵华危难局势下,国共两党携手并进、相互配合、共抗强敌。 2.引导学生比较七七事变和九一八事变的区别,认识七七事变是中国全民族抗战的开始。 3.以姚子青、谢晋元等抗日将士为例,让学生感受中华民族顽强不屈的优秀品质。 4.利用南京大屠杀相关视频、图片、材料等典型史料,揭示日军凶恶残暴的侵略本质。 5.以民生公司抢运抗战人员和物资为例,认识重庆人民为抗战胜利做出的重大贡献。

表2-62 《正面战场的抗战》课时育人导引

	第20课《正面战场的抗战》
学科认知	1.了解台儿庄战役、武汉会战、第三次长沙会战等抗日史实；理解正面战场的抗战对于抗日战争胜利的意义。 2.学习国民党正面战场抗战的史实，培养学生的逻辑思维和辩证思维。
德性育人	通过对平型关大捷、根据地的建立和发展、百团大战的学习，感受中华民族顽强不屈、团结对外的优秀品质，增强国家认同和民族认同。
审美育人	
健康育人	学习本课，培养学生顽强的毅力和坚持不懈的精神。
劳动育人	搜集资料，了解抗战时期家乡人民的抗日事迹。
教学设计提示	1.本课主题为"共赴国难"，引导学生认识在日本全面侵华危难局势下，国共两党携手并进、相互配合、共抗强敌的史实。 2.利用战役地图，帮助学生了解战役发生的历史背景，并对国民党的正面战场抗战进行梳理。 3.利用表格，对台儿庄战役、武汉会战、第三次长沙会战进行归纳，认识各大会战的战略意义。 4.合作探究，引导学生正确评价国民党正面战场的抗战作用。

表2-63 《敌后战场的抗战》课时育人导引

	第21课《敌后战场的抗战》
学科认知	1.了解平型关大捷、百团大战等抗战史实；知道敌后抗日根据地建立与发展的情况；理解敌后战场对于抗日战争胜利的重要意义。 2.学习中国共产党敌后战场抗战的史实，培养学生的逻辑思维和辩证思维。
德性育人	学习本课，使学生认识到民族利益高于一切，增强对国家这一概念的理性认识。
审美育人	
健康育人	学习本课，培养学生顽强的毅力和坚持不懈的精神。
劳动育人	搜集资料，了解抗战时期家乡人民的抗日事迹。
教学设计提示	1.观看有关百团大战的纪录片，全面理解其抗战作用。 2.利用表格，梳理敌后战场抗战的史实。

表2-64 《抗日战争的胜利》课时育人导引

	第22课《抗日战争的胜利》
学科认知	1.知道中共七大的主要内容，了解日本投降和抗战胜利的史实，探讨抗战胜利的原因和历史意义。 2.探讨抗战胜利的原因和意义，培养学生分析历史问题的能力、逻辑思维和辩证思维。
德性育人	学习本课，认识中华儿女不怕牺牲、反抗外来侵略、维护民族尊严的决心，增强爱国主义情感。
审美育人	
健康育人	学习本课，培养学生坚韧的毅力和坚持不懈的精神，形成正确的历史观、积极的人生观。
劳动育人	搜集资料，了解抗战时期家乡人民的抗日事迹。

续表

	第22课《抗日战争的胜利》
教学设计提示	1.收集整理全民族抗战的史实。 2.展示材料,引导学生分析中共七大召开的背景,理解中共七大的意义。 3.依据材料让学生分析抗战胜利的原因和意义,并深刻把握中国共产党在抗战中中流砥柱的作用。 4.联系近代历史上的战争,帮助学生理解抗日战争是近代历史上反对外敌入侵第一次取得完全胜利的战争。

第七单元 人民解放战争

(一)教材分析

抗日战争的硝烟散尽后,中国人民渴望和平稳定,重建家园。面对国民党蓄意发动内战,中国共产党为和平而努力,为和平而奋力抗争。

学习本单元,进一步理解国共两党产生分歧最根本的原因,是其所代表的阶级利益的根本分歧;进一步认识到"得人心者得天下"的道理。

认识土地改革到三大战役、渡江战役的胜利,理解顶层的战略设计与广大人民群众相结合释放出的战略伟力。由此,我们可以展望新中国的美好。

(二)单元目标

知道重庆谈判,理解中国共产党为争取和平民主做出的努力,认识国民党实行独裁、发动内战的本质。了解中共中央转战陕北和刘邓大军挺进大别山的史实,知道辽沈、淮海、平津三大战役和南京解放。知道解放区的土地改革;简析国民党南京政权覆亡和人民解放战争迅速胜利的主要原因。

(三)单元构成

本单元分为两课:第23课《内战爆发》,第24课《人民解放战争的胜利》。

表2-65 《内战爆发》课时育人导引

	第23课《内战爆发》
学科认知	1.知道中共七大的主要内容,了解日本投降和抗战胜利的史实,探讨抗战胜利的原因和历史意义。 2.整理近代国共关系史,学会用主要矛盾分析国共"合作-对峙-再合作-再对峙"的历程。运用表格比较内战初期国共双方的力量对比。
德性育人	1.1945年抗日战争结束,人民渴望和平。然而美蒋阴谋发动内战,为了挽救和平,中国共产党做出不懈努力。面对国民党的进攻,中国共产党予以坚决的回击。 2.为了揭穿蒋介石假和平、真内战的阴谋,毛泽东以惊人的胆魄亲赴重庆,与国民党进行谈判。学习刘胡兰等革命烈士的事迹,学习他们大无畏的革命精神。

续表

	第23课《内战爆发》
审美育人	人民解放军作战十大军事原则,体现了中国共产党人的智慧之美。
健康育人	了解转战陕北的军事作战史实,使学生认识到身体健康的重要性。
劳动育人	面对国民党的挑衅,中国共产党领导的解放区军民,有理、有义、有节予以加击,同时积极生产、积极备战,为解放战争的最后胜利奠定了物质基础。
教学设计提示	1.本课围绕"得道多助、失道寡助"进行设计。 2.分析重庆谈判的原因、经过和结果,揭露国民党和蒋介石"假和平、真内战"的阴谋,理解毛泽东来重庆有着弥天大勇,理解中国共产党代表整个中华民族利益政党的含义。

表2-66 《人民解放战争的胜利》课时育人导引

	第24课《人民解放战争的胜利》
学科认知	1.了解刘邓大军挺进大别山的史实;知道辽沈、淮海、平津三大战略和南京解放。知道解放区的土地改革。 2.学习三大战役、渡江战役等史实,使学生掌握识读地图、制作历史表格等历史学习方法。 3.理解人民解放战争迅速取胜的原因,培养学生分析和解决历史问题的能力。
德性育人	1.三大战役加速了人民解放战争在全国的胜利,中国共产党带领中国人民推翻三座大山,实现了国家独立,迈步走向民族振兴。 2.董存瑞等解放军战士为了实现民族独立,勇于承担,不畏牺牲,谱写了壮丽人生凯歌。
审美育人	品读毛泽东《七律·人民解放军占领南京》,体会他的豪情与对新中国的憧憬,体会其笔下新中国的美丽图景。
健康育人	引导学生认识中华人民共和国的建立是无数先烈用鲜血和生命换来的,培养学生珍惜生命、珍惜现在的美好生活的心理。
劳动育人	陈毅元帅说,淮海战役是人民群众用小车推出来的,劳动人民的支持与付出是人民解放战争取得胜利的根本保障。
教学设计提示	1.以《七律·人民解放军占领南京》导入新课,分析解放区实行土地改革的原因和意义。 2.结合三大战役示意图,厘清三大战役的战果和作用。

第八单元 近代经济、社会生活与教育文化事业的发展

(一)教材分析

本单元内容讲述了从晚清到民国,中国的经济和社会生活、教育文化事业等各方面都发生了巨大变化。中国的民族资本主义产生了。民族工业在恶劣的生存环境下艰难发展,同时也出现了一批著名的企业家。不过,近代民族工业总体发展水平还比较落后,集中于轻工业部门,地区分布也极不均衡。伴随着社会经济和文化的发展,中国人的生产方式、生活方式乃至风俗习惯都发生了深刻变化。人们在外来生活观念的冲击下,不断求新求变,一系列新事物不断出现。从总体上看,近代社会生活的变化,

呈现出新旧并呈、多元发展的特征。

为了适应时代的需求,近代教育不断改革。建学堂、废科举、立学制,中国近代新式教育制度逐渐建立起来。与此同时,新闻出版业也发展起来,人们得以更加方便地获取知识和信息。20世纪初以后,中国文艺创作空前繁荣。一批优秀的文学家、艺术家和文艺作品,产生了广泛而深远的影响。

(二)单元目标

以张謇兴办实业为例,初步认识近代中国民族工业的曲折发展。了解民国以来剪发辫、易服饰等社会习俗方面的变化。了解近代教育和新闻出版业的发展,知道近代中国文学艺术方面的成就。

(三)单元构成

本单元分为两课:第25课《经济和社会生活的变化》,第26课《教育文化事业的发展》。

表2-67 《经济和社会生活的变化》课时育人导引

	第25课《经济和社会生活的变化》
学科认知	1.以张謇兴办实业为例,初步认识近代中华民族工业的曲折发展。 2.通过分析文学作品和历史资料,文史互证了解近代中国社会生活的变化,理解其特点。
德性育人	学习张謇"弃官从商"的价值追求和以张謇为代表的一批近代民族资本家实业救国的行为,深刻体会其爱国主义精神和顽强坚韧的拼搏品质。
审美育人	视频欣赏民国时期生活的变化,感受衣、食、住、行的丰富多彩的变化之美。
健康育人	1.通过对剪辫、放足的讨论,培养学生注意卫生的意识及健康的审美。 2.评价张謇等民族资本家的爱国行为,培养自强不息的健康心理。
劳动育人	1.分析民族资本主义发展的原因,认识民族工业的发展与工人的辛苦劳动密不可分,培养学生热爱劳动的意识。 2.搜集整理近代以来中国社会生活变化的相关内容,思考这些内容在现在的生活中有什么表现。
教学设计提示	1.绘制中国民族资本主义产生、发展的时间轴,结合时间轴分析中国民族资本主义产生和发展的原因,并概括其特点。 2.利用表格梳理近代中国社会生活的主要变化,分析这些变化出现的原因。

表2-68 《教育文化事业的发展》课时育人导引

	第26课《教育文化事业的发展》
学科认知	1.了解近代教育和新闻出版业的发展,知道近代中国文学艺术方面的成就。 2.学习本课,使学生认识到思想文化是一定时期社会、政治、经济的反映。
德性育人	1.分析民国时期的文艺作品,增强学生的社会责任感。 2.学习近代中国文学艺术方面的成就,引导学生体会艺术家高度的思想修为和艺术修为。
审美育人	欣赏文学作品,感受其作品的思想内涵和强烈的艺术感染力,体会近代中国人民英勇斗争的品质之美和丰富的文化生活之美。
健康育人	学习近代中国文学艺术方面的成就,感受作品高度的思想性和艺术性,培养学生讴歌光明、鞭挞黑暗、坚定信念、英勇奋斗的健康品格。
劳动育人	指导学生创制表格,归纳总结民国时期教育文学事业的发展。
教学设计提示	1.利用表格梳理近代中国在教育新闻出版业上的情况,并结合表格分析其作用。 2.利用表格梳理近代中国在文学艺术上取得的成就,并结合表格概括其特点。

四、《中国历史 八年级 下册》全息育人点导引

第一单元 中华人民共和国的成立和巩固

(一)教材分析

解放战争结束之后,摆在中国共产党面前的难题是如何建设新中国,如何从农村走向城市,如何从带兵打仗走向领导经济建设。

1949年中国人民政治协商会议的召开,为新中国的建设谋了篇、布了局。新中国成立后面临着来自国内外的挑战。中国共产党审时度势做出抗美援朝的伟大决策,以大无畏的精神赢得了抗美援朝,大大提升了中国的国际地位。土地改革解决了农村生产力,释放出了巨大的活力,有力支援了国家工业化建设。

(二)单元目标

讲述开国大典,认识新中国成立的意义。认识抗美援朝、保家卫国的正义性。了解土地改革运动。

(三)单元构成

本单元分为三课:第1课《中华人民共和国成立》,第2课《抗美援朝》,第3课《土地改革》。

表2-69 《中华人民共和国成立》课时育人导引

	第1课《中华人民共和国成立》
学科认知	1.知道开国大典,认识中华人民共和国成立的意义。 2.讨论中华人民共和国成立的意义,初步掌握解释历史问题的方法。
德性育人	1.中华人民共和国的成立开辟了中国历史的新纪元,一个新生的国家屹立于世界的东方。百年历史证明了没有共产党,就没有新中国。 2.西藏的和平解放,维护了国家统一,民族团结,也给西藏人民带来了福祉。 3.学习毛泽东的相关史实,认识伟人在中国历史中起到的作用。认识毛泽东等老一辈无产阶级革命家对国家和民族命运的担当。
审美育人	中华人民共和国的成立是多少仁人志士用鲜血铸就的,也是多少人用智慧成全的。通过学习1949年中国人民政治协商会议,体会中国共产党的胸怀,进一步认识集众智成大事的道理。
健康育人	
劳动育人	经历了百年奋争,到1949年中华人民共和国成立时,国家已是千疮百孔、百废待兴,全国人民正以饱满的热情投入新中国建设的洪流当中。
教学设计提示	1.分析中国人民政治协商会议第一届全体会议的内容,认识其历史意义。 2.观看影片《开国大典》,感受新中国成立带给中国人民的幸福感受。 3.分析西藏和平解放的意义,感悟中国共产党在西藏和平解放中的创造性智慧。

表2-70 《抗美援朝》课时育人导引

	第2课《抗美援朝》
学科认知	1.认识抗美援朝、保家卫国的正义性。 2.在全球视野下理解新中国面临的机遇与困境。
德性育人	1.为了保家卫国,中国应朝鲜政府的请求,派出中国人民志愿军开赴朝鲜,抗美援朝。 2.抗美援朝的胜利,打击了骄傲的美国,保卫了新生的中华人民共和国,大大提升了新中国的国际地位。 3.抗美援朝体现了中国人民志愿军战士的爱国主义、革命英雄主义和国际主义精神。
审美育人	土地改革使得这片古老的神州大地,焕发出从未有的生机与活力,一幅宏大的建设新中国的图景全面展开。
健康育人	要有健康的体魄才能在战争年代活下去,才可以为祖国贡献自己的力量。
劳动育人	课前搜集黄继光、邱少云等志愿军英雄的资料。
教学设计提示	1.分析抗美援朝的原因,体会中国人民保家卫国的决心。 2.开展抗美援朝故事宣讲比赛,体悟志愿军浓厚的爱国情怀。 3.多角度分析抗美援朝的意义,理解抗美援朝对中国现代化建设的作用。

表2-71 《土地改革》课时育人导引

	第3课《土地改革》
学科认知	1.土地改革运动巩固了政权,为国民经济的恢复和发展创造了条件。 2.在《土地改革法》的学习中,培养学生初步掌握调查、搜集与整理历史资料的方法。
德性育人	1.土地改革彻底摧毁了我国存在了2000多年的封建土地制度,消灭了地主阶级。广大农民翻身做了主人,这是中国共产党根据中国国情做出的决策,实现了从新民主主义革命向社会主义革命过渡。 2.土地改革后,农民翻身做了主人,极大地提高了生产的积极性,解放和发展了农村生产力,为新中国的建设做出了杰出的贡献。
审美育人	
健康育人	
劳动育人	翻身做主的农民投身生产与建设,使得农村的生产力得到解放,有力地支援了国家的工业化建设。
教学设计提示	1.分析《中华人民共和国土地改革法》的内容,理解其实施对新中国初期恢复和发展生产的作用。 2.梳理中国共产党带领中国人民开展土地改革的相关史实,明确土地改革的具体意义。

第二单元 社会主义制度的建立与社会主义建设的探索

(一)教材分析

本单元叙述了1953—1976年的历史,主线是社会主义制度的建立和社会主义建设道路的探索。第4课、第5课叙述1953—1956年的历史,内容涉及两个方面:一是中国开始有计划进行经济建设并取得了巨大的成就,民主政治建设也在加紧进行,确立了人民代表大会制度;二是社会主义制度的建立。第6课高度概括了中共八大召开到"文革"结束这段时间的历史,在建设社会主义的过程中,取得了一系列重大成就,但也出现了一些曲折和失误。

(二)单元目标

了解第一个五年计划和三大改造,知道中国在1956年进入社会主义初级阶段。了解人民代表大会制度,知道中国特色社会主义的民主政治。知道"大跃进"和人民公社化运动的失误,了解这一时期以王进喜、雷锋、邓稼先、焦裕禄等为代表的广大干部群众艰苦奋斗的精神。了解"文化大革命"的严重危害及主要教训。

(三)单元构成

本单元分为三课:第4课《新中国工业化的起步和人民代表大会制度的确立》,第5课《三大改造》,第6课《艰辛探索与建设成就》。

表2-72 《新中国工业化的起步和人民代表大会制度的确立》课时育人导引

第4课《新中国工业化的起步和人民代表大会制度的确立》	
学科认知	1.了解第一个五年计划的基本任务和成就,知道第一届全国人民代表大会的召开和《中华人民共和国宪法》,知道人民代表大会制度是我国的根本政治制度。 2.通过引导学生学习第一个五年计划和人民代表大会制度的确立,培养学生的逻辑思维和辩证思维。
德性育人	1.学习第一个五年计划取得的成就、人民代表大会制度,增强对国家的认同感,增强民族自信心和自豪感。 2.引导学生体会新中国建设者的奉献精神,认识社会主义的优越性,培养学生的担当和奉献精神。
审美育人	
健康育人	学习新中国在一穷二白的情况下开始大规模的工业化建设,培养积极进取的人生态度。
劳动育人	1.通过学习第一个五年计划取得成就的原因,培养学生的创新精神和热爱劳动的品质。 2.结合两会的召开,课前搜集人民代表大会制度的相关资料。
教学设计提示	1.结合地图,了解第一个五年计划相关成就的分布情况,理解其主要集中在东北的原因。 2.利用表格梳理、总结我国第一个五年计划期间取得的成就。 3.结合教材"材料研读"板块,理解人民代表大会制度是国家的根本政治制度。

表2-73 《三大改造》课时育人导引

第5课《三大改造》	
学科认知	1.了解三大改造的实质、形式和历史意义;知道我国进入社会主义初级阶段的标志。 2.学习三大改造,引导学生掌握在具体的时空条件下进行历史解释的方法。
德性育人	1.学习中国共产党对社会改造的探索和创造精神,热爱中国共产党,增强对国家的认同感。 2.引导学生认识到新中国建设者的奉献精神,认识到社会主义的优越性,培养学生的担当和奉献精神。
审美育人	学习三大改造,引导学生感知党在三大改造中所体现出的智慧。
健康育人	学习建立合作社促进经济发展的史实,引导学生正确认识个人与社会的关系,培养团结协作的意识。
劳动育人	1.学习三大改造,培养学生的创新精神和热爱劳动的品质。 2.走访本地的企业、老人,了解三大改造的情况。
教学设计提示	1.分析三大改造的实施背景,认识合作化道路在当时的必要性。 2.梳理三大改造的成果,把握其历史意义。 3.访问三大改造的亲身经历者,收集访问资料。

表2-74 《艰辛的探索与建设成就》课时育人导引

	第6课《艰辛的探索与建设成就》
学科认知	1.知道中共八大总路线、"大跃进"、人民公社化运动,了解"文化大革命"的危害和教训,了解中国对社会主义道路的艰辛探索以及王进喜、焦裕禄、雷锋等人的先进事迹,知道这一时期的建设成就。 2.学习社会主义建设时期的取得的成就和造成的失误,培养学生的辩证思维。
德性育人	1.知道中国共产党领导全国人民克服重重困难取得了许多建设成就,认识到建设者用自己的方式诠释着对祖国的忠诚和热爱,增强学生的民族自豪感和对国家的认同感。 2.反思"文化大革命",培养学生维护社会主义民主和法治的意识。
审美育人	
健康育人	学习新中国在困难的环境中,仍然在建设中取得了巨大的成就,培养学生积极进取的人生态度。
劳动育人	1.引导学生在学习中、生活中努力奋斗,树立劳动创造美好未来的意识。 2.围绕这一时期的建设成就搜集资料并展示。
教学设计提示	1.分析中共八大的成果,认识其意义。 2.结合教材,指导学生梳理"文化大革命"的经过,引导学生懂得吸取历史的教训。 3.制作表格帮助学生了解我国这一时期取得的成就。 4.一起阅读有关王进喜、焦裕禄等人的事迹,引导学生体会其自力更生、艰苦奋斗的精神。

第三单元 中国特色社会主义道路

(一)教材分析

本单元叙述了中国现代史上中国崛起并发展的时代,中国历史实现了历史性转折,进入了改革开放和社会主义现代化建设的新时期。十一届三中全会召开以来,我国开启了经济体制改革、对外开放的历程。从此,中国共产党开辟了中国特色社会主义道路,创立了中国特色社会主义体系。

(二)单元目标

了解十一届三中全会、农村改革和深圳特区的发展,认识邓小平对改革开放所起的重要作用。了解社会主义市场经济体制的建立与完善,认识改革对于中国发展的重大意义。

知道中国共产党第十六次代表大会以来我国取得的新成就,以2008年北京奥运会为例加以说明。认识中国特色社会主义理论体系的重要性;认识中国坚持科学发展、实现社会和谐的重要性。

（三）单元构成

本单元分为五课：第7课《伟大的历史转折》，第8课《经济体制改革》，第9课《对外开放》，第10课《建设中国特色社会主义》，第11课《为实现中国梦而努力奋斗》。

表2-75 《伟大的历史转折》课时育人导引

	第7课《伟大的历史转折》
学科认知	1.知道十一届三中全会的召开背景、内容及意义；了解平反冤假错案的基本史实，正确评价毛泽东拨乱反正。 2.阅读材料，理解十一届三中全会是伟大的历史转折，培养学生从材料中提取有效信息，用历史唯物主义的观点分析和认识问题的方法。 3.探讨真理标准问题的讨论与十一届三中全会的关系，培养学生的辩证思维与逻辑思维。
德性育人	1.结合改革开放以来我国社会主义建设所取得的成就，理解是中国共产党带领人民走上了强国之路，增强学生对党和国家的热爱之情。 2.理解真理标准问题大讨论对思想解放的促进意义，使学生认识到解放思想、实事求是的重要性，培养学生的责任意识。 3.认识邓小平在真理标准问题大讨论、召开十一届三中全会、拨乱反正过程中起到的重要作用，培育学生维护正义、担当风险的精神。
审美育人	引导学生认识十一届三中全会对中国现代史上的转折性意义，感悟解放思想、实事求是的历史智慧之美。
健康育人	了解"两个凡是"、拨乱反正等史实，培育学生实事求是、解放思想的健康心理。
劳动育人	1.了解高考前广大知识青年上山下乡这一史实，认识劳动的艰辛，增强学生的劳动意识。 2.指导学生收集整理资料，制作十一届三中全会前后中国在思想、政治等方面的变化。
教学设计提示	1.播放歌曲《走进新时代》，在歌声中导入新课。 2.引导学生分析"两个凡是"，认识实事求是、解放思想的重要性。 3.阅读中共十一届三中全会公报，引导学生认识十一届三中全会的意义。

表2-76 《经济体制改革》课时育人导引

	第8课《经济体制改革》
学科认知	1.了解农村改革，社会主义市场经济体制的建立与完善，认识邓小平对改革开放所起的重要作用，认识改革对于中国发展的重大意义。 2.阅读图文材料，了解对内改革对社会发展与人民生活水平提高的意义，培养学生提取有效信息的能力。 3.阅读材料，认识农村改革与城市改革、社会主义市场经济体制的内在关系，培养学生的辩证思维与逻辑思维。
德性育人	1.了解家庭联产承包责任制的创立与乡镇企业的崛起，国有企业改革与民营企业勃兴的伟大变化，引导学生珍惜今天的幸福生活，增强国家认同感。 2.认识对内改革以来中国社会的发展变化，增强学生建设祖国的责任意识、合作意识。 3.了解小岗村包干到户的创新实践，培育学生敢为天下先的勇气与担当精神。
审美育人	1.鉴赏教材图片，体会粮食丰收之美。 2.认识农村改革经验对城市改革的借鉴意义，体会历史智慧之美。

续表

	第8课《经济体制改革》
健康育人	1.鉴赏教材图片,培育学生强健体魄的意识。 2.了解小岗村18农户率先签契约的壮举,培育学生为同胞共同命运而努力的健康心理。
劳动育人	1.鉴赏教材图片,培育劳动创造美好生活的意识。 2.学生收集并展示资料,认识改革开放以来家乡的发展变化。
教学设计提示	1.老师展示提前准备好的自家承包证书,引入新课。 2.展示1978年小岗村18农户的红手印图片及相关文字资料,了解他们敢为天下先的壮举,理解其奋斗、担当精神。 3.结合教材"材料研读"板块,分析城市经济体制改革的作用。 4.展示材料,引导学生阅读、分析材料,认识家庭联产承包责任制的意义以及城市改革的内容及意义。 5.学生收集城市经济体制改革以来的变化,认识对内改革对于中国发展的重大意义。

表2-77 《对外开放》课时育人导引

	第9课《对外开放》
学科认知	1.以深圳等经济特区的建立为例,掌握经济特区在社会主义现代化建设中的作用和影响;知道对外开放新格局的形成;了解中国加入世界贸易组织的史实。 2.识读《沿海地区对外开放示意图》,了解经济特区、沿海对外开放城市、经济开放区的地理位置,培养学生的读图、识图方法。
德性育人	1.鉴赏教材图片,认识对外开放对当地经济发展的促进作用,增强对我国社会主义现代化建设成就的认同感与自豪感。 2.了解中国加入世界贸易组织对中国和世界其他国家经济发展的双向作用,增强学生团结协作、共创美好生活的意识。
审美育人	1.欣赏祖国蜿蜒绵亘的海岸线,体会大美中国的自然之美。 2.根据我国对外开放的格局和特点,体会实事求是、因地制宜的历史智慧之美。
健康育人	了解邓小平当时虽已耄耋之年,但在对外开放中仍然起到了重要的作用,增强学生强健体魄的意识。
劳动育人	1.了解深圳改革开放以来的变化,树立学生劳动创造财富、劳动创造未来的观念。 2.指导学生收集资料,认识对外开放的必要性和意义。
教学设计提示	1.播放歌曲《春天的故事》,提问歌词中"画了一个圈"指什么,引入新课教学。 2.指导学生利用《沿海地区对外开放示意图》,说明经济特区、沿海对外开放城市、经济开放区的地理位置,认识对外开放的格局和特点。 3.鉴赏《现在的深圳》《上海浦东开发区》这两幅图片,分析对外开放对当地经济发展的促进作用,认识对外开放的必要性。 4.阅读材料,理解中国加入世贸组织后面临的机遇与挑战,引导学生学会辩证认识生活中的事件,增强其团结协作、共创美好生活的意识。

表2-78 《建设中国特色社会主义》课时育人导引

	第10课《建设中国特色社会主义》
学科认知	1.认识邓小平对改革开放所起到的重要作用;知道中国共产党第十六次全国代表大会以来,我国取得的新成就;认识中国特色社会主义理论体系的重要性;认识中国坚持科学发展、实现社会和谐的重要性。 2.用表格归纳邓小平理论的形成过程,以知识结构图的形式梳理中共十六大至中共二十大的史实,培养学生的逻辑思维。
德性育人	1.学习中国特色社会主义理论发展完善的过程,坚定走中国特色社会主义道路的信念;学习中国特色社会主义的建设成就,感悟中国共产党是全心全意带领中国人民不断奋斗、追求强国富民的政党,牢固树立道路自信、理论自信、制度自信和文化自信。 2.感悟改革开放后历任领导人为民富国强而奋斗的情怀。
审美育人	体会国家领导人进行理论创新的智慧;欣赏歌曲《春天的故事》,体会艺术之美。
健康育人	讲述邓小平三起三落的故事,培养学生形成坚持不懈、积极进取的人生观。
劳动育人	1.材料研读邓小平《在武昌、深圳、珠海、上海等地的谈话要点》、江泽民《在邓小平同志追悼大会上的悼词》等。 2.制作表格归纳邓小平理论形成过程;制作连线图梳理十六大至十九大的史实。
教学设计提示	1.以教材课时导入内容学习,进行新课教学。 2.分析邓小平理论、"三个代表"重要思想、科学发展观、习近平新时代中国特色社会主义思想的内涵,把握四者一脉相承的特点。

表2-79 《为实现中国梦而努力奋斗》课时育人导引

	第11课《为实现中国梦而努力奋斗》
学科认知	1.知道中国梦宏伟蓝图、"两个一百年"奋斗目标、"四个全面"战略布局、新发展理念;了解十八大以来中国经济建设取得的重大成就。 2.观看《复兴之路》,了解中国梦的基本内涵,培养学生从材料中提取有效信息的方法,增强史证意识;分析《改革开放以来国内生产总值增长情况》,初步学会提炼、分析、总结数据的方法。 3.引导学生归纳改革开放以来我国经济建设取得的重大成就,提高学生的归纳、概括能力,培养学生的逻辑思维。
德性育人	1.学习中国梦宏伟蓝图,让学生认识到中国梦是每个人的梦,理解个人发展与祖国命运息息相关;学习改革开放以来我国经济建设取得的重大成就,增强民族自信心和自豪感。 2.学习"四个全面"战略布局、《中共中央关于全面深化改革若干重大问题的决定》的内容、新发展理念,学习国家领导人把自己的命运前途和国家民族昌盛、人民幸福紧紧联系在一起的社会责任意识。 3.体会"我将无我,不负人民"等金句,学习中国共产党人不计个人名利、勇于担当、甘于奉献的优秀品质。
审美育人	学习中国梦、"四个全面"战略布局、新发展理念,体会国家领导人的政治智慧。观看北京奥运会开幕式、上海世博会开幕式,体会艺术之美。
健康育人	讨论"作为新时代的中学生,你能为中国梦的实现做出哪些努力",营造民主、和谐的课堂氛围,培养学生的合作、交流意识。
劳动育人	以"我的中国梦"为主题,撰写小论文,并进行评比,分学习小组调查中国建设小康之路的成就。
教学设计提示	1.了解中国梦宏伟蓝图的提出背景、内容和意义。 2.分析"四个全面"战略布局的内容,把握其时代价值。 3.梳理改革开放以来,我国社会主义现代化建设取得的巨大成就,增强社会主义道路自信、理论自信、制度自信和文化自信。

第四单元 民族团结与祖国统一

(一)教材分析

本单元主要讲述我国在民族团结和祖国统一方面的政策和成就。我国是一个统一的多民族国家,民族区域自治制度是我国的一项基本政治制度。我国实行民族区域自治,促进各民族共同团结奋斗、共同繁荣发展,各民族结成了平等、团结、互助、和谐的社会主义民族关系。祖国统一是全体中华儿女的共同夙愿。在"一国两制"构想的指引下,香港和澳门顺利回归祖国,在完成祖国统一大业的道路上迈出了重要一步。海峡两岸关系也不断发展,交往日益密切。

(二)单元目标

了解民族区域自治制度,认识各民族共同团结奋斗、共同繁荣发展的重要意义。了解香港、澳门回归和海峡两岸关系改善的史实,认识祖国统一是历史的必然趋势。

(三)单元构成

本单元分为三课:第12课《民族大团结》,第13课《香港和澳门回归祖国》,第14课《海峡两岸的交往》。

表2-80 《民族大团结》课时育人导引

	第12课《民族大团结》
学科认知	1. 学习民族区域自治制度,引导学生理解各民族共同团结奋斗、共同繁荣发展的重要意义。 2. 识读《民族区域自治示意图》,分析我国少数民族分布的特点,进一步培养学生的时空观念;对比西藏民主改革前后的人权状况,引导学生学会从多种渠道获取历史信息的方法,初步形成重证据的历史意识;通过讨论如何正确处理国家统一领导与民族区域自治的关系,进一步培养学生掌握归纳、概括的方法。 3. 通过讨论少数民族地区发生历史性变化的原因,引导学生初步学会运用辩证唯物主义观点分析历史问题的方法,培养辩证思维。
德性育人	1. 了解少数民族的历史文化及习俗,加深对统一多民族国家的认识,形成对祖国历史文化的认同感;学习民族区域自治制度的实行及意义,认同国家的民族政策,增强自觉维护国家统一和民族团结的责任感;学习各民族共同繁荣发展的情况和意义,铸牢中华民族共同体意识。 2. 通过学习民族区域自治制度,增强自觉维护国家统一和民族团结的责任感;学习孔繁森等先进共产党人的事迹,体会共产党人主动担当、积极作为的责任意识。
审美育人	了解我国因地制宜治理少数民族地区的制度创新,体会国家治理的智慧。欣赏少数民族服饰及歌舞的图片或视频,体会艺术之美。
健康育人	讨论少数民族地区发生历史性变化的原因,营造合作探究的学习氛围,培养学生的合作、交流意识。
劳动育人	1. 材料研读《中华人民共和国宪法》有关民族区域自治的内容、《中华人民共和国民族区域自治法》等,培养学生的史证意识。 2. 搜集孔繁森的相关资料,了解他所做的贡献;撰写民族团结小论文。

续表

	第12课《民族大团结》
教学设计提示	1. 了解民族区域自治制度的内容,把握其历史意义。 2. 梳理新中国成立后,党和政府为发展少数民族地区采取的措施。 3. 分析西部大开发的作用。

表2-81 《香港和澳门回归祖国》课时育人导引

	第13课《香港和澳门回归祖国》
学科认知	1. 知道"和平统一、一国两制"是完成祖国统一大业的基本方针;了解香港、澳门回归的史实,认识祖国统一是历史的必然趋势。 2. 加深对"一国两制"的认识,提高学生用比较的方法分析历史问题的能力。 3. 理解实现祖国统一是中华民族的共同心愿,是历史的必然趋势,增强学生实现祖国统一的坚定信念。
德性育人	认识祖国统一是历史的必然趋势,增强实现祖国统一的坚定信念。
审美育人	理解"一国两制"所体现的政治智慧之美。
健康育人	
劳动育人	1. 小组合作梳理香港、澳门回归的基本史实,对老师提供的史料进行合作探究。 2. 角色扮演,谈谈自己对"家国"的体会。
教学设计提示	1. 结合教材"相关史事"的内容,分析"一国两制"构想提出的背景和内容。 2. 观看中英香港政权交接仪式,认识到"一国两制"构想的正确性。 3. 多角度分析香港、澳门回归的历史意义。

表2-82 《海峡两岸的交往》课时育人导引

	第14课《海峡两岸的交往》
学科认知	列举改善海峡两岸关系的各项措施,理解"和平统一、一国两制"的意义,提高学生归纳知识的能力。知道海协会、海基会,了解"九二共识"及其意义;了解国家领导人对海峡两岸关系发展的作用;了解海峡两岸日益密切的交往情况。
德性育人	树立推进祖国统一大业的历史责任感和使命感。
审美育人	感受台湾的民俗艺术之美、台湾民歌之美。
健康育人	
劳动育人	举办有关台湾问题的专题讨论。
教学设计提示	1. 梳理台湾问题的由来。 2. 梳理新中国成立以来,党和政府处理台湾问题的措施。 3. 利用教材"教材研读"板块,认识《反分裂国家法》制定的意义。

第五单元 国防建设与外交成就

(一)教材分析

巩固的国防和强大的军队,是社会主义现代化建设的重要保障。经过几十年的发展,我国的国防和军队建设事业取得了巨大成就,筑起了保卫祖国的钢铁长城。中华人民共和国的成立,揭开了中国对外关系的新篇章。面对纷繁变幻的国际局势,中国始终坚持独立自主的和平外交政策,积极开展外交工作,在国际事务中发挥着越来越大的作用,为维护世界和平和促进共同发展做出了巨大贡献。

(二)单元目标

欣赏中华人民共和国成立70周年大会上展出的武器装备,了解国防和军队建设的成就。

了解中国恢复在联合国的合法席位和中美建交等史实,知道中国独立自主的和平外交政策。

(三)单元构成

本单元分为三课:第15课《钢铁长城》,第16课《独立自主的和平外交》,第17课《外交事业的发展》。

表2-83 《钢铁长城》课时育人导引

	第15课《钢铁长城》
学科认知	1. 了解我国海军、空军的建立,以及陆军、海军、空军发展的史实;了解导弹部队的建立和发展,知道导弹部队在国防中发挥的重要作用,认识科技强军的重要性;了解新时代强军之路持续推进的情况。 2. 了解我国军队在维护国家安全、统一和现代化建设方面的英勇表现,理解来自人民、服务于人民永远是这支军队战无不胜的力量源泉。
德性育人	1. 理解国防建设对社会稳定与发展的作用。 2. 理解核战争的危害,宣扬人文精神。
审美育人	欣赏中国军人健康体魄之美、新式武器造型和线条之美,感受军事科技发展体现的中国科研人员智慧之美。
健康育人	1. 锻炼身体,立志报国。 2. 引导学生树立尊重生命、珍惜生命、爱好和平的意识。
劳动育人	1. 搜集、整理我国历次阅兵的资料。 2. 就近组织参观炮兵部队。
教学设计提示	1. 引导学生依据教材,梳理我国国防建设的巨大成就,并以此为基点,补充相关史料,创设情境,探究其原因,进而认识到中国共产党领导的正确性。 2. 补充抗美援朝、1998年抗洪抢险和汶川救灾的相关史料,帮助学生分析解放军在保家卫国和抗洪救灾中发挥的巨大作用,认识到解放军是保卫祖国、守卫人民财产和安全的钢铁长城。

表2-84 《独立自主的和平外交》课时育人导引

	第16课《独立自主的和平外交》
学科认知	1.知道中国独立自主的和平外交政策。 2.分析新中国和平独立外交与近代中国屈辱外交之别,培养学生对比鉴别的能力;阅读材料,解读周恩来为什么能够改变万隆会议的航向,培养学生材料分析和合作探究的能力。
德性育人	1.新中国在国际上树立起了独立自主的形象,是中国共产党与帝国主义进行复杂斗争的结果,表现了中国共产党把民族利益、国家利益放在首位的非凡气度。 2.周恩来作为新中国外交家,具有高雅的风范,为国家赢得荣誉,为世界和平做出贡献。他的个人修养值得我们景仰和学习。
审美育人	学习和平共处五项原则、"求同存异"体现的外交智慧。
健康育人	感受周恩来等老一辈革命家的外交风范,领悟和平共处五项原则和"求同存异"方针的含义,及其对处理国与国、人与人之间关系的重要价值。
劳动育人	1.材料研读《中华人民共和国和印度共和国联合声明》。 2.万隆会议外交场景模拟。
教学设计提示	1.播放周恩来在万隆会议的发言视频,导入新课。 2.根据教材归纳和平共处五项原则的内容,分析其提出的背景和产生的作用。 3.补充万隆会议的相关史料,引导学生认识到周恩来在万隆会议上发挥的巨大作用,感受周恩来高超的外交艺术。

表2-85 《外交事业的发展》课时育人导引

	第17课《外交事业的发展》
学科认知	1.了解中国恢复在联合国合法席位和中美建交等史实。 2.学习新时期外交政策的调整,培养学生一切从实际出发、实事求是的科学态度。
德性育人	1.学习新中国在外交事业上取得的成就,培养学生的爱国主义情感,增强学生坚持改革开放、面向世界和未来、顺应历史潮流发展的现代意识。 2.学习新时期外交政策的调整,培养学生一切从实际出发、实事求是的科学态度。
审美育人	体会中国恢复在联合国的合法席位,展开全方位外交体现的外交智慧。
健康育人	
劳动育人	1.指导学生利用教材图片和课外网络等资源,从中提取有效信息,分析中美关系出现转机的原因。 2.查阅有关报刊或互联网资料,了解亚太经合组织的成员情况及中国在该组织中所起的作用。
教学设计提示	1.以"时代造伟人,智慧成外交"主题统领本课教学。 2.沿着"困局""破局""局破"思路设计教学内容。 3."破局"部分可以围绕"定调、试探、契机、铺路、谈判、建交"补充史料,逐点剖析。

第六单元　科技文化与社会生活

(一)教材分析

本单元主要讲述了我国在科学技术、文化事业方面取得的成就,以及人们的衣、食、住、行等社会生活的发展变迁。

我国重视科学技术和文化事业的发展,推动科技进步和文化繁荣。在以邓稼先、钱学森、袁隆平、屠呦呦等科学家为代表的科技人员的努力下,我国科技事业成就突出,"两弹一星"、载人航天工程、杂交水稻、青蒿素等就是其中的代表。文化事业蓬勃发展,涌现出一大批优秀成果,丰富了中华文化。

中华人民共和国成立以来,我国人民的生活得到根本改善,生活水平不断提高。衣食住行用等各方面的变化,从不同的侧面反映了中国人民生活的改善,也折射出经济的发展和时代的变迁。

(二)单元目标

了解"两弹一星"和杂交水稻等,认识科学技术的重要作用。从衣、食、住、行、用等方面的变化,了解经济的快速发展和人们生活水平的提高。

(三)单元构成

本单元分为两课:第18课《科技文化成就》,第19课《社会生活的变迁》。

表2-86　《科技文化成就》课时育人导引

	第18课《科技文化成就》
学科认知	1.欣赏中华人民共和国成立70周年大会上展出的武器装备,了解国防和军队建设的成就。 2.有效利用教材图片和课外网络等资源,分析中国科学技术迅速发展的原因,培养综合分析问题的能力。
德性育人	1.学习中华人民共和国成立以来科学技术的成就,引导学生明白我国在某些领域已经跻身于世界先进行列,从而激发学生的爱国情感。 2.学习老一辈科学家为振兴中华而刻苦钻研、奋发图强的先进事迹,增强学生建设中国特色社会主义的信心和决心。
审美育人	引导学生体会"两弹一星""神舟"系列飞船、杂交水稻、青蒿素等有代表性的科技成就的影响及意义。
健康育人	学习以邓稼先、袁隆平和屠呦呦为代表的杰出科学家为国争光、为人类幸福安康做出的动人事迹,学习老一辈科学家刻苦钻研、奋发图强的精神。
劳动育人	搜集相关资料,以"走向太空"为题,办一期展报。
教学设计提示	1.以表格形式梳理新中国成立以来,我国科学技术取得的巨大成就。 2.补充史料,引导学生多角度分析新中国成立以来我国科学技术取得巨大成就的原因。 3.剖析我国提出科技兴国战略的意义,引导学生树立投入科研的志向。

表2-87 《社会生活的变迁》课时育人导引

	第19课《社会生活的变迁》
学科认知	1.从衣、食、住、行、用等方面的变化,了解经济的快速发展和人民生活水平的提高。 2.鼓励学生讲述人们在衣、食、住、行等方面发生的巨大变化,加强学生对改革开放巨大成就的认识,提高语言表达能力。
德性育人	了解人民生活的巨大变化,培养学生热爱中国共产党、热爱祖国、热爱社会主义的情感;理解并自觉践行社会主义核心价值观,树立为实现中华民族伟大复兴的中国梦而不懈奋斗的信念。
审美育人	赏析改革开放后多姿多彩的生活。
健康育人	了解人们在社会生活方面发生的前所未有的变化,培养学生积极的心态,对中国未来发展充满信心。
劳动育人	总结归纳改革开放以来人们生活的重大变化,让学生从现实生活角度列举实例去切身体会这种变化。
教学设计提示	1.带领学生去图书馆等地,查找、收集在新中国成立之前,人民在衣食住行上的相关史料。 2.组织学生按衣食住行等分组进行采访,分析受访者在衣食住行上的变化,并拍摄相关图片和视频,做好文字记录。 3.以上述资料为情境,引导学生比较新中国成立前后人民在衣食住行上的变化。 4.采用合作探究的方式,引导学生透析这一变化出现的原因,进而认识到社会主义道路的正确性。

五、《世界历史 九年级 上册》全息育人点导引

第一单元 古代亚非文明

(一)教材分析

尼罗河流域、两河流域、恒河和印度河流域等亚非大河流域是人类文明的摇篮,古代亚非文明在这里孕育、发展,谱写出人类文明灿烂辉煌的篇章。本单元介绍了地处大河流域的古代埃及、古巴比伦和古代印度的相关历史。古代埃及金字塔、古巴比伦完备的《汉谟拉比法典》和古代印度等级森严的种姓制度与佛教,是古代亚非奴隶制文明的标志性成果。古埃及是世界上最先迈入奴隶社会的文明古国之一,它位于非洲大陆东北部的尼罗河流域。古埃及人在文字、天文学、艺术、医学等方面取得了相当高的成就,为人类社会的进步做出了重要贡献。古巴比伦王国是古代两河流域文明发展的一个高峰。国王汉谟拉比完成了两河流域中下游地区的统一,制定了《汉谟拉比法典》。这是迄今已知第一部较为完整的成文法典。古代印度文明最早在印度河流域兴起,它是人类最古老的文明之一。古印度人建立了种姓制度。古印度还是佛教的诞生地。同时,古印度在文学、哲学和自然科学等方面对人类文明的发展做出了重要贡献。

(二)单元目标

知道金字塔,初步了解古埃及文明。学习《汉谟拉比法典》,初步了解古代两河流域文明。通过种姓制度和佛教的创立,初步了解古代的印度社会。

(三)单元构成

本单元分为三课:第1课《古代埃及》,第2课《古代两河流域》,第3课《古代印度》。

表2-88 《古代埃及》课时育人导引

	第1课《古代埃及》
学科认知	1.知道尼罗河对古埃及文明的产生和发展所起的重要作用;了解金字塔是古埃及文明的象征。 2.概括古埃及法老的统治特点和金字塔的建造特点,培养学生的历史概括能力。认识金字塔的用途,培养学生的历史分析能力。 3.分析尼罗河与古埃及文明孕育、发展的关系,引导学生用联系的观点认识事物。
德性育人	1.学习古埃及国家的兴衰历程,认识其悠久的文明。学习金字塔、象形文字、天文和历法等文化、科学成就,认识其对人类文明做出的重大贡献。 2.学习古埃及文明,尊重古埃及的文明成果,认识世界文明的多样性,培养学生保护人类文明优秀文化成果的意识。
审美育人	1.欣赏尼罗河流域的优美风光,体会自然之美。 2.学习古埃及文明,感悟古埃及人民的智慧;欣赏金字塔、狮身人面像、古埃及墓穴壁画,体会古埃及文明的艺术之美。
健康育人	
劳动育人	搜集有关"金字塔之谜"的信息并进行交流;以"古埃及文明"为主题设计一份手抄报。
教学设计提示	1.利用《古代埃及示意图》《吉萨的金字塔群》等图片,帮助学生建立相应的空间概念。 2.分析尼罗河汛期和枯水期对埃及社会的影响,认识人与自然的关系。 3.以"古埃及文明"为题,梳理本课知识,并画出知识框架。 4.以埃及导游的身份撰写一份金字塔解说词。

表2-89 《古代两河流域》课时育人导引

	第2课《古代两河流域》
学科认知	1.了解古代两河流域文明所处的地理位置,了解古巴比伦王国和《汉谟拉比法典》。 2.梳理《汉谟拉比法典》里的内容,培养学生对历史文献资料分析和归纳的能力。 3.评价《汉谟拉比法典》,培养学生的辩证思维和批判思维。
德性育人	知道《汉谟拉比法典》是人类在法治建设方面所取得的成果,培养学生的法治意识。
审美育人	
健康育人	
劳动育人	分析汉谟拉比的诏令、《汉谟拉比法典》等内容,把握二者的关联,培养学生的实证精神。
教学设计提示	1.识读《汉谟拉比法典》全文,分析其性质。 2.根据法典内容,组织学生进行角色扮演,模拟古巴比伦的法庭审判,认识统治者制定法典的核心意图。

表2-90 《古代印度》课时育人导引

	第3课《古代印度》
学科认知	1.了解古代印度发展文明。知道古代印度种姓制度,了解其对印度社会产生的深远影响。了解佛教的创立及传播。 2.分析古埃及、古代两河流域文明、古代印度文明自然环境的异同,认识自然环境对人类社会的深远影响。 3.分析种姓制度的内容,把握其本质特征。
德性育人	归纳古代中国、古代埃及、古代巴比伦、古代印度文明的主要表征,认识人类文明的多样性,树立保护、传承文明的正确价值观念。
审美育人	1.欣赏印度河和恒河风光,体会自然之美。 2.欣赏《印度贵族出行图》《释迦牟尼佛像》等图片,体会古印度文明的艺术之美。
健康育人	
劳动育人	分析种姓制度,批判这一制度的危害,树立人人平等的意识。
教学设计提示	1.利用思维导图梳理古代中国、古代埃及、古代巴比伦、古代印度文明的主要成果。 2.了解佛教的教义,认识其深远影响。 3.观看介绍古代印度文明的纪录片,加深对其的了解。

第二单元 古代欧洲文明

(一)教材分析

本单元主要讲述古代欧洲奴隶社会的历史。古代希腊是欧洲文明的发源地,爱琴文明是古希腊文明的典型代表。斯巴达和雅典是希腊城邦的重要代表,雅典的民主政治对后世产生了深远的影响。亚历山大帝国兴起后,发动对外扩张战争,建立了亚历山大帝国。亚历山大帝国崩溃以后,希腊随之走向衰落。之后,罗马人在意大利半岛建立了奴隶制共和国,后演变为帝国。476年,西罗马帝国灭亡,西欧奴隶社会结束。

古代希腊人、罗马人创造了辉煌的文明,在文学、艺术、科学、历法等方面都取得了卓越的成就,古希腊罗马建筑庄重典雅,气势恢宏。古希腊雕塑精美、科学成果丰硕,其文化、思想深深影响着西欧和其他地区文化的发展。

(二)单元目标

知道希腊文明的特点和雅典民主政治的内容,辩证认识雅典民主政治,初步了解亚历山大帝国对外扩张的经过,对其进行全面、客观评价。知道罗马城邦,掌握罗马共和的法治成就,了解罗马帝国的征服与扩张。以建筑艺术、历法等为例,认识古希腊罗马古典文化的成就。

(三)单元构成

本单元分为三课:第4课《希腊城邦和亚历山大帝国》,第5课《罗马城邦和罗马帝国》,第6课《希腊罗马古典文化》。

表2-91 《希腊城邦和亚历山大帝国》课时育人导引

	第4课《希腊城邦和亚历山大帝国》
学科认知	1.知道希腊城邦和雅典民主,初步了解亚历山大帝国对文化交流的作用。 2.揭示自然地理环境与古希腊社会发展间的关系,培养学生运用唯物史观认识历史事物的能力。 3.对雅典民主制度进行讨论评价,认识奴隶制民主的进步性和阶级局限性,培养学生的辩证思维和批判思维。
德性育人	1.通过本课学习,理解古希腊文明对欧洲文明深远的影响,并认识到古希腊繁荣是建立在奴隶劳动的基础之上;通过对伯里克利改革的学习,认识到改革推动社会进步。 2.通过学习亚历山大帝国对外征战的历史,了解战争的残酷,从而形成反对战争、珍爱和平的意识。 3.通过对伯里克利的了解,学习其守正不阿、坚毅冷静、高尚庄严的品格。
审美育人	1.学习希腊城邦,感受岛屿密布、多山靠海、平原狭小的地中海自然地理环境的优美风光。 2.通过对雅典民主政治的学习,认识其对人类社会治理的贡献,体会古代人的治国智慧。
健康育人	了解斯巴达战士的养成过程,学习希腊最大城邦斯巴达的特点,培养强健体魄、英勇无畏的意识。
劳动育人	搜集史料,论证雅典民主政治,评价伯里克利、亚历山大等历史人物。
教学设计提示	1.展示古代希腊示意图,了解古代希腊的自然地理环境。 2.利用《伯罗奔尼撒战争史》中伯里克利在阵亡将士葬礼上发表演说的段落,结合教材,分析雅典民主政治制度的特点。 3.引导学生识读《亚历山大东征示意图》,并结合教材认识亚历山大东征的影响。

表2-92 《罗马城邦和罗马帝国》课时育人导引

	第5课《罗马城邦和罗马帝国》
学科认知	1.了解罗马城邦,知道《十二铜表法》的内容,了解罗马帝国的征服与扩张。 2.利用相关史料创设情境,引导学生分析斯巴达克起义的原因,认识奴隶制的残暴,培养学生的史料阅读能力和信息分析能力。 3.引导学生对罗马帝国的兴衰进行开放性讨论,培养学生的辩证思维和发散思维。
德性育人	1.学习罗马社会繁荣的史实,知道广大奴隶所做的贡献,认识到劳动人民是历史的创造者。 2.学习罗马残酷的征服战争,认识罗马帝国对外扩张的血腥与野蛮,形成反对战争、珍爱和平的意识。 3.对屋大维进行分析,学习其审时度势、进退有节、谨慎稳健、低调节俭的品行。
审美育人	
健康育人	
劳动育人	

续表

	第5课《罗马城邦和罗马帝国》
教学设计提示	1.利用教材"相关趣事"辅栏中关于罗马城传说的内容导入新课,激发学生的学习兴趣。 2.利用角色扮演,模拟罗马法庭庭审现场,认识罗马《十二铜表法》的特点。 3.观看影片《斯巴达克斯起义》,感受罗马奴隶制的残暴,体悟社会底层人物的力量。

表2-93 《希腊罗马古典文化》课时育人导引

	第6课《希腊罗马古典文化》
学科认知	1.梳理希腊罗马古典文化的主要成就,了解古希腊罗马文化的繁荣。 2.探究古希腊、古罗马文化繁荣的原因,培养学生探究历史问题的能力。 3.运用唯物史观,分析文化与时代的关系,培养学生用联系的眼光看待历史的意识。
德性育人	1.了解古代希腊罗马的文化,理解和尊重西欧的文化传统,认识人类文明的多样性。 2.阅读教材"人物扫描"中关于苏格拉底的叙述,讨论苏格拉底之死的原因,认识苏格拉底追求真理的优秀品质。
审美育人	鉴赏帕特农神庙遗址、罗马大竞技场遗址外景、罗马万神庙穹顶,提升学生的艺术鉴赏能力。
健康育人	了解古希腊奥林匹克运动会,培养学生热爱运动、强健体魄的意识。
劳动育人	仿塑《掷铁饼者》,提升历史实践能力。
教学设计提示	1.展示爱伦坡《致海伦》片段"辉煌属于希腊,宏伟归于罗马""带我回到/希腊的熠熠光华/和古罗马的气魄"导入本课。 2.教师带领学生用表格梳理出古代希腊、古代罗马文化的代表性成就。 3.教师出示古希腊史诗和剧场的相关图片,创设情境,带领学生表演史诗和戏剧片段,提炼古希腊文学所表达的主旨:对人的尊严和对英雄的赞美。 4.学生结合史料叙述,模拟雅典法庭审判苏格拉底的过程,增强学生的学习兴趣。

第三单元 封建时代的欧洲

(一)教材分析

本单元主要叙述了欧洲封建社会的历史。它上承西欧繁荣的奴隶制古典文明,下启西欧资本主义萌芽。中世纪的欧洲并非是单纯的"黑暗的时代",其中也蕴藏着欧洲近代文明的曙光。

在罗马帝国废墟上建立的法兰克等王国,信奉基督教,发展出以庄园经济为基础的封建制度。在中世纪,城市和大学在西欧兴起。拜占庭文化对东欧各国的文化产生过重大影响,并为西方文化的复兴提供了许多素材。从14世纪起,西欧各国的政治、经济和文化方面焕发了新的生机,近代西方文明的曙光开始浮现。

(二)单元目标

了解基督教的传播,知道基督教在欧洲中世纪历史发展中的作用。

了解西欧庄园生活,概括西欧庄园的特点,认识庄园经济对西欧社会的影响。以巴黎、牛津大学的兴起为例,初步认识欧洲的早期大学。知道《查士丁尼法典》,初步了解拜占庭帝国的历史地位。

(三)单元构成

本单元分为四课:第7课《基督教的兴起和法兰克王国》,第8课《西欧庄园》,第9课《中世纪城市和大学的兴起》,第11课《拜占庭帝国和〈查士丁尼法典〉》。

表2-94 《基督教的兴起和法兰克王国》课时育人导引

	第7课《基督教的兴起和法兰克王国》
学科认知	1.知道基督教的传播,了解基督教在欧洲中世纪社会发展中的作用;以法兰克王国为例,初步了解在罗马帝国废墟上逐渐产生的新文明的背景、特点。 2.分析封君与封臣制度的特点,培养学生解读史料、提取有效信息、分析问题和解决问题的能力。 3.探讨封君与封臣关系形成的原因、影响,培养学生的历史逻辑思维。
德性育人	1.学习克洛维建国时团结多方力量的做法,使学生认识到团结合作的重要性,培育学生的合作意识。 2.分析封君与封臣产生的原因,认识其积极和消极作用,引导学生养成客观认识事物的态度。
审美育人	把握封君与封臣对社会发展的作用,认识制度创新的人文之美。
健康育人	了解克洛维主动寻求与旧势力的和解,认识宽广胸怀对人的成长所起到的作用,培养学生养成理解他人、接纳自己、接纳他人的健康心理。
劳动育人	
教学设计提示	1.出示红桃K扑克牌,让学生辨认,引出查理大帝,导入新课教学。 2.出示克洛维生平资料,认识克洛维在建国时依据国情,团结社会多方力量的合作意识、实事求是的精神。 3.展示封君与封臣关系结构图,理解封君与封臣的关系,认识其对社会发展的作用。

表2-95 《西欧庄园》课时育人导引

	第8课《西欧庄园》
学科认知	1.了解西欧庄园运行状况,知道庄园法庭在西欧庄园中的作用,认识庄园是西欧中世纪社会的基础。 2.结合史料,探究庄园经济对西欧社会产生的深远影响,培养学生的历史探究能力。 3.多角度剖析庄园法庭对稳定庄园的作用,拓宽学生的思维。
德性育人	了解西欧庄园农奴生活、劳作的现状,认识庄园主的掠夺、剥削本质。
审美育人	
健康育人	
劳动育人	了解农奴劳动的状况,理解农奴劳动对庄园的作用,认识劳动价值。
教学设计提示	1.课前收集庄园资料,绘制庄园图解,认识庄园的各个组成部分及各自功能,并在课堂上分享。 2.开展关于庄园法庭审判的角色扮演活动,探讨庄园法庭的作用。 3.合作探究西欧庄园经济与西欧社会的关系,审读把握庄园经济的作用。

表2-96 《中世纪城市和大学的兴起》课时育人导引

第9课《中世纪城市和大学的兴起》	
学科认知	1.知道中世纪西欧城市和大学的典型代表。 2.阅读中世纪城市生活的小说片段,分析西欧城市的特点,培养学生的历史分析能力。 3.分析中世纪西欧城市和大学兴起对社会发展的作用,培养学生的历史辩证思维。
德性育人	了解城市居民采取各种方式争取城市的自由和自治,增强建设美好祖国、美好家乡的责任感和使命感。
审美育人	欣赏教材《保留着大量中世纪建筑的巴黎市区》图片,体会人类在改造自然中展现的伟力。
健康育人	分析中世纪西欧大学的课程设置,体悟全面发展对人的作用,树立健康的心理。
劳动育人	
教学设计提示	1.利用教材课时导语中的谚语"城市的空气使人自由"导入新课。 2.分析中世纪西欧城市兴起的原因,结合教材内容,概括13世纪西欧城市的特点。 3.绘制《中世纪欧洲的大学分布图》,概括中世纪欧洲大学的特点。 4.比较中世纪欧洲大学和当前欧洲大学的课程设置,认识其深远影响。

表2-97 《拜占庭帝国和〈查士丁尼法典〉》课时育人导引

第10课《拜占庭帝国和〈查士丁尼法典〉》	
学科认知	1.了解《查士丁尼法典》的内容,知道拜占庭帝国灭亡的原因。 2.分析《查士丁尼法典》的内容,概括其特点,培养学生"论从史出"的意识和能力。 3.学习《查士丁尼法典》的修订过程,培养学生用发展的眼光看待历史事物的意识。
德性育人	学习《查士丁尼法典》,了解人类优秀法治文明成果,增强学生的法治意识。
审美育人	提炼拜占庭文化融合性这一特点。
健康育人	
劳动育人	利用图书馆、网络等渠道收集《查士丁尼法典》的相关资料,了解其主要内容、性质。
教学设计提示	1.采用激趣式导入,通过讲述君士坦丁堡不同的名称由来导入新课。 2.利用史料引领学生了解查士丁尼的生平,认识查士丁尼的贡献与局限性,把握杰出人物与历史的关系。 3.科学评价《查士丁尼法典》在人类社会治理中的地位。 4.梳理十字军东征的经过,分析十字军东征的性质,把握十字军东征的影响。

第四单元 封建时代的亚洲国家

(一)教材分析

本单元主要叙述了封建时代亚洲的相关历史。公元7世纪,东亚岛国日本向中国学习,并实行大化改新,助推国家获得发展。阿拉伯半岛位于五海三洲之地。7世纪初,穆罕默德创立了伊斯兰教,推动了阿拉伯半岛的统一。阿拉伯帝国地跨欧亚非三洲,在沟通东西方文化方面做出了重要贡献。

(二)单元目标

知道大化改新的内容,认识其在日本封建化中的作用,把握日本幕府统治者的特点。了解伊斯兰教的主要教义,认识其本质,认识其影响,把握其对阿拉伯的国家建立和扩张的作用,认识阿拉伯帝国在文化交流和传承的贡献。

(三)单元构成

本单元分为两课:第11课《古代日本》,第12课《阿拉伯帝国》。

表2-98 《古代日本》课时育人导引

	第11课《古代日本》
学科认知	1.了解大化改新的背景、内容及其对日本社会的影响。概括幕府统治的特点及其对日本社会的影响。 2.概述日本大化改新的内容,培养学生的历史表达能力,分析幕府统治对日本社会产生的深远影响,培养学生的历史分析能力。 3.分析大化改新的时代背景,认识历史事件发生的偶然性和必然性,培养学生的逻辑思维。
德性育人	1.通过大化改新的学习,认识中国对古代日本的深远影响,增强民族自信心和自豪感。 2.分析大化改新对日本的影响,认识到学习对个体发展的巨大作用。
审美育人	阐述大化改新的意义,感悟人类社会治理中的历史智慧。
健康育人	了解阿倍仲麻吕等大化改新主要推动者的事迹,形成积极进取的人生态度和良好的社会适应能力。
劳动育人	搜集古代中日交往的史实,形成多渠道收集史料的意识。
教学设计提示	1.讲述阿倍仲麻吕来唐学习的经过,并以遣唐使概念的讲解导入新课。 2.注意使用中国古代史的相关内容进行关联教学。 3.组织学生进行小组活动,探讨大化改新与中国隋唐政治、经济和文化的关系。

表2-99 《阿拉伯帝国》课时育人导引

	第12课《阿拉伯帝国》
学科认知	1.了解穆罕默德在创立伊斯兰教、促进阿拉伯半岛统一中发挥的作用。了解阿拉伯帝国的扩张经过,认识阿拉伯帝国在东西方文化交流中做出的贡献。 2.识读《阿拉伯帝国示意图》,引导学生认识阿拉伯帝国的扩张特点,培养其识图能力。 3.辩证认识伊斯兰教对统一阿拉伯地区的作用,培养学生的辩证思维。
德性育人	1.了解阿拉伯人传播中华文明的史实,感受中华文明的魅力,增强民族自豪感。 2.分析阿拉伯人在文明保护上的贡献,树立正确的文化观。
审美育人	
健康育人	
劳动育人	收集、整理阿拉伯文化的典型代表,分析其产生的背景、影响。

续表

	第12课《阿拉伯帝国》
教学设计提示	1.引导学生阅读世界名著《一千零一夜》,并讲述其中一个故事,以此激发学生兴趣并导入新课。 2.引导学生识读《阿拉伯帝国示意图》并观察阿拉伯帝国的地理位置,通过空间角度认识其在东西方文化交流中的地位与作用。 3.组织学生观看《辛巴达历险记》《阿拉丁神灯》等电影,感受阿拉伯文化的特点,并撰写观后感。

第五单元　走向近代

(一)教材分析

11世纪以后,欧洲生产力水平不断提高,法律不断规范,产权得到进一步保护,所有这些因素的叠加使得西欧在农业、手工业和商业领域出现了租地农场等新的生产组织形式。14、15世纪,西欧资本主义工商业萌芽并逐步发展。资本主义在欧洲发展,引起了思想领域的深刻变革。14世纪,文艺复兴兴起,极大地促进了思想解放,推动了资本经济和政治发展。资本主义的兴起,激发了欧洲新兴资产阶级开辟新航路的原动力。15世纪末16世纪初,欧洲的航海家们开辟了通往美洲和东方的新航路。此后,西欧殖民者沿着新航路疯狂扩张和掠夺。新航路的开辟客观上加强了世界各地间的联系。

(二)单元目标

了解西欧农村出现的垦殖运动,理解租地农场和手工工场建立的过程及其特点,初步理解近代早期西欧社会经济的重要变化。了解文艺复兴的时代背景,知道但丁、达·芬奇、莎士比亚等代表人物及其作品,初步理解文艺复兴对人的思想解放的意义。了解新航路开辟的原因,知道哥伦布发现美洲、麦哲伦环球航行等基本史实,初步理解新航路开辟的世界影响。了解早期殖民活动的国家及其掠夺殖民地的史实,知道"三角贸易",了解资本原始积累的野蛮性和残酷性。

(三)单元构成

本单元分为四课:第14课《西欧经济和社会的发展》,第15课《文艺复兴运动》,第16课《探寻新航路》,第17课《早期殖民掠夺》。

表2-100 《西欧经济和社会的发展》课时育人导引

	第13课《西欧经济和社会的发展》
学科认知	1.了解西欧农村出现的垦殖运动,理解租地农场和手工工场建立的过程及其特点,把握近代早期西欧社会经济的重要变化。 2.通过归纳资本主义萌芽产生的条件,初步培养学生从经济变化发展中把握历史发展趋势的分析归纳能力。 3.在唯物史观的指导下分析西欧经济和社会发展的原因,培养学生的整体史观和辩证思维,认识到历史发展是各种因素综合影响的结果,培养学生全面、客观认识历史事物的能力。
德性育人	
审美育人	了解欧洲经济和社会的发展,引导学生认识制度创新是推动社会进步的重要力量。
健康育人	引导学生讨论租地农场与封建庄园的生产有什么区别,在合作交流中悦纳自己,理解他人,融入社会。
劳动育人	1.学习租地农场和手工工场,引导学生认识社会财富是通过劳动创造出来的,树立幸福生活只有撸起袖子加油干的意识。 2.查阅中世纪教会保存下来的地租地契,理解租地农场的产生及其影响。
教学设计提示	1.在教学新的生产和经营方式这一板块时,注重理解制度创新对社会发展的影响,把握生产力和生产关系的辩证关系。 2.针对富裕农民和市民阶层这一板块,教师要利用史料研学的方式,带领学生认识到财富变化会导致阶层跃迁。

表2-101 《文艺复兴运动》课时育人导引

	第14课《文艺复兴运动》
学科认知	1.了解文艺复兴的时代背景,知道但丁、达·芬奇、莎士比亚等代表人物及其作品,初步理解文艺复兴对人的思想解放的意义。 2.分析文艺复兴时期优秀的文学和艺术作品,引导学生认识其历史价值,培养学生透过现象看本质的能力;观察《蒙娜丽莎》等文艺复兴时期的相关画作,培养学生的观察与阅读能力;对达·芬奇、莎士比亚等文艺复兴巨匠进行评价,提高学生科学、客观评价历史问题的能力。 3.分析文艺复兴的背景,认识文艺复兴是多种因素发展到一定历史阶段的产物,培养学生的辩证思维。
德性育人	分析文艺复兴时期那些杰出的艺术家、文学家反封建、反神权的活动,理解他们提倡的人权与人性的精神。
审美育人	了解达·芬奇的生平,以及他在艺术科学等诸多领域取得的成就,感受他对人类历史做出的贡献,体会智慧之美。
健康育人	认识文艺复兴在历史上的进步作用,培养学生崇尚科学、积极进取的精神。阅读文艺复兴时期的名著,感悟人文主义的思想内涵和作用,培养学生正确的审美观、价值观和人文精神。
劳动育人	通过对达·芬奇的学习,感受他的科学实践精神和创新精神。
教学设计提示	1.播放电影《达·芬奇密码》片段,导入新课。 2.以达·芬奇生平为主线进行设计,通过认识达·芬奇对艺术、科学的探索,体会他对封建神学的挑战。 3.引领学生开展以"文艺复兴的人文精神"为主题的讨论,把握文艺复兴的精神内核。

表2-102 《探寻新航路》课时育人导引

	第15课《探寻新航路》
学科认知	1.了解西欧探寻新航路的原因和条件;知道哥伦布"发现"美洲,麦哲伦船队全球航行等史实;理解新航路开辟的世界意义。 2.通过对新航路开辟原因和条件的学习,培养学生的综合分析能力;通过观察地图,讲述哥伦布发现美洲、麦哲伦船队环球航行的路线,培养学生描述历史地图的能力。 3.通过对新航路开辟影响的多视角分析,培养学生的辩证思维、逻辑思维和批判思维。
德性育人	感受和学习以哥伦布为代表的欧洲探险家勇于开拓的精神。
审美育人	以麦哲伦船队在全球展开航行为例,体会欧洲航海家探索自然,开辟新航路过程中展示出来的智慧之美。
健康育人	讲述航海的艰辛,感受到强健体魄对人发展的重要作用。
劳动育人	以麦哲伦船队通过全球航行证实地球是球形为例,引导学生认识到实证的重要性。
教学设计提示	1.播放并引导学生观看关于新航路开辟的纪录片,以此导入新课学习。 2.为哥伦布远航设计一份材料清单,帮助学生理解当时远洋航行所需的条件有哪些。 3.收集哥伦布等人在开辟新航路过程中的殖民掠夺史实,并结合教材内容,引导学生辩证评价西欧新航路的开辟,培养学生辩证评价历史事物的意识。

表2-103 《早期殖民掠夺》课时育人导引

	第16课《早期殖民掠夺》
学科认知	1.理解"三角贸易",认识殖民掠夺的影响。 2.分析欧洲殖民掠夺的过程及影响,帮助学生认识到殖民掠夺的残酷性和影响的双重性,培养学生的历史分析能力。 3.引导学生结合相关史实,辩证地理解殖民掠夺的影响,培养论从史出、史论结合的辩证思维。
德性育人	1.通过"三角贸易"和西方殖民国家扩张与争霸的学习,了解资本原始积累的野蛮性和残酷性。 2.通过对殖民主义罪恶的认识和批判,培养学生的正义感和社会责任感,以及关心国家、民族前途命运的爱国情怀。
审美育人	
健康育人	
劳动育人	1.通过收集、阅读和分析殖民扩张和掠夺的相关史料,培养学生的实证精神。 2.引导学生查阅相关资料,了解欧洲海盗的历史;理解欧洲殖民掠夺的影响。
教学设计提示	1.引导学生以表格的方式,梳理欧洲殖民掠夺的史实。 2.引导学生分析荷英法殖民掠夺争霸的相关史料,厘清争霸过程,认识争霸的本质。 3.在新课讲授完后,可布置"审判殖民者"的相关活动,分角色扮演法庭辩论的过程,帮助学生深刻理解英国等国在殖民掠夺中给本国带来的利益,以及带给被殖民国家和人民的伤害。

第六单元　资本主义制度的初步确立

(一)教材分析

17、18世纪,资本主义经济的发展为资本主义制度的确立奠定了经济基础。随着资产阶级力量日益壮大,他们要求冲破封建统治的束缚,发展资本主义。英国、美国和法国先后爆发反对封建专制或争取民族独立的斗争,资产阶级革命席卷全球。本单元主要讲述近代以来欧美国家资本主义政治制度的确立与发展。英国资产阶级通过革命推翻了封建君主专制,确立了资产阶级的君主立宪制,为发展资本主义扫清了道路,推动了世界历史的进程。美国独立战争结束了英国的殖民统治,实现了国家的独立,促进了美国资本主义的发展,对日后的欧洲和拉丁美洲的革命也起到了推动作用。法国大革命摧毁了法国的封建统治,沉重打击了欧洲封建势力,传播了资产阶级自由民主的进步思想,对世界历史发展产生了重大影响。

(二)单元目标

通过1640年革命和其后的"光荣革命",初步理解英国君主立宪制确立的历史意义。通过华盛顿,《独立宣言》和1787年宪法,理解美国革命对美国历史发展的影响。通过法国大革命和拿破仑帝国的活动,初步理解法国革命的历史意义。

(三)单元构成

本单元分为三课:第17课《君主立宪制的英国》,第18课《美国的独立》,第19课《法国大革命和拿破仑帝国》。

表2-104　《君主立宪制的英国》课时育人导引

	第17课《君主立宪制的英国》
学科认知	1.知道英国1640年内战爆发的原因和《权利法案》的内容,理解资产阶级君主立宪制的概念,认识英国资产阶级革命的历史意义。 2.通过多视角分析英国内战爆发的原因和影响,培养学生分析历史问题的能力;通过概述英国资产阶级革命的过程,培养学生理解和表达历史观点的能力。 3.分析英国资产阶级革命爆发的前因后果,把握二者的逻辑关联,培养学生的逻辑思维。
德性育人	分析《权利法案》与英国国情之间的关系,认识到资产阶级君主立宪制的优劣,进而树立理解、尊重各国文明的意识。
审美育人	分析《权利法案》的内容,认识其先进性和创新性,助力学生树立改革创新的意识。
健康育人	通过本课学习,助力学生认识人类社会的统一性与多样性,形成尊重他人及他国文明的人文情感。

续表

	第17课《君主立宪制的英国》
劳动育人	阅读分析《权利法案》相关材料,认识其限制王权的作用,培养实证精神。
教学设计提示	1.引导学生观看纪录片《大国的崛起》第3集部分内容,帮助学生初步感知英国资产阶级革命。 2.引导学生阅读教材后介绍英国资产阶级革命的进程,帮助学生深入感知英国资产阶级革命。 3.利用相关史料营造情境,引导学生在情境下探讨资产阶级革命前后英国的变化,帮助学生感受英国资产阶级革命的深远影响。

表2-105 《美国的独立》课时育人导引

	第18课《美国的独立》
学科认知	1.知道美国独立战争爆发的原因,知道《独立宣言》和1787年宪法的内容,理解美国革命对美国历史发展的影响。 2.通过分析独立战争爆发的原因、影响,把握独立战争的实质,培养学生综合分析历史问题和透过现象看本质的能力。 3.通过对美国资产阶级革命爆发背景的分析,引导学生认识当时北美存在的两组矛盾——经济矛盾和民族矛盾,掌握运用历史唯物主义观点分析历史问题的方法,培养逻辑思维;通过引导学生比较"邦联制"和"联邦制"的异同,培养学生对历史事物进行比较分析的思维;通过对美国独立战争双重性质的分析,拓宽学生历史思维的宽度。
德性育人	1.以北美人民反抗英国的殖民统治为例,培养和激发学生追求独立、自强不息的民族精神和爱国主义精神。 2.分析美国1787年宪法的不足之处,树立人人平等的意识。
审美育人	阅读相关史料,体会美国在1787年制定宪法时,各州代表所体现出的智慧妥协。
健康育人	通过了解北美人民反对英国殖民统治的斗争史实,体会他们不畏强权,敢于反抗的斗争精神,树立百折不挠、自强不息的优秀品质。
劳动育人	制作美国独立战争时间轴,以识记美国独立过程中的重大事件。
教学设计提示	1.以教材叙述为史料,引导学生对其进行分析,并理解美国独立战争爆发的原因,把握其性质。 2.利用地图册,制作美国独立战争时间轴,帮助学生从时空的角度把握美国独立战争美军取胜的原因。 3.引入美国1787年制定宪法的史料,引导学生通过史料研习,理解宪法制定的艰辛,体悟宪法对美国产生的深远影响。

表2-106 《法国大革命和拿破仑帝国》课时育人导引

	第19课《法国大革命和拿破仑帝国》
学科认知	1.知道法国大革命的进程以及拿破仑的主要活动,认识法国革命的历史意义。 2.梳理英国《权利法案》、美国《独立宣言》和法国《人权宣言》的内容,对比三者的异同。 3.引导学生运用相关史实,在唯物史观的指引下对拿破仑进行评价。
德性育人	分析法国人民在法国大革命中的表现,体会法国人民在反对封建专制和外来侵略中体现的强烈的爱国情感以及追求自由民主的精神。

续表

	第19课《法国大革命和拿破仑帝国》
审美育人	阅读《拿破仑法典》的主要内容,理解其在法治建设上的重要作用,体会人类在探索治国道路上的思想精髓。
健康育人	了解拿破仑的主要事迹,认识积极进取的品质对个体发展的重要作用,树立自强不息的人生态度。
劳动育人	1.通过研读《人权宣言》《拿破仑法典》等史料,培养实证意识。 2.组织法律文献阅读会,体会资产阶级在这一时期的诉求是如何在法律文献中体现出来的。
教学设计提示	1.以拿破仑的名言警句作为导入材料,激发学生兴趣导入新课。 2.将教材P90"相关史事""材料研读"作为学习材料,引领学生进行研读,认识到"自由""平等"对个体发展的重要作用。 3.阅读《拿破仑传》,观看电影《拿破仑战争》,在唯物史观指导下对拿破仑进行客观评价。

第七单元 工业革命和国际共产主义运动的兴起

(一)教材分析

18世纪,工业革命首先在英国发生,之后传播到其他欧美国家。工业革命是一次以机器生产代替手工劳动的技术革命,大大提高了社会生产力,推动社会其他领域的变革。随着工业革命的深入开展,各种弊端逐渐显现,社会不平等促使社会矛盾日益激化。工人为改善劳动和生活条件与资本家开展了多种形式的斗争,欧洲工人运动兴起。1848年《共产党宣言》的发表标志着马克思主义的诞生,它为无产阶级的斗争提供了思想武器。1871年的巴黎公社是无产阶级建立政权的第一次伟大尝试。

(二)单元目标

通过珍妮机、蒸汽机、铁路和现代工厂制度等的出现,初步理解工业化时代来临的历史意义。了解马克思、恩格斯的革命活动,以及《共产党宣言》的主要内容,理解马克思主义诞生的历史意义。

(三)单元构成

本单元分为两课:第20课《第一次工业革命》,第21课《马克思主义的诞生和国际共产主义运动的兴起》。

表2-107 《第一次工业革命》课时育人导引

	第20课《第一次工业革命》
学科认知	1.了解工业革命的背景,知道工业革命的主要发明,及其在英国发生的主要条件,理解其影响。 2.通过英国工业革命前后生产的对比,进一步提高学生分析、概括历史问题的能力。 3.在唯物史观的指导下,从积极和消极两个层面分析工业革命的作用,培养学生的辩证思维和批判思维。
德性育人	以工业革命对社会的作用为例,认识创新的价值,助力学生树立创新意识。
审美育人	以瓦特改良蒸汽机为例,体会人类在改造自然,推动社会发展中反映的高超智慧。
健康育人	分析工业革命对环境的破坏,认识工业革命的消极作用,树立环保意识。
劳动育人	认识瓦特等人的贡献,把握创造性劳动对社会的推动作用,助力学生树立劳动意识。
教学设计提示	1.利用教材内容,引导学生通过研读,认清工业革命在英国发生的原因。 2.带领学生制作工业革命时间轴,帮助学生掌握工业革命的基本历程。 3.引导学生从不同视角探究工业革命的历史意义,使学生认识到科学技术是第一生产力,改革是推动社会发展的主要动力。

表2-108 《马克思主义的诞生和国际工人运动的兴起》课时育人导引

	第21课《马克思主义的诞生和国际工人运动的兴起》
学科认知	1.了解马克思和恩格斯的生平;了解国际工人运动的兴起概况;知道《共产党宣言》的发表标志着马克思主义的诞生;理解马克思主义诞生的意义。 2.阅读《共产党宣言》,进一步培养学生阅读、分析材料并从中获取有效信息的方法。 3.对马克思、恩格斯早期革命活动进行归纳,进一步提高学生归纳历史问题的能力。 4.学习《共产党宣言》,培养学生的辩证思维。
德性育人	通过了解马克思、恩格斯早期革命活动,体会他们将为人类谋福利作为自己职业的高尚情操,激发勤奋学习、积极向上、追求真理和投身于社会实践活动的精神。
审美育人	通过对《共产党宣言》的学习,感受马克思主义所蕴含的智慧。
健康育人	讲述马克思的故事,培养学生坚持不懈和积极进取的人生观。
劳动育人	1.了解马克思、恩格斯经过长期的钻研和革命实践,创立了科学理论并影响人类历史进程的史实,树立实践意识和创新意识。 2.搜集马克思、《共产党宣言》对当代影响的资料。
教学设计提示	1.讲述马克思和恩格斯的生平,教师可以适当补充两人共同完成的著作,尤其是《资本论》。 2.对马克思主义形成的根本原因在教学中要做必要的解释。 3.充分利用教材中的材料,适当补充相关文献,帮助学生掌握《共产党宣言》的基本内容。 4.教学中要讲清马克思主义和第一国际的关系。

六、《世界历史 九年级 下册》全息育人点导引

第一单元 殖民地人民的反抗和资本主义制度的扩展

(一)教材分析

19世纪,随着资本主义的进一步发展,世界形势变得更加纷繁复杂。一方面,西方列强的对外扩张与殖民活动激起了殖民地人民的广泛反抗,拉丁美洲和印度相继爆发了波澜壮阔的武装起义,反抗殖民统治并争取民族独立;另一方面,19世纪中期,资本主义力量进一步增强,俄国废除农奴制,很快走上了发展资本主义的道路;同时,美国爆发内战,林肯领导联邦政府维护了国家统一,为资本主义的发展清除了最大障碍,并为美国经济的快速发展创造了条件;日本通过明治维新,迅速走上了发展资本主义的道路。资产阶级统治得到巩固与扩大,资本主义制度在世界范围内基本确立。

(二)单元目标

知道玻利瓦尔领导的反殖民斗争、印度民族大起义等史实,理解殖民地人民反抗斗争的正义性和艰巨性。知道彼得一世改革、亚历山大二世废除农奴制法令,理解改革促进了俄国历史的进步。知道《解放黑人奴隶宣言》的主要内容,理解南北战争在美国历史发展中的作用。知道明治维新的主要政策,理解明治维新在日本历史发展中的作用。

(三)单元构成

本单元分为四课:第1课《殖民地人民的反抗斗争》,第2课《俄国的改革》,第3课《美国内战》,第4课《日本明治维新》。

表2-109 《殖民地人民的反抗斗争》课时育人导引

	第1课《殖民地人民的反抗斗争》
学科认知	1.了解拉丁美洲独立运动的背景和过程;了解印度民族大起义的背景、过程和影响。 2.通过讲述玻利瓦尔、圣马丁和章西女王的英勇事迹,培养学生客观评价历史人物的能力。 3.分析拉丁美洲和印度民族大起义胜利的意义,进一步培养学生的辩证思维。
德性育人	1.通过"相关史事"了解玻利瓦尔的事迹,学习他立志以解放祖国为己任的社会责任感和担当精神。 2.通过了解拉丁美洲和印度人民反抗殖民统治的斗争,学习以玻利瓦尔和章西女王为代表的殖民地人民追求自由、不畏强暴、英勇不屈的斗争精神和爱国主义精神;了解圣马丁的事迹,学习他无私奉献、大公无私的品质。

续表

	第1课《殖民地人民的反抗斗争》
审美育人	体会玻利瓦尔与圣马丁展现出的卓越的军事才能和智慧。
健康育人	通过拉丁美洲独立运动的过程和南北国家联合作战特点的学习,培养学生团结协作的能力。
劳动育人	通过拉丁美洲独立运动及印度民族大起义相关史料的分析,培养学生的史料实证意识。
教学设计提示	1.收集并展示西班牙、葡萄牙在拉美地区疯狂掠夺和残酷的殖民统治的相关材料,帮助学生理解拉美独立运动兴起的原因和拉美独立斗争的正义性。 2.在讲述拉丁美洲独立运动的过程时,可以让学生观察《拉丁美洲独立运动形势图》,了解玻利瓦尔和圣马丁的进军路线,也可以补充材料,讲述他们的英勇事迹,让学生认识到杰出人物在历史发展过程中的重要作用。 3.引导学生讨论并归纳拉丁美洲独立运动和印度人民大起义的意义,体会殖民地人民为争取民族独立的斗争决心,认识到民族解放斗争的正义性和艰巨性。 4.在讲述印度民族大起义的影响时,可引导学生结合中国近代史的相关内容,理解印度民族大起义是19世纪中期亚洲民族解放运动的重要组成部分,培养学生的全局思维。

表2-110 《俄国的改革》课时育人导引

	第2课《俄国的改革》
学科认知	1.了解彼得一世改革与1861年农奴制改革的内容;理解改革促进了社会进步。 2.通过对俄国两次改革内容的学习,培养学生阅读史料及客观评价历史人物的能力。 3.通过分析彼得一世改革和农奴制改革的内容,进一步培养学生在材料中分析问题和全面评价历史事件的辩证思维和逻辑思维。
德性育人	1.通过对沙俄侵略扩张史的讲解,了解近代沙俄对中国的侵略史实,揭示沙俄的侵略本质,培养学生的爱国情怀。 2.了解彼得一世的事迹,学习他决心改变俄国落后面貌而进行改革的社会责任意识。 3.通过学习彼得一世率团全面考察西欧国家,培养学生虚心学习的态度。
审美育人	了解彼得一世改革,体会彼得一世的政治智慧。
健康育人	了解彼得一世改革,培养学生大胆创新、积极进取的心理。
劳动育人	制作彼得一世改革和废除农奴制改革的知识简表,引导学生理解俄国近代化改革。
教学设计提示	1.观看《大国崛起》或《世界历史》等纪录片,多渠道帮助学生了解彼得一世改革和1861年农奴制改革的背景。 2.结合世界各国的发展改革浪潮,从发展的角度分析俄国的这两次改革,并对历史人物的重要作用做出评价。 3.重点分析农奴制改革的作用,并从中得出改革的性质。 4.对本课进行小结时,可以引导学生从背景(原因)、目的、领导者、作用等方面,将彼得一世改革和俄国1861年农奴制改革进行比较,概括二者的异同。

表2-111 《美国内战》课时育人导引

	第3课《美国内战》
学科认知	1.了解林肯在美国内战中的主要活动;了解《解放黑人奴隶宣言》的主要内容;理解美国内战在美国历史发展中的作用。 2.了解林肯在美国内战中的相关活动,培养学生客观评价历史人物的能力。 3.通过分析林肯在美国内战中的作用,进一步培养学生的辩证思维。

续表

	第3课《美国内战》
德性育人	1.理解国家统一对国家社会经济发展的重要意义,增强学生的爱国情感,树立维护国家统一、和平、稳定的价值观。 2.了解林肯的事迹,体会他的社会责任感和担当意识,学习他为维护国家统一顾全大局,以国家利益为重的优秀品质。
审美育人	阅读《宅地法》和《解放黑人奴隶宣言》等文件,体会政治家的政治智慧。
健康育人	了解林肯的事迹,培养学生脚踏实地、百折不挠、不畏挫折、开拓进取的精神。
劳动育人	1.通过对南北战争背景、作用等相关史料的分析,培养学生的实证意识。 2.短剧表演"拍卖黑奴";搜集有关林肯的资料,并将收集的资料整理成介绍林肯的演讲词。
教学设计提示	1.教师可列表或出示相关史料,讲述南方种植园经济和北方资本主义工商业对市场、劳动力和关税的不同需求,让学生了解两种经济制度之间的矛盾。 2.结合南北矛盾,指出林肯当选总统成为美国内战的导火线,围绕林肯反对奴隶制并限制奴隶制的主张,收集、查阅林肯的演讲资料,引导学生在课堂上进行演讲或朗诵。 3.可将《宅地法》和《解放黑人奴隶宣言》放在一起分析,并提供相关史料,指导学生进行阅读,让他们对重要文献的作用有更直观更深刻的认识。 4.可指导学生制作美国独立战争与南北战争的对比表,了解美国历史上两次资产阶级革命的异同。

表2-112 《日本明治维新》课时育人导引

	第4课《日本明治维新》
学科认知	1.了解19世纪中期德川幕府的统治危机;知道明治维新的改革措施;理解明治维新对日本产生的巨大影响。 2.通过对中国戊戌变法与日本明治维新的比较,学习对比分析历史事件的方法。 3.学习明治维新,认识其在日本历史上的地位和作用,培养学生史料阅读能力和分析历史问题的能力。 4.通过分析明治维新的背景和影响,培养学生运用历史唯物主义观点分析历史事物的辩证思维。
德性育人	学习明治维新,知道日本从闭关锁国到被迫打开国门,再到主动进行改革的转变,认识到改革能促进社会的发展,培养锐意改革、振兴中华的精神;通过对日本历史发展道路的总结,认识到一个国家、一个民族应把握好前进的方向,选择正确的发展道路。
审美育人	通过学习明治维新的内容,体会其中蕴含的智慧。
健康育人	通过明治维新的学习,形成立志图强、积极进取的人生态度。
劳动育人	通过对明治维新背景、内容、影响等相关史料的分析,培养学生的实证意识。
教学设计提示	1.德川幕府与锁国时代是本课的重点。教师提供文字或《大国崛起之黑船事件》等视频材料,引导学生分析,理解幕府统治下的内忧和外患。 2.可以利用教材中的《明治维新前日本社会等级示意图》,说明德川幕府统治下的日本实行着严格的身份等级制度,帮助学生理解倒幕运动发生的必然性。 3.明治维新是本课的重难点。教师可让学生列表归纳其各方面的措施,并进行评价。 4.制作明治维新与戊戌变法比较表,引导学生从背景、原因、内容、方法、结果、性质、作用和影响等要素进行分析。通过一成一败的比较,探究日本通过明治维新成为资本主义强国的真正原因,从中获得对中国崛起有益的经验和启示,培养学生的家国情怀。

第二单元　第二次工业革命和近代科学文化

(一)教材分析

19世纪六七十年代到20世纪初,在自然科学理论的指导下,新技术、新发明不断涌现,并应用于生产,这就是第二次工业革命。以电力的开发和应用、内燃机的创制和新交通工具的发明为主要表现的第二次工业革命,促进了社会生产力的迅猛发展,极大地改变了人们的生活和社会面貌,对人类社会的发展产生了重大影响。这一时期的主要资本主义国家的工业化进度大大加快,社会面貌发生了巨大的变化。一方面,工业化国家出现了城市化的浪潮,教育大众化的进程被极大推动,人口数量高速增长;另一方面,人类的生存环境也遭到了空前严重的破坏。

文艺复兴以来,人们逐渐用科学的方法观察世界,欧洲近代自然科学在此基础上迅速发展。牛顿运动三大定律以及万有引力定律是物理学领域的重大成就;达尔文的进化论思想和其代表作《物种起源》标志着生物学有了重大突破。近代自然科学的发展极大地推动了经济和社会的发展。同时,文艺复兴、启蒙运动的狂飙给欧洲文化领域带来了自由和新鲜的空气,不朽的文学著作和辉煌的艺术精品随之产生。19世纪30年代,欧洲兴起批判现实主义文学潮流,深入揭露社会矛盾,批判现存的社会秩序,法国作家巴尔扎克是其中的杰出代表。贝多芬是近代德国伟大的音乐家,他集古典主义之大成,开浪漫主义之先河。贝多芬的音乐创作通过精湛的艺术手法,大大加强了作品的感染力,反映了资产阶级上升时期的进步思想,把欧洲古典音乐推向顶峰,对近代西方音乐的发展产生了重要影响。文学艺术的丰硕成果充实了人类精神文明的宝库。

(二)单元目标

通过电的发明,内燃机与汽车、飞机的诞生等史实,了解第二次工业革命。理解工业革命带来的社会进步和社会问题。通过牛顿、达尔文、巴尔扎克和贝多芬等人的成就,了解科学和文化在近代社会发展中的重要作用。

(三)单元构成

本单元分为三课:第5课《第二次工业革命》,第6课《工业化国家的社会变化》,第7课《近代科学与文化》。

表2-113 《第二次工业革命》课时育人导引

	第5课《第二次工业革命》
学科认知	1.学习电的发明,内燃机与汽车、飞机的诞生等史实,了解第二次工业革命。 2.学习第二次工业革命的主要成果,认识第二次工业革命在人类历史发展过程中的作用,掌握历史发展的基本线索,培养学生分析历史问题的能力。 3.引导学生从不同角度思考第二次工业革命的影响,养成慎思明辨的历史性思维。
德性育人	1.学习第二次工业革命的重大发明和影响,认识到科学技术对人类历史进步的推动作用,树立科技强国的重要意识。 2.了解第二次工业革命中科学家、发明家的贡献,培养学生热爱科学、勇于探索、不懈追求和积极创新的科学精神。
审美育人	体会科学家在发明创造中体现的智慧之美。
健康育人	1.了解科学家在进行科学发明时耗时耗力的强度,培养学生强健体魄的意识。 2.感受科学家在进行科学发明时的艰苦环境,培养学生坚韧坚毅的健康品格。
劳动育人	搜集史料,论证第二次工业革命的影响,评价法拉第、爱迪生、本茨、诺贝尔等历史人物。
教学设计提示	1.创设情境,利用1908年的伦敦世博会,介绍电学电力馆、内燃交通馆和化工材料馆中的发明,引导学生进一步了解第二次工业革命,体会科技之美。 2.归纳第二次工业革命的影响时,教师利用吴国盛《科学的历程》中对英国各种疾病的描述,引导学生得出"工业成果也会污染环境,破坏自然"的认识。 3.教学最后环节组织学生就"你认为工业革命所带来的科技进步是弊大于利,还是利大于弊"展开辩论,引导学生讨论并发表自己的观点。

表2-114 《工业化国家的社会变化》课时育人导引

	第6课《工业化国家的社会变化》
学科认知	1.理解工业革命促进了社会进步,也带来了一些问题。 2.对西方国家在城市化进程中面临的问题进行分析,培养学生解决问题的能力。 3.对第二次工业革命的影响进行分组讨论,培养学生的辩证思维和发散思维。
德性育人	1.学习环境污染和贫富差距分化加剧等内容,培养学生的环保意识,拓宽学生的国际视野。 2.对第二次工业革命影响进行深入分析,培养学生初步形成可持续发展的观念。
审美育人	学习人类在工业化进程中对生态环境的破坏,引导学生树立环保意识,懂得珍惜和保护绿水青山的自然之美。
健康育人	
劳动育人	搜集史料,讨论第二次工业革命的影响。
教学设计提示	1.可用2018年《中国气候变化蓝皮书》资料导入,引导学生就导致全球气候变暖的原因,人类工业文明时代存在的社会问题,以及如何处理工业化与环保之间的关系等问题展开讨论,促进学生将历史问题与现实思考结合起来。 2.关于城市化浪潮出现的原因讲解,可以利用不同类别的史料,如文字、图片、图表等,对城市化浪潮出现的原因进行讲解。 3.指导学生搜集史料,分小组讨论第二次工业革命的影响,培养学生合作学习的能力。

表2-115 《近代科学与文化》课时育人导引

	第7课《近代科学与文化》
学科认知	1.学习牛顿、达尔文、巴尔扎克和贝多芬等人的成就,了解科学和文化在近代社会发展中的重要作用。 2.学习近代科学文化,知道人类文明的重要成果,培养学生在具体的时空条件下认识历史人物地位和作用的能力。 3.学习近代著名科学家、文学家、艺术家的重要成就,培养学生的辩证思维和发散思维。
德性育人	通过了解科学家的贡献,树立科学技术是第一生产力的观念。通过了解文学家、艺术家的成就,认识文学艺术对社会发展的推动作用,学习文学艺术家关注现实的社会责任感。
审美育人	1.学习牛顿的经典力学和达尔文的《物种起源》,感受在人类探索大自然的过程中,大自然展现出来的无穷魅力和神秘之美。 2.鉴赏近代文学家、艺术家的经典作品,感受文学艺术的魅力。
健康育人	1.感受科学家在进行科学探索时所处的艰苦环境,培养学生坚持不懈的奋斗品格。 2.分析文学艺术家的作品,培养学生直面现实、英勇无畏的品格。
劳动育人	通过学习《物种起源》中"物竞天择,适者生存"的观点,使学生认识成功的背后离不开刻苦好学与勤奋努力。
教学设计提示	1.可结合漫画《牛顿观察苹果落地》导入本课。 2.提前设计导学案,按照科学、文学、艺术进行分类,制作表格,引导学生自主阅读教材后完成导学案。 3.出示漫画《英国神学主教讥刺达尔文》和《自然、社会法则——适者生存,优胜劣汰》,认识"进化"这一突破性观点所做出的重大贡献,培养学生的辩证思维。 4.播放贝多芬《英雄交响曲》片段,介绍此交响曲创作的背景与经过,让学生聆听该交响曲。鉴赏教材插图《向日葵》,感悟其体现的艺术特色。通过欣赏这些艺术家的作品,提高学生鉴赏艺术的能力。

第三单元 第一次世界大战和战后初期的世界

(一)教材分析

第二次工业革命后,随着社会生产力的发展和生产社会化程度的提高,资本主义进入垄断阶段。帝国主义之间不平衡的政治经济发展要求重新分割世界,不断激化的矛盾导致第一次世界大战爆发。一战期间,俄国在列宁的领导下爆发了十月革命,建立了世界上第一个无产阶级专政的国家。列宁领导着苏维埃俄国巩固政权、恢复和发展国民经济。列宁逝世后在斯大林的领导下,并在社会主义建设中形成了苏联模式。一战后,西方列强先后召开巴黎和会、华盛顿会议等国际会议,建立起"凡尔赛—华盛顿体系"的国际新秩序,暂时调整了战胜国在欧洲、西亚、非洲、东亚、太平洋地区的关系。一战削弱了帝国主义的殖民力量,促进了殖民地半殖民地国家的民族觉醒,亚非拉民族民主运动高涨。其中甘地领导的印度非暴力不合作运动、扎格鲁尔领导的埃及华夫脱运动和卡德纳斯领导的改革颇具特色,影响深远。

(二)单元目标

知道"三国同盟"和"三国协约"、萨拉热窝事件、凡尔登战役等;分析第一次世界大战爆发的原因,了解世界大战给人类社会带来的巨大灾难。通过彼得格勒武装起义的胜利,理解列宁领导的世界上第一个社会主义国家诞生的重要历史意义。了解《凡尔赛条约》《九国公约》的基本内容,知道战胜国建立了战后世界的新秩序。从新经济政策、社会主义工业化和农业集体化等内容,了解苏联社会主义建设的成就和主要问题。知道甘地领导的印度非暴力不合作运动,了解印度人民、埃及人民和墨西哥人民争取民族独立斗争的不同特点。

(三)单元构成

本单元分为五课:第8课《第一次世界大战》,第9课《列宁与十月革命》,第10课《〈凡尔赛条约〉》和《〈九国公约〉》,第11课《苏联的社会主义建设》,第12课《亚非拉民族民主运动的高涨》。

表2-116 《第一次世界大战》课时育人导引

	第8课《第一次世界大战》
学科认知	1.知道三国同盟和三国协约、萨拉热窝事件、凡尔登战役等;分析第一次世界大战爆发的原因,了解世界大战给人类社会带来的巨大灾难。 2.通过了解萨拉热窝事件引发第一次世界大战,引导学生回顾一战前世界的发展趋势和帝国主义列强争霸世界的史实,学会从"大事件"和"长时间"的不同角度来分析问题的方法。
德性育人	1.分析一战爆发的原因和影响的分析,思考和探讨人类发展过程中避免战争的有效途径,培养学生关爱人类命运的情感,克服狭隘的民族主义,珍视和平、捍卫正义,增强构建人类命运共同体的意识。
审美育人	分析一战对自然环境的毁灭性破坏,培养学生热爱地球家园、保护环境的意识,感悟人类社会和谐共生之美。
健康育人	学习凡尔登战役,讨论战争给人类发展和进步带来的严重灾难,树立热爱和平、远离战争、捍卫正义的现代意识。
劳动育人	展示多则材料、分组合作,共同探究一战的影响,小组分享交流。
教学设计提示	1.利用萨拉热窝事件或凡尔登战的影视资料,导入新课。 2.展示文字、图片、图表等多种材料,小组分工,合作探究第一次世界大战爆发的原因,进行交流分享。 3.在讲授一战中两大军事集团的形成过程示意图时,运用多媒体,将每一个需要填充的部分设计为可自由拖动的元件,教师只需示范移动方法,提出要求,学生即可在自学的前提下,亲自动手操作,完成演示步骤。此方法可激起学生的学习热情,也利于增强学生的空间观念。 4.引导学生阅读教材,推荐一名代表以记者身份模拟报道凡尔登战役,置身于当时的情景,深刻感受战争的残酷性,培养反对战争、珍爱和平的意识。

表2-117 《列宁与十月革命》课时育人导引

	第9课《列宁与十月革命》
学科认知	1.知道二月革命和十月革命爆发的原因,了解苏维埃政权建立后采取的一系列措施,理解十月革命的意义和影响。 2.学习十月革命,认识其在人类社会历史发展过程中的地位和作用,培养学生分析和解决历史问题的能力。 3.学习十月革命的影响,培养学生的逻辑思维和发散思维。
德性育人	1.学习十月革命后苏维埃政权采取的措施,增强学生振兴中华的历史责任感。 2.学习十月革命的影响,让学生认识人类社会历史发展的基本趋势及人类文化的多样性,培养学生的国际视野和意识。
审美育人	学习十月革命后苏维埃政权采取的措施,理解制度的创新,感受世界历史长河中的人类的智慧。
健康育人	
劳动育人	通过搜集十月革命的史料,培养学生的实证意识。
教学设计提示	1.结合图片(如《伏尔加河上的纤夫》),让学生了解十月革命前俄国的社会状况,结合俄国同主要资本主义国家实力差距的对比,帮助学生理解一战爆发后俄国在战场的糟糕表现和民众的反战情绪。 2.设计表格,对比二月革命和十月革命的异同点。 3.利用"人物扫描"板块,结合搜集的资料帮助学生了解列宁,感受其体现的社会责任。 4.分析十月革命影响时,可以引导学生联系中国近代史的内容,帮助学生了解十月革命对世界产生的影响。

表2-118 《〈凡尔赛条约〉和〈九国公约〉》课时育人导引

	第10课《〈凡尔赛条约〉和〈九国公约〉》
学科认知	1.知道《凡尔赛条约》和《九国公约》的主要内容;知道一战后国际新秩序"凡尔赛—华盛顿体系"。 2.分析《凡尔赛条约》对德国和国际关系的影响。结合材料,引导学生分析《九国公约》对中国的影响。 3.分析《凡尔赛条约》和《九国公约》的内容、影响,培养学生的辩证思维。
德性育人	1.了解《凡尔赛条约》对待战败国德国的态度、中国在巴黎和会上受到的待遇以及《九国公约》对中国的影响,认识到建设强大国家的重要性。 2.学习中国力争收复山东主权的过程,让学生认识到中国人民的抗争对山东问题的解决产生了重要作用,培养学生的奉献精神和爱国情感。
审美育人	感受在"凡尔赛—华盛顿体系"建立过程中,各国为维护自身利益所表现出的智慧。
健康育人	
劳动育人	搜集中国山东问题的相关资料。
教学设计提示	1.可利用电影(如《我的1919》),激发学生的学习兴趣,导入本课。 2.补充材料,帮助学生了解巴黎和会前主要资本主义国家的实力对比。 3.教师可以通过表格的形式,从政治、经济、军事等方面介绍《凡尔赛条约》的主要内容,补充材料组织学生分析《凡尔赛条约》的影响。 4.教师可利用教材中的《材料研读》或适当补充材料,组织学生讨论《九国公约》内容对中国的影响。

表2-119 《苏联的社会主义建设》课时育人导引

	第11课《苏联的社会主义建设》
学科认知	1.知道新经济政策的主要内容;了解苏联社会主义工业化和农业集体化;了解苏联社会主义建设成就;了解苏联模式。 2.学习新经济政策,培养学生分析和解决历史问题的能力。通过对苏联模式的评价,培养学生重证据的历史意识和处理历史信息的能力。 3.比较苏联工业化前后的建设成就,培养学生的逻辑思维和发散思维;分析苏联模式的利弊,培养学生的辩证思维。
德性育人	1.通过学习苏联社会主义建设取得的成就,了解社会主义制度的优越性,增强学生对国家的认同感。 2.学习新经济政策,体会列宁勇于创新的精神。 3.学习苏联工业化建设取得的成就,培养学生互帮互助的品格。
审美育人	学习新经济政策,引导学生理解制定政策要从国情出发,遵循经济发展的客观规律,感受其中所蕴含的智慧。
健康育人	学习苏联工业化建设取得的成就,培养学生积极的精神状态,形成积极进取的人生态度。
劳动育人	1.学习苏联人民努力奋斗建设工业化的进程,形成强健体魄的意识,努力锻炼身体,增强身体素质。 2.组织学生讨论新经济政策产生的影响,调查身边地区的社会主义建设成就。
教学设计提示	1.利用材料,创设历史情境,激发学生的学习兴趣。 2.在介绍苏维埃政府实施新经济政策的背景时,可以展示苏维埃俄国当时面临的各种困难,帮助学生更直观地理解列宁审时度势提出新经济政策的原因。 3.列表对比新经济政策和战时共产主义政策;出示材料,组织学生分析新经济政策产生的影响。 4.出示材料,引导学生了解苏联进行工业化建设的背景,分析苏联工业化建设取得成就的原因,客观评价苏联的工业化。 5.结合材料,组织学生评价苏联模式,我国从苏联模式中应该吸取什么教训,培养学生的合作探究意识。

表2-120 《亚非拉民族民主运动的高涨》课时育人导引

	第12课《亚非拉民族民主运动的高涨》
学科认知	1.学习甘地领导的印度非暴力不合作运动和埃及华夫脱运动,了解一战后民族民主运动的高涨的表现。通过学习墨西哥的卡德纳斯改革,理解改革对国家发展产生的重要作用。 2.分析印度非暴力不合作运动的形式、特征、影响,培养学生运用材料具体分析历史问题的方法。分析非暴力不合作运动没有使印度获得独立的原因,培养学生分析和解决历史问题的能力。
德性育人	1.学习甘地非暴力不合作运动、扎格鲁尔领导的埃及华夫脱运动、墨西哥的卡德纳斯改革,感悟他们身上视国家利益高于一切的民族精神,增强学生对国家、民族的认同感。 2.学习甘地、扎格鲁尔、卡德纳斯的个人经历,了解杰出人物在历史发展过程中的重要作用,培养学生的担当奉献精神。
审美育人	通过对非暴力不合作运动的学习,感受世界不同地区文明的智慧。
健康育人	通过讲述非暴力不合作运动和华夫脱运动的曲折过程,培养学生抗挫能力和积极进取的人生态度。

续表

	第12课《亚非拉民族民主运动的高涨》
劳动育人	搜集甘地等人的个人资料,客观评价历史人物。
教学设计提示	1.可以借助九年级上册相关内容导入新课。 2.在讲述甘地和非暴力不合作思想时,可以利用教材"任务扫描"板块或搜集相关视频引导学生对甘地和甘地的非暴力不合作思想做出评价。 3.比较印度非暴力不合作运动和埃及华夫脱运动的异同。 4.组织学生讨论一战后,亚非拉民族民主运动高涨的原因有哪些。

第四单元　经济大危机和第二次世界大战

(一)教材分析

第一次世界大战后形成的凡尔赛—华盛顿体系下隐藏着危机。1929年美国股票市场崩溃,很快,一场规模空前的经济大危机扩展到整个资本主义世界。面对危机,各国政府纷纷采取应对措施。美国总统实施新政,加强了国家对经济的干预和指导,使美国走出了困境。德国和日本受到经济大危机的沉重打击,国内矛盾尖锐,法西斯势力抬头。大约从20世纪30年代开始,德国、意大利和日本走上了侵略扩张的道路。面对法西斯国家的侵略扩张,英法等国推行绥靖政策,法西斯国家更加猖狂。1939年,第二次世界大战全面爆发,为了抗击法西斯国家的侵略,1942年,世界反法西斯联盟正式形成,反法西斯同盟团结一致,最终粉碎了德、意、日等法西斯国家的野心,维护了世界和平。

(二)单元目标

知道经济大危机,了解罗斯福"新政",理解国家干预政策对西方经济发展的影响。了解日本对中国的侵略、纳粹德国对外扩张,知道德国、日本、意大利侵略集团是发动第二次世界大战的罪魁祸首。知道第二次世界大战的主要进程、《联合国家宣言》和雅尔塔会议等国际会议。理解世界人民反法西斯战争的艰巨性和胜利的原因。

(三)单元构成

本单元分为三课:第13课《罗斯福新政》,第14课《法西斯国家的侵略扩张》,第15课《第二次世界大战》。

表2-121 《罗斯福新政》课时育人导引

	第13课《罗斯福新政》
学科认知	1.了解经济大危机爆发的原因和特点;了解罗斯福新政内容及实质,了解国家干预政策对西方经济发展的影响。 2.学会运用社会存在决定社会意识的原理,理解经济危机与罗斯福新政出现的关系,培养学生的逻辑思维;学会运用知识进行驳论和论证,培养学生的辩证思维。
德性育人	1.感受罗斯福总统临危受命的责任担当和爱国精神,体会罗斯福新政所体现出的创新精神。 2.了解经济危机在世界范围造成的影响,学习罗斯福新政大量修建公共工程,缓解失业危机的史实,感受"人类命运共同体"下的社会担当。 3.了解胡佛和罗斯福的故事,学习罗斯福诚实守信、踏实实干的个人品质。
审美育人	
健康育人	1.正确认识经济危机与美国乃至世界的关系,树立"人类命运共同体"的正确观念。 2.学习罗斯福奋斗的历程,让学生形成积极进取的人生态度和尊重生命、悦纳自己的健康心理。
劳动育人	指导学生对罗斯福进行人物评价,撰写小论文。
教学设计提示	1.教师可做适当补充,加深学生对罗斯福的认识,感受其人格魅力,学习他高尚的品格。 2.罗斯福新政的内容可用"复兴""救济""改革"三个词语来概括,引导学生从教材的内容中找到相关史加以说明。 3.通过比较胡佛和罗斯福的不同做法,让学生体会历史人物的责任与担当。

表2-122 《法西斯国家的侵略扩张》课时育人导引

	第14课《法西斯国家的侵略扩张》
学科认知	1.了解意大利、德国和日本建立起法西斯政权的原因;了解第二次世界大战欧洲战争策源地和亚洲战争策源地的形成过程;了解法西斯国家的扩张。 2.结合所学知识分析法西斯国家发动侵略战争的目的;观察地图,了解法西斯国家侵略扩张的过程。 3.学习德国法西斯政权建立的过程,提高学生对历史的理解能力,初步学会分析和解决历史问题。 4.比较意大利、德国和日本法西斯政权建立的不同背景,学会总结相同点和不同点,整体把握同类历史事物的特点。
德性育人	1.英法等国的绥靖政策妄图通过牺牲他国利益求得自保,最终却自食恶果,引导学生感悟作为一个大国责任担当的重要性。了解法西斯主义反人类的暴行,对学生进行人文主义教育,认识其对世界产生的消极影响,认识到和平的可贵和战争的残酷。 2.引领学生了解以希特勒为首的纳粹党欺骗宣传、破坏民主政治、残害犹太人等反进步、反人类行为,培养学生树立正确的人生观、民族观和世界观。
审美育人	
健康育人	树立人人平等的观点,树立正确的民族意识,爱好和平、反对战争。
劳动育人	指导学生观看关于德、日法西斯政权建立的影像。

续表

	第14课《法西斯国家的侵略扩张》
教学设计提示	1.组织学生观看关于德、日法西斯政权建立的影像,增强认识。 2.增强学生对希特勒的认识,引导学生理解为什么全世界人民都反对种族主义、民族沙文主义,进而树立正确的人生观和世界观。 3.利用《第二次世界大战全面爆发前法西斯德国的侵略扩张示意图》,结合课文内容引导学生认识法西斯德国的扩张对欧洲的影响。 4.结合抗日战争,引导学生认识日本法西斯的扩张对亚洲的影响。 5.正文未讲绥靖政策,教师要注意在授课中帮助学生厘清这个概念,有助于理解二战法西斯势力发展迅速的原因。

表2-123 《第二次世界大战》课时育人导引

	第15课《第二次世界大战》
学科认知	1.知道第二次世界大战的主要进程、《联合国家宣言》和雅尔塔会议等国际会议,理解世界人民反法西斯战争的艰巨性和胜利的原因。 2.分析美国从不干涉到参战的转变过程,加深历史认识。归纳并分析二战中的一系列会议和决定,培养学生分析问题的能力。
德性育人	1.分析美国从不干涉到参战的转变原因,引导学生树立国家利益高于一切的意识,培养中学生的爱国情怀。 2.将绥靖政策与二战中的几次会议与决定联系起来进行探究,理解当今形势下世界各国命运相关,没有谁能独善其身,培养学生的世界视野。 3.引领学生分析法西斯反进步、反人类等行为,培养学生树立正确的人生观、民族观和世界观。
审美育人	体会诺曼底登陆、中途岛海战等战争谋略的智慧之美。
健康育人	在对二战的反思中帮助学生形成积极进取的人生态度和尊重生命的观念。
劳动育人	指导学生观看二战影片,收集二战故事并分享。
教学设计提示	1.组织学生对地图册的相关地图进行探究,认识二战的性质。 2.借助教材,丰富对二战的爆发及主要战场等内容认识,理解美国为什么从不干涉到参战的转变。树立国家利益高于一切的意识。 3.通过《联合国家宣言》《开罗宣言》、雅尔塔会议、《波茨坦公告》一系列会议与决定,体会"人类命运共同体"的深刻含义。 4.注意补充中国抗日对二战的重大影响,认识中国人民抗日战争在二战中的地位和影响。

第五单元 二战后的世界变化

一、教材分析

第二次世界大战后,美苏争霸,资本主义经济复苏,西欧与日本崛起,苏联与东欧社会主义国家对社会主义道路的探索、亚非拉国家走向独立等急剧冲击了战后的世界秩序,形成了战后世界格局。

从20世纪40年代到90年代,美苏形成数十年的冷战对峙局面。一些主要的资本主义国家调整政策,发展经济,逐步实现了经济的复苏,西欧和日本崛起,挑战美国的全球经济霸主地位。苏联和东欧社会主义国家也进行了一系列的改革,取得很大成就,但始终没有摆脱斯大林模式的束缚。亚非拉地区民族解放运动高涨,越来越多国家独立,并在国际舞台上发挥着重要作用。

二、单元目标

知道杜鲁门主义、马歇尔计划、德国分裂、北约与华约的建立,认识美苏冷战对峙局面的形成。了解美国和日本经济的发展,欧洲联合趋势的发展以及社会保障制度的建立。初步理解战后资本主义发展的新特点。了解社会主义从一国到多国的实践,知道社会主义阵营的形成和苏联的改革,了解东欧剧变和苏联解体,认识中国特色社会主义建设的意义。通过万隆会议、"非洲年"、巴拿马收回运河主权等史实,知道战后殖民体系的崩溃和亚非拉国家为捍卫国家主权、发展经济所进行的斗争。

三、单元构成

本单元分为三课:第16课《冷战》,第17课《二战后资本主义的新变化》,第18课《社会主义的发展与挫折》,第19课《亚非拉国家的新发展》。

表2-124 《冷战》课时育人导引

	第16课《冷战》
学科认知	1.了解杜鲁门主义的含义和影响;了解冷战对峙局面形成的过程;了解德国的分裂;了解北约和华约形成过程;初步认识霸权主义对世界和平与安全的威胁。 2.通过对冷战的学习,掌握运用材料具体分析历史问题的方法。组织学生搜集北约的相关资料,掌握查找和收集历史信息的方法。 3.学习美苏冷战局面的形成与发展过程,提升学生的归纳概括能力。 4.通过本节学习,让学生初步认识霸权主义,培养学生的批判思维和辩证思维。
德性育人	1.能用国际视野分析美苏两大集团长期对峙,严重威胁到了世界和平与各国的发展。 2.引导学生理解霸权主义和强权政治违背历史的潮流和发展趋势,在国际交往中要互相尊重、互相帮助,走和平发展之路。
审美育人	二战之后的冷战局面,一定程度上有利于维护世界和平与稳定。这一时期也成了人类历史上最长的和平时期。人们总是在国家利益与人类福祉之间谋求最大的公约数,进而推动人类历史的进步。
健康育人	
劳动育人	

续表

	第16课《冷战》
教学设计提示	1.本课设计可以从历史上的今天入手,比较2020年、1920年、1820年的历史,引出二战后的世界格局,认识美苏冷战的影响。 2.分析美国霸权主义的实质,深入理解霸权主义的由来。 3.在讲授冷战的发生这一部分时,教师要先铺垫二战后的世界格局,帮助学生分析美苏对抗不可避免这一历史问题,培养学生分析问题和解决问题的能力。 4.北约与华约对峙局面出现,两极格局形成,组织学生探讨北约和华约对抗的表现,拓宽学生的国际视野,培养学生的实证精神。

表2-125 《二战后资本主义的新变化》课时育人导引

	第17课《二战后资本主义的新变化》
学科认知	1.了解美国成为超级大国、欧洲联合、日本崛起的原因和表现;了解社会保障制度的建立过程。 2.组织学生搜集资料,了解美国的社会保障制度,让学生掌握查找和收集历史信息的方法。 3.通过比较各国发展的路径与效果,培养学生的分析比较能力。 4.通过本节学习,让学生认识到科学技术是第一生产力,培养学生的发散思维。
德性育人	1.对比西方经济发展和中国改革开放成果,树立中国特色社会主义理想信念,坚持道路自信、制度自信,形成对祖国深情大爱。 2.通过社会保障制度建立的学习,让学生在人际交往中互相关心、互相帮助,形成社会主义新型人际关系。
审美育人	体会社会保障制度建立所蕴含的智慧。
健康育人	
劳动育人	比较战后西欧、美国、日本的发展路径的异同点。
教学设计提示	1.本课可以从认识欧元入手,引导学生理解欧洲及战后的资本主义世界。学习欧元的发展过程,理解欧洲的一体化,进而引出美国与日本战后的发展。 2.2008年受金融危机打击,出现欧元危机,其中最主要的原因是西欧国家的高福利,进而引导学生学习西欧的社会保障制度。 3.组织学生讨论二战后西欧国家和日本经济迅速发展的原因。 4.可补充中国改革开放的成果对比教学,培养学生的家国情怀。

表2-126 《社会主义的发展与挫折》课时育人导引

	第18课《社会主义的发展与挫折》
学科认知	1.了解社会主义力量的壮大;了解苏联的几次改革造成的影响;了解东欧剧变和苏联解体的原因;了解苏联解体的影响。 2.通过赫鲁晓夫、勃列日涅夫和戈尔巴乔夫的改革以及苏联解体的学习,培养学生的综合分析能力。 3.总结苏联社会主义事业的经验和教训,培养学生的逻辑思维和辩证思维。
德性育人	从苏联解体、东欧剧变的历史教训中,引导学生认识到没有共产党就没有新中国,走社会主义道路是中华民族伟大复兴的制度保障。
审美育人	社会主义制度是前无古人后有来者的事业,需要在发展中不断与时俱进。

续表

	第18课《社会主义的发展与挫折》
健康育人	学习东欧剧变和苏联解体的过程,理解社会主义的发展不是一帆风顺的,培养学生百折不挠、不畏挫折、开拓进取的精神。
劳动育人	比较赫鲁晓夫、勃列日涅夫和戈尔巴乔夫的改革,深化对苏联改革的认识。
教学设计提示	1.本课可从1991年12月25日苏联的最后一天这个视角导入。 2.本课内容可以设计为三个部分。高光时刻:认识苏联社会主义制度的伟大成就,同时也认识到存在的问题;改革岁月:学习赫鲁晓夫、勃列日涅夫和戈尔巴乔夫的改革;经验教训:东欧剧变、苏联解体的反思。 3.组织学生讨论东欧剧变和苏联解体的原因、影响。 4.引导学生认识到东欧剧变和苏联解体是社会主义发展过程中遭遇的挫折,社会主义的发展不是一帆风顺的,但社会主义具有强大的生命力,结合中国社会主义建设取得的巨大成就,帮助学生形成正确的历史价值观,培养学生的家国情怀和社会责任。

表2-127 《亚非拉国家的新发展》课时育人导引

	第19课《亚非拉国家的新发展》
学科认知	1.了解万隆会议的内容和影响;了解非洲民族独立运动的过程和结果;了解古巴革命和巴拿马政府收回巴拿马运河区主权的过程。 2.了解和平共处五项原则促进了亚非国家的团结,帮助学生形成重证据的历史意识和处理历史信息的能力,提高其对历史的理解和分析能力。 3.学习万隆会议的内容和影响,培养学生的逻辑思维和发散思维。
德性育人	1.学习亚非拉人民争取民族独立、捍卫国家主权的斗争,认识到人民群众在历史发展中发挥的重要作用。 2.通过本课学习,让学生认识到维护健康的国际秩序,需要亚非拉国家齐心协力,共同推动。
审美育人	通过对周恩来总理、曼德拉的学习,进一步认识伟人对历史起到的推动作用,体会"求同存异"方针蕴含的智慧。
健康育人	学习亚非会议的召开过程,了解周恩来在这次会议上体现的政治智慧,引导学生学会尊重他人,理解他人。
劳动育人	查阅巴拿马运河、苏伊士运河的相关史实。理解它们是资本主义世界市场发展和形成中的产物,它们的发展史就是一部第三世界国家崛起的历史。
教学设计提示	1.教师在讲述亚非拉人民争取独立和捍卫国家主权的斗争中,要注意引导学生认识和理解人民群众在历史发展过程中发挥的重要作用。 2.引导学生认识到中国提出的和平共处五项原则作为处理国际关系的准则,不仅有利于反对帝国主义和霸权主义和强权政治,还有利于维护国家的主权。 3.展示非洲地图,引导学生理解西方列强对非洲地区的殖民统治。

第六单元　走向和平发展的世界

一、教材分析

本单元内容为世界现代史的篇尾，告诉我们人类历史的走向，这也是世界人民的梦想与奋斗方向。第二次世界大战结束后，随着科技与经济的迅速发展，全球化趋势加强，一系列国际组织建立起来。两极格局瓦解后，世界朝着多极化方向发展；世界总体趋势比较缓和，和平与发展是当今时代的主题。现代社会不断发展，人类社会开始进入信息时代，也面临着生态问题和人口问题的挑战。

二、单元目标

初步理解联合国与世界贸易组织的宗旨和作用。初步了解冷战后世界多极化的发展趋势。以计算机网络、生态与人口等问题为例，了解现代人类社会的发展及面临的挑战。

三、单元构成

本单元分为三课：第20课《联合国与世界贸易组织》，第21课《冷战后的世界格局》，第22课《不断发展的现代社会》。

表2-128　《联合国与世界贸易组织》课时育人导引

	第20课《联合国与世界贸易组织》
学科认知	1.知道联合国建立的背景、结构设置和作用；理解经济全球化的原因、表现和影响；知道世界贸易组织的宗旨和作用。 2.了解联合国的作用、经济全球化趋势出现的主要原因、影响，引导学生形成重证据的历史意识和处理历史信息的能力。 3.对联合国的作用进行讨论，评价联合国在不同时期的作用不同，认识联合国是人类构建世界和平的成果，培养学生的辩证思维与逻辑思维。
德性育人	学习中国作为联合国安理会常任理事国为世界和平发展做出的贡献，增强学生对国家的认同感和归属感、责任感和使命感。
审美育人	鉴赏联合国总部建筑，体会人类建筑艺术之美；鉴赏二十国集团领导人峰会会标和各国国旗，体会各国友好合作的和谐之美。
健康育人	1.了解联合国的维和行动，培养强健体魄、英勇无畏的意识。 2.模拟联合国大会场景，在辩论中体会理解他人，关心社会。
劳动育人	搜集资料，全面评价联合国在维护国际安全方面起到的作用。

续表

	第20课《联合国与世界贸易组织》
教学设计提示	1.展示材料,指导学生阅读材料,认识联合国成立的背景。 2.展示《联合国组织机构图》,引导学生分析联合国大会、联合国安全理事会和联合国秘书处的相关职能。 3.学生模拟联合国会议,讨论国际重大议程场景。 4.引导学生知道维和部队的重要性,了解中国也派遣了很多官兵参与了维和部队的行动,为维护世界和平做出了重要贡献。 5.展示课后活动第二题材料,通过圣诞礼物中"中国制造"产品数量,认识经济全球化的表现与影响。

表2-129 《冷战后的世界格局》课时育人导引

	第21课《冷战后的世界格局》
学科认知	1.初步了解"冷战"后世界多极化的发展趋势,认识霸权主义与地区冲突,认识世界大多数国家为建立国际新秩序所做出的努力。 2.组织学生分析冷战后世界格局发展的趋势和特点,学会运用材料具体分析历史问题的方法。 3.阅读图文材料,知道威胁世界和平的因素,培养学生提取有效信息的能力;了解各国为建立新的国际秩序所做出的努力,培养学生分析、解决问题的能力。 4.阅读材料,认识世界多极化趋势发展的原因及作用,培养学生的辩证思维与逻辑思维。
德性育人	通过对国际地区冲突知识的学习,对比中国国内和平安定的生活,认识到我们的和平来之不易,增强国家认同,培育学生维护世界和平与正义的责任意识与担当精神。
审美育人	品读世界各国人民建立国际新秩序的努力,体会各国友好合作的和谐之美。
健康育人	通过本课知识的学习,培育学生不恃强凌弱,不畏强权、为人类公平正义而努力的健康心理。
劳动育人	搜集资料,学生展示,畅谈自己在国际新秩序建立中采取的应对措施。
教学设计提示	1.播放911等相关视频导入本课,使学生认识到当今世界仍然有霸权主义、地区冲突等不和平因素。 2.展示巴以冲突、中东战争、美国轰炸中国驻南斯拉夫大使馆以及伊拉克战争等相关图片,引导学生阅读教材,分析冷战结束后霸权主义和地区冲突的背景及表现。 3.引导学生分析冷战结束后霸权主义和地区冲突的背景是什么,培养学生分析解决问题和合作学习的能力。 4.学生提前搜集资料,课堂上分享,了解当今世界的主要力量在国际事务中发挥的重要作用。 5.合作探究,在国际新秩序的建立中,各国应履行哪些义务,作为青少年学生,应贡献哪些力量?

表2-130 《不断发展的现代社会》课时育人导引

	第22课《不断发展的现代社会》
学科认知	1.以计算机网络、妇女地位的提高、生态与人口等问题为例,了解现代人类社会的发展及面临的挑战。 2.阅读图文材料,知道现代人类社会发展面临的挑战,学会提取有效信息的方法。 3.通过讨论互联网对人类生产和生活的影响,培养学生分析历史问题的能力。 4.通过回顾前面两次工业革命的相关知识,动手建构知识体系,培养学生的辩证思维。
德性育人	1.通过中国改革开放以来百姓生活越来越好的史实的学习,认识改革开放伟大决策的正确性,形成对祖国的深情大爱。 2.认识当今中国生活越来越好及在社会发展中面临的挑战,增强建设美好祖国、美好家乡的责任感和使命感。 3.通过生态与人口问题,增强学生保护生态环境的责任担当。
审美育人	了解计算机网络技术带动的现代社会生活变化,体会人类改造自然的现代文明之美。
健康育人	
劳动育人	培育学生保护生态环境的劳动意识,积极参与保护生态环境的劳动实践活动。
教学设计提示	1.欣赏《人机大战》视频,认识计算机网络技术取得的突破性成就。 2.引导学生对比前两次工业革命相关知识,构建三次工业革命知识体系,认识二战以来人类社会发展的主要成就。 3.合作探究,引导学生分析互联网的发展对现代社会生活产生的影响(可从政治、经济、文化、娱乐、人际交往等领域思考),培养学生合作学习的能力。 4.可组织学生查找资料或采访长辈,调查自己生活的地区人口和环境的变化,思考这些变化将会产生的影响,探究应采取的应对策略。

第三章 初中历史学科全息育人教学设计

教学设计就是有目的和意图地对教学内容进行规范,对教学资源进行整合,并有计划的执行教学设计,高效实施课程内容,让学生能够获得体验,提升认知。过往的教学设计以知识传递为价值取向,专注于一节课的知识点教学,学生成了抽象意义的学生,成为接受知识的容器。教学设计与教学过程和学生被割裂为两个独立的单位。在这样的教学设计下,教师为教而教,教材喧宾夺主。在这样的历史教学下,学生知道很多历史知识,能够完成历史标准化的考试,但是无法形成历史的智慧、生活的智慧。学生知道很多"是什么",但是不知道"为什么"。在这样的教育语境下,学校可以培养出一群优秀的"知道分子",但无法培养出有见识的"知识分子"。全息育人教学设计试图走出这个困境,让历史教学有温度,有智慧,培养学生健全人格,开启智慧人生。

第一节　全息育人教学设计的理念

一、基于历史理解

什么是理解？布鲁纳说，理解是"超越信息本身"。在我们日常的教学中，很多教师的教学只是基于信息的堆砌与重复。这样的教学，很难实现对学科本质理解的目标。

在我们历史教学之中有很多关于"第一"的知识，学生也背诵了很多，但其是否理解"第一"的真正含义？

比如，陈胜、吴广起义的意义在于，它是中国历史上第一次农民起义，提出了"王侯将相宁有种乎"的口号。经过老师的教学，学生都能记住这个知识点，能够做标准化测试，但是没有形成历史理解。

如何理解历史中的"第一"呢？为什么历史老师这么钟爱"第一"？是因为我们都是考试对"第一"有执念吗？肯定不是。

人类的进步历程，是不断突破认知边界的过程。陈胜、吴广突破了"王侯将相宁有种"的这一认知边界，发出了"王侯将相宁有种乎"的天问，人们的想象极限从此被突破，中国历史开始上演"城头变换大王旗"。这才有了刘邦、朱元璋从平民到天子的完美逆袭。

理解历史上的"第一"，我们才能应用所学知识的能力，实现人生的进阶。人的成长就是这样一次又一次地突破认知边界，破茧重生的过程。实现人生的一次又一次的突破，让历史的智慧帮助我们解决生活难题，这是历史教学的使命与担当。

全息育人，要育全人，就是要学生能应对生活，会选择，会生活，能成长。因此基于理解的教，基于理解的学，是历史教学的首要原则。

二、基于历史逻辑

历史教学要实现基于理解的教，基于理解的学，需要教师和学生回到历史的场景中去，理解历史的逻辑，理解历史。

什么是历史的逻辑？打个比喻，史实是河里泛起的浪花，历史的逻辑就是河道。只看到河里的浪花，看到的历史便只是一堆史实的堆砌，无法理解历史，无法与我们的生活发生关联。如果能够看到河道，也就是看到了历史的逻辑，情况就会变得大不一样。

要认识历史的逻辑，就要回到历史的场景当中，感受历史当事人的真实处境，厘清历史当事人的真实困境。要理解历史的逻辑，就要充分尊重历史的偶然性。偶然性是历史的本质；对历史的当事人而言，面前有数个选择，呈现在后人面前的只是众多选择的一个，也许不是最优的，甚至还是自私的、暗黑的，但是它们构成了历史。

初中历史教材在漫长的人类历史长河里萃取出一些片段，按照一定的逻辑如政治、文化、经济、思想、军事等，编排在一起，但是真实的历史不是这样发展的。这样的编写虽然降低了学生的认知负担，提升了历史教材的可读性，但缺点也与优点一样突出，教材成为一堆历史结论的堆砌，无法呈现真实的历史场景。

历史教学需要弥补历史教材编写的不足，带学生回到历史的场景中，用历史的逻辑对冲教材编写的逻辑，帮助学生形成对历史的正确理解，形成历史智慧。抓住历史的逻辑，就要求在教学中不仅要讲清楚是什么，还要讲清楚为什么。

比如：秦孝公任用商鞅进行变法，秦国从此开始一步步走向强大，从一个边陲小国变成诸侯强国，建立了中国历史上第一个统一的多民族国家。问题来了，为什么嬴政变成了天选之子，商鞅变法强在什么地方？用今天流行的话来说，就是换一个赛道玩游戏，商鞅通过改革，改变了原来的战争逻辑。原来的战争是贵族战争，在这个赛道里，秦国是"差生"，不受中原的诸侯国待见。商鞅变法将贵族战争变成了平民战争，武装每一个男丁，秦国的战斗力瞬间提升。再加上秦国相对单一的社会结构，最后嬴政完成了一统，成为天选之子。

三、基于学生成长

面向未来，就是要在教学中落实立德树人的根本任务，培养未来公民，培养全面发展的社会主义建设者和接班人，全面提升教育质量，服务学生成长。事关亿万青少年的健康成长，事关国家发展，事关民族未来，一刻也不能放松。

为未来积累知识、提升技能，应对未来社会的考验，是教育的责任。当前，人工智能技术深入各个领域，很多行业都受到了前所未有的冲击和挤压，传统的行业不断消失，新兴行业又不断涌现，教育如何应对时代的挑战，回应家长与社会的需求，成为今天学校教育必须回答的命题。戴维·珀金斯《为未知而教，为未来而学》中提出应对未来值得学习的"六大超越"知识：超越基础技能——21世纪必备的综合能力与品质；超越传统学科——新兴的、综合的、有差异的学科；超越彼此割裂的各学科——跨学科的主题和问题；超越区域性观念——全球化的理念、问题与学习；超越对学术内容的掌握——学习思考与课程内容有关的现实世界；超越既定内容——提供多元学习选择。"六大超越"突破了传统教育的时空限制，打穿学科的壁垒，用全息育人的眼光，以学生成长为核心构建起值得学生学习的知识体系。

第二节　全息育人教学设计的原则

一、目标导向原则

目标导向的课堂设计可以冲破目前以教师为出发点的课堂样式，构建新的课堂生态。首先，从课堂准备而言，课堂素材更加丰富，选择更加多元。只要有助于《课标》的落实，服务学生成长的素材都可以纳入教学体系。其次，从教学过程而言，目标导向课堂更具激励性和挑战性。目标导向可以不断强化学生的学习行为动机，推动学习目标的达成。最后，从课堂结果而言，更具开放性。成长是一个终身的话题，只有起点，没有终点。目标不是封闭的，自然过程就更具开放性，就更有利于学生不断挑战自己，发现更好的自己。

在目标导向指导下的历史课堂，不止步于"是什么"，而要追求"为什么"。因为只有形成对历史的理解，才能帮助学生实现知识的迁移，处理生活中遇到的难题。

比如：中国古代史教材讲了北京人开始使用火，山顶洞人会管理火，半坡人有了陶器，夏朝有了青铜器，春秋战国出现铁器等内容。针对这一内容，老师可能会说人们认识自然、改造自然的能力在加强。如果有孩子追问一句，如何加强的？我们该如何回答？

其实，对火的管理与利用，是人类征服自然、改造自然的历程。人类从偶尔使用火，到保存火种，向前走出了一大步，火的温度提高到800摄氏度，会烧出陶器，提高到1083摄氏度，会制作青铜，提高到1353摄氏度，会制作铁器。这条线还可以引申到今天火箭是如何发射的。

二、论从史出原则

要坚持论从史出,就要求我们在教学设计中做到以下几点:第一,要坚持历史唯物主义史观、辩证唯物主义史观,以培养学生正确史观为己任。第二,在学习与实践中培养史观,史观教学要在历史事实的解读中进行渗透。

比如在中国古代史的教学中,经常讲到很多以少胜多的战例,比如,秦末的巨鹿之战,三国时期的官渡之战、赤壁之战等。如果没有正确的史观,讲授这个内容时很容易把学生带偏,让学生认为赢得战争很容易,平时不用认真备战。这样的历史是电视剧教的,不是历史老师教的。战争的逻辑永远是以多胜少、以强胜弱,从来没有以弱胜强这一说。是历史书编错了吗?肯定不是,从总体上讲,是以少胜多,但是在局部一定要以强才能胜弱。

以官渡之战为例:

1.曹操一方奉天伐不臣,得民心,官民一心。

2.用精兵偷袭乌巢袁绍的粮仓,是以多胜少。

3.袁绍分兵救援,曹军掩杀过去是以多胜少。

这个例子告诉我们在历史教学中,要坚持用历史唯物主义史观、辩证唯物主义史观去裁剪史料,得出正确的认识。

三、结构化原则

在教学设计中坚持结构化原则,就是按照人们认知事物的规律进行教学,引导学生进行思考。

基于结构化原则对教学进行设计,对此已有很多人进行了论述。我们也有意无意在运用这些原理,比如:导入新课、新课教学、巩固知识等。在全息育人的教学设计中,要把无意识的行为转变为有意识的自觉行为、理性行为。

运用结构化原则进行教学设计,是落实目标导向原则的重要手段,结构化思维强调"以终为始",运用3P(Purpose,Principle,Process)原理,强调全面系统地解决问题。

Purpose——目的,做一件事的时候首先考虑其目的,明确目的后,确定是否有实现这个目的的方法或衡量标准?教学目标的选择要突破单元、章节、课时的限制,进行重构。

Principle——原则,开展工作需要遵循基本原则,根据这些原则选择相应的流程和方法。全息育人的基本原则就是基于理解、基于逻辑、基于成长。

Process——流程,要实现最终的目标和结构,需要开展哪些工作?这些工作需要多少时间和资源?应该如何匹配时间和资源,才能确保工作有效控制?教学流程服务于教学内容与学生的成长,不是机械的,也不是僵化的。

简单地说,结构化原则就是:确定目标——资源分析——制订计划。

第三节　初中历史学科全息育人教学设计流程

一、教学要素分析

(一)课程标准分析

随着基础教育课程改革的推进,教育部根据时代的发展趋势,对历史课程标准做了调整和改进,颁布了新的初中历史课程标准——《义务教育历史课程标准(2022年版)》。义务教育阶段历史课程标准的研制,体现了育人为本的教育理念,以培养和提高学生的历史素养为宗旨。育人为本的本质是以人为本,以学生的发展为本,这是教育的灵魂和终极目的。《课标》在课程基本理念中明确提出历史课程要充分体现育人为本的理念,在课程的教学设计思路中又提出要从培养学生的历史素养和人文素养出发,因此课程目标要贯彻这样的指导思想。理解育人为本还要明白其中的另一层含义,即育什么样的人。《课标》中表述的是培育具有社会主义核心价值观的公民,综合素质高且有创新能力的人才。历史学科如何践行育人为本的理念,重要的是培养学生的历史素养。历史素养包括掌握历史的常识,具备历史基本知识和技能,用历史唯物主义观点分析问题、解决问题的能力,以及正确的历史观和历史意识等。

(二)教材分析

教科书作为教学的核心资源,是教学活动的主要依据。在基础教育领域,教科书显得尤为重要。中学历史教科书体现了国家对历史学科的基本要求,是学生感知历史、理解历史,形成正确价值观的主要媒介。能否把握、运用好历史教材直接关系到历史教育的质量和水平。因此,历史教师需要深入把握教科书的特点,灵活运用教科书。[1]

新编历史教材是指人教社2016年出版的初中历史教材,该书由教育部组建的专家学者编写的全国统一的初中历史教材,被称为"统编版"。在统编版教材实行之前,我国初中历史教材版本众多,使用范围最广的是人教社2001年版本(以下简称"旧教材")。这两版教材虽是同一出版社刊印发行,但在编写理念、指导思想、内容组织和选择等方面大不相同,从纵向上将两者进行对比,更能体现新教材的更替变化,有利于教师把握新教材的特点。

第一,编写体例。两版教材都采取通史的编写模式,七年级和八年级为中国史,九年级为世界史。同时,都采用时序与专题相结合、中外历史分述的通史体。但旧教材更加侧重专题,缺乏一定的逻辑性,容易造成知识之间的断裂。统编版教材淡化了专题,加强了时序性,在内容组织上更加注重历史知识编排的逻辑性和系统性,较为完整地反映出历史发展的整体脉络。从学生认知角度来说,统编版教材更加符合学生的认知水平,在知识体系的建构方面更加有效。从教学的角度,立足于时序,可以培养学生的时空观念,开阔学生的视野,有利于培养学生的历史核心素养。

第二,基本结构。旧教材在首页设有前言介绍,对教材的编写理念、编写特色、适用范围、栏目设置都做了简单的说明,说明的目的是引导教师更好地运用历史教材,完全可以列入教师用书。统编版秉承课程改革的新理念,将教材从教师的"教本"转向了学生的"学本",取消了这一部分,使教材更加符合学生用书,整体风格看起来也更加规整简洁。

在整体结构的呈现上,两版教材都采用了单元、课、子目的形式。具体呈现方式包括单元导言、课文、课文辅助部分、活动课、大事年表等。旧教材的单元导言非常简单,都以小标题的形式呈现。统编版导言则比较详细,通过精练的语言概括了一个时期社会历史的演进变化。

如果将每节课看作一个整体,我们可以按照功能结构的不同,将组成课的各个部分划分为课文系统和辅助系统。两个版本的教材在每一课的结构呈现上也有很大的不同。首先,旧教材的课文系统由基本课文和辅助性课文两部分组成。而统编版教材取消了辅助性的小字部分,对原有的小字内容进行筛选整合和适当取舍,一并编进了正文当中。

活动课由于内容丰富多样,为师生创造了生动活泼的教、学形式。但在具体实施过程中,由于资源分配及地方差异,一些学校在硬件设施的配备上也难以满足需要。

---

[1] 黄家琪.新编初中历史教材教学对策研究——以七年级下册历史教科书为中心[D].西安:陕西师范大学,2019:1.

统编版教材考虑到具体教学实际,每本教材只有一节活动课。

旧教材在最后设置了中国历史纪年表、好书推荐、历史学习网站推荐等。考虑到网络的飞速发展,统编版删去了一些众所周知获取资源的途径,只保留了中国历史纪年表。

总体来看,统编版教材以马克思主义唯物史观为指导进行编写,以社会主义核心价值观为导向,充分渗透了历史学科核心素养的基本理念。在结构设置上,统编版教材将中国古代史、中国近代史、中国现代史、世界古代史、世界近代史、世界现代史这六大内容板块按照历史发展的基本线索,从古至今依次讲述,采用"点-线"结合的方式呈现。在教材的栏目设置上,共有目录、单元导言、课前导言、课文系统、课文辅助系统、活动课、大事年表这几个板块。统编版教材在选材上更加慎重,精选了能对学生终身发展有益的内容,删去了一些不影响历史发展主线的内容,为学生减轻了不少负担。

(三)教情分析

教学实践中,教师在使用统编版方面存在诸多困难。这反映了当前教师普遍存在的几个问题:第一,"唯知识"的教学模式,只关注教材的知识点和考点,没有厘清教材内容增删变化的内在原因。第二,部分教师旧的教材观根深蒂固,一些教师秉承"教"教材的传统观念,将旧的教学理念、教学方法、教学评价代入统编版教学中,换汤不换药。第三,没有把握教材资源与课程资源的关系,盲目追求课堂教学的丰富性和设计感,忽略了教材本身的教学价值。

在新的教学形势下,教师教学质量亟待解决的问题有以下几点:第一,核心素养的把握问题。目前,在基础教育领域,各个学科基本都形成了符合学科特点的核心素养,但正确把握教材内容,在教学中落实核心素养依旧是广大一线教师的难题。第二,教师教学观念的问题。部分教师重视知识的教学,轻视思维能力的培养。第三,教师专业能力的问题。统编版具有鲜明的时代特点,在内容和结构上也与以往不同,因而给教师使用教材、落实核心素养带来了不小的挑战。

总之,统编版教材的内容结构无不体现着学科核心素养的要求,如何更好地研究教材,在教学中落实核心素养,还需要我们认真研究和探索。但只要秉承历史教育的价值功能和育人目标,无论核心素养的概念如何变化,历史教育实现价值引领、思维启发、品格塑造的目的就不会变。

(四)学情分析

历史是一门综合性人文学科,通过学习历史,学生可以从过去的政治、经济、地理环境、科技文化等方面认识、理解社会的发展规律,提高自身能力,达到全面提升人文素养的目标。

处于义务教育阶段的初中生,虽然对一切事物充满着好奇心、探究欲望和学习热情,但因年龄和心理原因还没有发展成熟,所以导致已有的知识储备还不丰富。在实际教学过程中,教师容易将适合高中甚至大学阶段的历史知识、学习历史的技能与方法等不加选择地呈现给学生,使义务教育阶段的历史课程出现专业化、成人化的错误倾向。因此,课程教学设计要从学生的年龄特征和认识水平出发,在课程内容上必须选择处于历史发展主线、反映历史发展趋势的重要史事,培养学生学习历史的最基本的方法和技能。

总之,只有适合学生年龄段的课程目标加上适合学生学习的实施方案,才能使学生取得良好的学习效果。

二、育人目标建构

历史教学应以全面发展为中心,系统构建历史学科课程,不仅注重基础知识和概念,更强调学科结构、方法和学生学习活动,挖掘逻辑、情感、态度和价值观,突出历史学科的育人价值,关注学生素养的整体培养。全息育人理念下的历史学科课程与传统历史教学不同,注重师生互动、学生主体、教师主导和多样化的教学方式。

教师应准确理解统编版编写意图,将其转化为适合不同地区和学生的历史学科课程。建议历史教研组在编写课程时,充分考虑教育目标、学生学习经验、课程实施和地区、学校的课程资源等因素。

首先,要整体设计本校的历史课程。为了有效地推进中学历史教学,需要整体设计课程,并结合地域特色和学校实际,制订实施计划和评价方案,形成整体实施方案。历史学科的逻辑性和系统性都是构建历史学科课程的重要因素。在课程设计中,需要统筹不同年级的历史教学内容,实现相关内容的交叉渗透和有机衔接。例如,学习中国古代史内容可以适当拓展世界古代史内容,加强对中华文明特质的理解。其次,要充分利用好教材,按照学生的认知规律和学科内容体系设计历史学科课程。课程设计应该注重逻辑性和系统性的统筹兼顾,使三个年级的历史教学逐层递进。历史学科的逻辑性包括事实判断、成因判断和价值判断,这构成了学习历史的三个重要任务,即梳理史实、建立联系、体悟价值。历史学科内容的系统性是指历史事件的发生并不是孤立的、单一的,而是相互联系的复杂系统,涉及政治、经济、思想文化等多个方面。最后,要注意不同地域特点和学校实际,例如本地历史乡土资源、历史博物馆和历史文明遗址等都应该纳入课程方案予以考虑,使课程设计充分体现区域和校本特色。整体把握历史学科内容的逻辑性和系统性,有助于建构历史学科课程,实现国家课程规划校本化实施。

学生学习历史的最终目的是能够从历史中把握时代精神,吸取历史智慧,得到价值引领。初中历史教学担负着传承中华优秀传统文化、培育青少年社会主义核心价值观的使命。教师在深刻领会历史教学的育人目标后,要注意善于创造历史情境,引发学生思考,从而发掘教材内容的隐性价值,使学生深刻领会历史教材所蕴含的各个时代的主体思想以及重要启示。

三、育人活动设计

历史课程应以全面发展为中心,系统构建课程,注重基础知识和概念,强调学科结构、方法和学生学习活动,挖掘逻辑、情感、态度和价值观,突出历史学科的育人价值,关注学生素养的整体培养。全息育人理念下的历史学科课程与传统历史教学不同,注重师生互动、学生主体、教师主导和多样化的教学方式。

教师应准确理解教材的编写意图,将其转化为适合不同地区和学生的历史学科课程。建议历史教研组在编写课程时,充分考虑教育目标、学生学习经验、课程实施和地区、学校的课程资源等因素。

第一,要整体设计本校的历史学科课程。为了有效地推进中学历史教学,需要整体设计课程,并结合地域特色和学校实际,制订实施计划和评价方案,形成整体实施方案。历史学科的逻辑性和系统性都是构建历史学科课程的重要因素。在课程设计中,需要统筹不同年级的历史教学内容,实现相关内容的交叉渗透和有机衔接。例如,学习中国古代史内容可以适当拓展世界古代史内容,加强学生对中华文明特质的理解。同时,要充分利用好教材,按照学生的认知规律和学科内容体系系统设计课程。课程设计应该统筹兼顾逻辑性和系统性,使三个年级的历史教学逐层递进,浑然一体。历史学科的逻辑性包括事实判断、成因判断和价值判断,构成了学习历史的三个重要任务,即梳理史实、建立联系、体悟价值。历史学科内容的系统性是指历史事件的发生并不是孤立的、单一的,而是相互联系的复杂系统,涉及政治、经济、思想文化等多个方面。要注意不同地域特点和学校实际,例如本地乡土文化资源、历史博物馆和古迹遗址等都应该纳入课程方案予以考虑，使课程设计充分体现区域和校本特色。整体把握历史学科内容的逻辑性和系统性，有助于建构历史学科课程，实现国家课程规划校本化实施。

第二，整合课程理念，组织教学实施。初中历史课程整合强调教材内部知识的整合、不同学科间内容的整合和文本学习与社会生活的结合。教师除了要重视教材内部知识的结构化、体系化，还要重视同一年级不同学科知识的联系，以学科整合的理念加强教材内容的综合呈现，引导学生将书本内容与生活实践联系起来，发挥历史学科的现实导向功能。如学习唐朝的历史，可以将历史事件线索与唐代文学联系起来，通过不同时期唐诗的内容、艺术风格加深对唐朝历史发展的理解。历史与语文、地理、政治的关系十分密切，不同学科内容相互启发，有助于加深学生对内容的理解。历史学科课程的实施还可以与学生的综合实践活动课程相衔接，如开发研学旅行课程等，增强学生的价值认同、责任担当，提高学生的问题解决能力。

第三，突出教学环节的活动设计。教师要纠正传统教学重视教师讲授、轻视学生活动的错误倾向，采用启发式、探究式、研究式等方式进行教学，创设历史学习情境，让学生成为学习的主人；在教学组织中教师要根据历史学科特点，充分利用好教材的主体内容和辅助栏目，适当拓展历史史料，让学生不断提高以史料实证和时空观念分析历史问题的能力。如"材料研读"和"相关史事"介绍了大量的史料，教师可以引导学生研读、思考，提高学生的历史学科素养。教材中《丝绸之路路线图》《汉代海上丝绸之路》《宋代海外贸易图》等图，具有非常丰富的史料价值，教师可以引导学生观察分析，有利于培养学生的历史时空观念，同时也能在情感态度与价值观上增强对改革开放特别是今天中国"一带一路"设想的历史认同。教师要善于营造多样化课堂形态，以历史剧表演、课堂讨论、历史问题辩论会等形式提高学生学习历史的兴趣。通过组织学生参观博物馆或爱国主义教育基地、观看影片、采访历史见证者、编写历史小报、参加演讲比赛等活动，增强学生感性认识，培养学生创新精神和实践能力。

四、育人资源选择

义务教育阶段的历史课程具有思想性、人文性、综合性、基础性特点，具有鉴古知今、认识历史规律、培养家国情怀、拓展国际视野的重要作用。以人类的优秀历史文化陶冶学生的心灵，帮助学生客观认识历史，正确理解人与社会，人与自然的关系，提高人文素养，逐步形成正确的价值趋向和积极向上的人生态度，适应社会发展的需要。而经典史学书籍无疑是教师用以丰富课堂文化底蕴的重要资源，因此，加强学生的史学阅读是实现历史学科育人价值的重要途径之一。

史学阅读是指以历史相关的文献资料为阅读对象,以获取历史知识和信息,感受历史现场,总结历史规律为目的的阅读行为。当前初中生获取历史知识和信息的渠道主要来自教材,教材结构简单,内容比较单一,限于篇幅,教材呈现的历史知识也相对有限和简略,而史学阅读包括原始文献资料、史书典籍、学术著作和文章等,像一个庞大的资源库,教师根据教学目标,合理选择和引用素材,将其引入课堂或者作为课外读物推荐给学生。在课堂上,教师引导学生阅读并分析文献资料,从而理解历史现象,得出历史结论。这改变了以往传统历史课堂学生被动接受结论的局面,体现了学生自主探究和思考的过程。而在课余时间里,学生在好奇心和兴趣的驱动下,自主选择或在教师指导下选择历史类书籍进行阅读,加深对历史知识的理解,获取了教材及课堂以外的历史知识,满足了自我的发展需要。

随着文献资料在历史教育中的价值被普遍认同,教材中的文献资料的比重有所增加。统编版在利用文献资料开展史学阅读方面有了很大的突破。首先,在栏目设计上,增加了史学阅读的板块。除了正文和插图部分,还设置了课前导读、相关史事、材料研读、人物扫描、问题思考、课后活动、知识拓展、注释等辅助栏目板块。在这些栏目板块中,不少素材是史学典籍、文学作品、社会学和科学著作的节选或者改编。这些片段化的素材,在很大程度上丰富了内容,开拓了学生的视野,扩容了单一课时的历史信息和知识,也使得教材的风格更加活泼生动,更加符合初中生的学情。在初中历史教学中,学生史学阅读能力的培养要依靠广大的一线教师。以教材为主的课程资源是教师手中的装备,而教学设计就是教师在课堂上落实培养任务的战略书。在教学设计中如何合理、高效地利用阅读文本开展教学,是一线教师需要努力的方向。

在对初中历史教学基本情况形成全面认识的基础上,要想改善教学现状,培养学生的历史素养,为学生的全面发展奠定基础,就应该结合历史教学内容进行系统研究,并基于信息技术的应用确定科学合理的教学方案,为信息技术作用的发挥创造良好的条件。

第一,转变教学理念,在课堂教学活动中加强对信息技术的应用,针对信息化教学进行深入研究和探索,将信息技术和信息资源融入课堂教学的方方面面,实现教学内容和信息技术的有机融合,保证最大限度兼顾教学内容、教学对象和教学环境的要求,提高信息技术教学效果,进而制定科学合理的教学改革方案,真正突出学生的主体地位,促进课程教学目标的逐步实现[①]。例如针对"贞观之治"这一部分的教学内容,按照传统的教学方法,教师无法形象化地讲解"贞观之治"各项政策措施的落实情况和效果。针对这一问题,教师引入信息化教学模式,一方面为学生播放与"贞观之治"各项政策相关的视频,让学生能够形成形象的认识,另一方面,为了让学生在特定的环境中产生对历史知识的深刻理解,教师在计算机平台上完成对贞观年间政治体制的模拟和各项政策运行情况,让学生能够在模拟场景中深切的感受到贞观年间社会情况和政治体制情况等,辅助学生对这部分内容的深入理解[②]。

第二,搭建在线教育平台,教师在对初中历史教学活动进行改革创新的过程中,也可以将网络教育和传统教育进行有机整合,并且借助信息技术优化教学设计活动,保证能够将线上线下教学有机融合在一起,增强课堂教学设计的科学性和合理性,为学生系统学习历史知识奠定坚实的基础。首先,借助微课程教学和网络教学引导学生课前自主学习,为学生课堂深入学习相关知识做准备。如在组织学生学习"八国联军侵华战争"相关内容的过程中,教师为学生提供相关视频,组织学生在课前完成预习活动,并且要求学生在网络上将课前预习环节不理解的知识点提出,与其他同学共同交流,并接受老师的指导,增强学生的学习有效性,为学生在课堂上对这部分知识进行深入探索做准备。其次,对教学活动进行优化设计,实现对教学资源的整合应用。教师也要对课堂教学活动进行适当的调整,在整合历史信息技术教学资源的基础上充实教学内容,保证学生的学习效果。如在课堂教学活动中,结合八国联军侵华战争的史实以及学生课前学习效果,教师在课堂环节一方面对学生课前自主学习情况进行整合分析,讲解学生在自主学习过程中遇到的困惑[③]。最后,借助信息技术的应用对教学内容进行拓展延伸,引导学生结合网络资源深入探索出现"八国联军侵华战争"的多重影响因素以及"八国联军侵华战争"的必然性,保证学生结合小组讨论探究能够对这部分历史知识形成更为明确的认识,提高教学效果。

第三,构建信息化评价系统,促进多元化教学评价的落实信息技术在初中历史教学活动中的应用不仅体现在课堂教学活动中,也与教学评价活动存在一定的联系。

[①] 陈媛.新课改背景下中学语文信息化教学策略探究[J].课程教育研究,2016(8).
[②] 崔凤英.初中数学教学中信息化教学策略的应用[J].课程教育研究:学法教法研究,2017(29).
[③] 赵安庆.大数据变革信息化教学环境下的中学历史微课程模式实施策略及实践意义[J].新课程教学:电子版,2014(6).

第四节 教学设计案例及分析

一、案例1：八年级上册《新文化运动》教学设计

(一)教学设计

表3-1 《新文化运动》教学设计

\multicolumn{4}{c}{《新文化运动》教学设计}
课名	\multicolumn{3}{c}{新文化运动}
课型	新课	\multicolumn{2}{c}{1课时}
教材分析	\multicolumn{3}{l}{　　本课是八年级上册第四单元的第1课，作为"新民主主义革命的开始"这一单元的开篇之课，既承接了上一单元"资产阶级民主革命与中华民国的建立"的相关内容，又为下两课《五四运动》和《中国共产党诞生》打下了坚实基础，具有承上启下的作用。 　　从教材内容上看，本课内容分为两个子目，分别介绍了新文化运动的兴起、新文化运动的内容与意义，线索清晰，符合学生认知规律，有利于学生认识、了解新文化运动。但新文化运动的背景知识涉及较少，需要教师在教学过程中补充相关史料。同时，教材对于新文化运动意义的介绍较为表面，不利于学生理解新文化运动对历史进程的重要影响，因此教师应当基于三维目标培养要求重构教学叙事方式，生成"新文化运动之重铸国魂，从缘起到良方再到回响"的新线索，进行主题式教学，培养学生的家国情怀。}
学情分析	\multicolumn{3}{l}{　　八年级的学生虽然掌握了一些历史基础知识，学习能力有了一定的提高，但仍未掌握科学的学习方法，学习的自觉性较差，阅读史料能力有限，缺乏分析和归纳能力。根据学生的思维特征和认知基础，教师在教学过程中，通过图片、影像等历史资料因势利导、不断启发，又要通过研讨历史材料，使学生学会获取和处理有效历史信息，培养学生"论从史出，史论结合"的历史思维，学会全面认识、评价历史事件的方法。}
育人目标	\multicolumn{3}{l}{　　通过学习学生认识到，新文化运动是我国历史上一次空前的思想大解放运动，民主与科学是新文化运动的两面旗帜；了解新文化运动主要代表人物，让学生感受到先进知识分子崇高的社会责任感和在反封建斗争中的先锋作用，激发学生勇于创新、积极进取的精神，增强热爱祖国、建设祖国的历史使命感，形成正确的道德观、人生观和价值观。}
学习重难点	\multicolumn{3}{l}{教学重点：新文化运动的内容与影响。 教学难点：新文化运动兴起的原因。}
\multicolumn{4}{c}{教学过程}
环节	教学内容	教师活动	学生活动	设计意图（育人点及育人效果预期）

续表

《新文化运动》教学设计				
课题导入	提出问题：1.中国在近代化历程中有哪几次探索？2.视频中提出振兴中华的途径是什么？ 播放视频《重铸国魂——新文化运动》。	同学们，自鸦片战争以来，面对严重的民族危机，有一群先进的中国人为了找到救国之路，不断探索。下面我们一起带着屏幕上的两个问题来观看视频。 师：同学们已经看完视频了，谁来回答第一个问题，中国在近代化历程中有哪几次探索？ 师：这些尝试的结果都怎么样？ 师：这些尝试在技术和制度层面都没有成功，但仁人志士依然没有放弃，他们继续探索挽救中国的希望之路，视频中提出振兴中华的途径是什么？ 师：是的，要重铸国魂，什么是国魂？ 今天我们就一起走进新文化运动，了解先进的中国人为什么要重铸国魂？如何重铸国魂？重铸国魂带来了什么影响？	观看视频，回答问题。 生：洋务派的洋务运动、维新派的戊戌变法、资产阶级革命派的辛亥革命。 生：都失败了。 生：刷新国民的观念，重铸国魂。	以视频导入，设置疑问，激趣凝神。 结合前面学过的内容，将洋务运动、戊戌变法、辛亥革命的知识联系起来，厘清中国近代化的发展历程，有利于帮助学生搭建完整、有机的知识结构体系；从已学知识切入本课主题——重铸国魂。
新课教学	【第一篇章】重铸国魂之缘起	看镜头一，有请第一组代表展示你们的讨论结果。 师：第一组观察得很仔细，回答得很好！民主共和的理想和专制独裁的现实发生了激烈的冲突。 鲁迅的小说《药》影射了辛亥革命时期人民的思想状态。 看镜头二，有请第二组代表发言。 师：可悲的是，血馒头竟是用为百姓抛头颅、洒热血的革命志士的鲜血做成的，可见当时的中国仍存在愚昧、迷信、专制等封建思想的残余，同时国民也是自私而冷漠，只知道有家不知道有国。 继续看镜头三，有请第三组代表作答。 师：第三组同学抓住了材料的关键内容，是封建旧的道德礼教害死唐氏，什么是旧道德？ 看镜头四，有请第四组代表分享。 评价：第四组同学回答得很不错。 师：文言文深文奥义，难以读懂。不利于新文化新思想的传播，妨碍社会进步。	请同学们看学案第一篇章《重铸国魂之缘起》中的四个镜头，分组讨论，寻找原因。 有请每一组代表展示组里的讨论结果。 生：愚昧、迷信、旧道德、旧文化。	对新文化运动的背景进行史料补充，有利于加深学生对于新文化运动爆发原因的认识，落实双基教学目标。 分析新文化运动兴起背景的相关材料，感知新旧思潮的激烈碰撞，使学生能够按照时空要素，建构历史事件、历史人物、历史现象之间的相互联系。

		《新文化运动》教学设计		
		通过以上探究，我们知道当时社会出现的问题有哪些？ 师：莽莽神州，需要彻底荡涤封建旧文化的毒害；堂堂华夏，急需一场思想文化领域的革新！ 在20世纪初，一群先进的中国人担负起重建民族文化心理的历史使命，寻找良方，重铸国魂。 ——一本唤醒民智的刊物。 师：一本唤醒民智的刊物指的是什么刊物，创刊的时间和地点又分别是什么？ 师：1915年陈独秀在上海创办《青年杂志》，正式吹响了新文化运动的号角。 （屏幕展示：《青年杂志》封面） 师：根据图片，我们还可以看到《青年杂志》的封面上方是法语的"青年"一词。 陈独秀先生在《青年杂志》创刊号上发表的第一篇文章是什么？ 师：这样的封面设计和内容安排，表明陈独秀将满腔的希望寄托在谁的身上？ 师：请同学们齐读这一段文字，看看陈独秀先生心目中新青年的样子！	阅读教材相关内容。结合屏幕上的"四个一"，回答他们是如何调配良方的。	学生提前预习，对新文化运动的时间、开始标志以及代表人物等记忆性知识进行梳理。 通过教师点拨，学生对新文化运动时期一本唤醒民智的刊物——《新青年》更为了解，得出青年是祖国的未来，民族的希望的结论。教师鼓励同学们也要成为这样的青年，承担起时代赋予的重任。
	【第二篇章】重铸国魂之良方	屏幕展示：《敬告青年》（1915年9月） 陈独秀 一是自主的而非奴隶的；二是进步的而非保守的； 三是进取的而非退隐的；四是世界的而非锁国的； 五是实利的而非虚文的；六是科学的而非想象的。 ——《青年杂志》（第一卷） 师：青年是祖国的未来，民族的希望，希望同学们也能成为这样的青年，承担起时代赋予的重任。 师：《青年杂志》中间还经历了一次改名，从第二卷起改名为什么？ 师：这再次体现了陈独秀对青年的呐喊，对时代的呼唤。《新青年》也成为新文化运动最为重要的阵地之一。 ——一所思想自由的学府。 ——一所思想自由的学府指的是哪里？ 师：北京大学是新文化运动的又一个重要阵地。提到北大，我们就不得不提到他当时的校长，你们知道是谁吗？ 师：为了塑造新北大，蔡元培不辞辛苦地聘请来了一批才华横溢的学者来北大任教。 ——一群才华横溢的学者。 ——一群才华横溢的学者指的是哪些人？ （屏幕展示油画《北大钟声》）	同学们齐读《敬告青年》这一段文字。	

续表

		《新文化运动》教学设计		
		师：是的，这些人就是新文化运动的代表人物。还有一位值得注意的教授，他就是学贯中西、推崇国学的辜鸿铭先生。这些北大教授的穿着打扮有什么不同？ 师：同学们观察得很仔细！北大不仅包容了旧学代表和拖长辫、穿长袍的前清遗老，也包容了接受新文化、新思想的进步青年。这体现了蔡元培什么样的办学方针？我们在"人物扫描"辅栏找答案。 师：以陈独秀、胡适、鲁迅、李大钊为代表的知识分子，大力宣传西方的民主和科学思想，同尊孔复古思想展开了激烈的斗争。这使北大释放出勃勃生机，为中华民族的国魂重铸注入了新的精神元素。 　　蔡元培以校长身份领导一所大学，对一个民族，对一个时代起到了转折的作用。 　　（屏幕展示：一个人改变了一个学校，一个学校改变了一个民族的命运） 师：《新青年》吹响了新文化运动的号角，北京大学点燃了新文化运动的火炬，一批才华横溢的学者发出那一声声重铸国魂的呐喊，他们在呐喊什么呢？ 师：他们的呐喊是通过什么形式表现出来的？ 师：比如陈独秀用写《本志罪案之答辩书》来表达自己的观点。 　　请同学们看屏幕上的这段材料。 　　（屏幕展示材料：西洋人因为拥护德、赛两先生……才渐渐从黑暗中把他们救出来……只有这两位先生，可以救治中国政治上、道德上、学术上、思想上一切的黑暗。 　　——陈独秀《本志罪案之答辩书》） 师：德先生、赛先生指什么？为什么要拥戴两位先生？ 师：民主和科学的英文为Democracy、Science，由它们的词头译音组成"德先生""赛先生"，你知道民主和科学指的是什么吗？		以小切口呈现大历史，加深学生对北京大学成为新文化运动另一重要阵地原因的理解；同时，向学生传递北京大学"学术自由、兼容并包"的治学理念，有利于学生体会新文化运动时期民主自由的思想氛围，培养学生的家国情怀，在情感态度与价值观层面落实教学目标。 　　陈独秀的文章片段提炼出新文化运动时期提倡与推崇的民主、科学思想的观点，让人感受民主、科学对于时代进步的重要意义。另外，通过史料解读、教师点拨等形式，促进学生对新文化运动的理解，有利于学生加深印象。

续表

		《新文化运动》教学设计		
		师：所谓科学，就是讲究自然科学法则、科学精神和科学方法，摒弃愚昧迷信，用科学和理性的眼光去判断世间万事万物，从而做到真正的思想解放。 当时为了更好地诊治国人的思想，有人决定弃医从文。他是谁？ 师：在鲁迅的代表作《狂人日记》中，他把批判的矛头指向了什么？ （屏幕展示材料：我翻开历史一查，这历史没有年代，歪歪斜斜的每页上都写着"仁义道德"几个字。我横竖睡不着，仔细看了半夜，才从字缝里看出字来，满本都写着两个字是"吃人"！ ——鲁迅《狂人日记》《新青年》（第四卷第五号）） 师：鲁迅将手中的笔化作最锋利的刀，直指吃人的封建礼教，抨击旧道德、旧文化。 同学们根据屏幕上的材料，分析他们提倡什么样的新道德呢？ （屏幕展示材料：近世西洋之道德政治，乃以自由、平等、独立之说为大原，与阶级制度极端相反，此东西文明之一大分水岭也。） 师：除了写文章之外，辩论也是他们呐喊的重要方式。当时在北京大学进行了一场辩论，同学们，老师在课前布置了角色扮演的活动，请同学上台展示。 （屏幕展示问题：1.该辩论主要讨论的是什么问题？2.从辩论中能够看出胡适观点是什么？） 师：同学们表演得真好，既体现了当时的氛围，又展现了新文化运动干将的气度，请大家把掌声送给他们！下面请同学回答屏幕上的问题。 师：对，那为什么他主张以白话文代替文言文？ 师：白话文通俗易懂，有利于新文学的传播。为了进一步地表达他的观点，1917年，胡适发表《文学改良刍议》。 （屏幕展示《文学改良刍议》的内容） 师：胡适主张文体形式以白话文作为新文学的语言；强调文体内容须言之有物，不模仿古人，不做无病之呻吟。	课前布置角色扮演的活动，上课时请部分同学上台展示。其他同学们在观看过程中思考两个问题。	角色扮演，再现新文化运动时的场景。使学生切身感受到新文化运动中的主要代表人物在反封建斗争中表现出的无畏的探索真理的精神，激发学生建设中国特色社会主义的使命感。

续表

		《新文化运动》教学设计		
	【第二篇章】重铸国魂之良方	他的主张得到了陈独秀的肯定,陈独秀发表《文学革命论》。 （屏幕展示《文学革命论》的内容） 　　请同学们找一找陈独秀认为应该怎样来改变文学的表达内容呢? 　　师:文学革命提倡新文学,反对旧文学,促进新思想、新文化的传播。文学革命成为新文化运动的突破口,使新文化运动从"小众"扩展到"大众",为新文化运动打开了新局面。 　　现在,让我们再次聆听一声声重铸国魂的呐喊,总结新文化运动的内容。 （屏幕展示新文化运动主要内容图示） 　　师:新文化运动抨击专制、提倡民主,抨击迷信、提倡科学,抨击旧道德、提倡新道德,是一场思想革命,而反对旧文学、提倡新文学又是一场文学革命。 　　那么,新文化运动"新"在哪里? 　　师:对,新文化运动就新在宣传资产阶级文化思想,这是中国近代化在思想文化方面的探索。值得注意的是,新文化运动不但宣传了资产阶级文化思想,到了后期,作为新文化运动的领军人物,李大钊更是扛起了在中国宣传马克思主义的大旗。这些都为我们提供了重铸国魂的铸魂良方。 　　拥有铸魂良方的我们,让原来在象牙塔中的德先生和赛先生来到了普通大众身边。新文化运动像是幽暗的山谷中发出的振聋发聩的巨响,给当时及后世都留下无法忽视的震动……		师生共同总结新文化运动内容,对重点内容加深记忆,落实教学。 　　得出新文化运动"新"在哪里的结论。最后,点明新文化运动对于后续历史的影响,为后续相关课程的讲授做好铺垫。

续表

《新文化运动》教学设计			
【第三篇章】重铸国魂之回响	评价:同学们讨论得很激烈,观点也是满满的正能量!先请第一组派代表发言! 师:同学们能根据图片结合已学知识分析,做得很好。新文化运动旗手们的大声疾呼,也让始终处在社会最底层的悲苦女性"发现了自己",她们毅然决然地打破封建旧道德、旧礼教的桎梏,走出家庭,走进学校,走向属于自己的独立人生,融入社会进步的洪流。 请第二组同学派代表根据材料,归纳新文化运动的影响。 师:当时一大批新青年,接受了民主与科学的洗礼,促进了他们的思想觉醒,带领中国进入革新的时代。 师:下面有请第三组代表分享你们的成果。 师:新文化运动为随后爆发的五四运动起到了思想宣传和铺垫的作用。年轻学生开始追求有价值有意义的人生,面对民族危机,他们勇敢承担起维护国家主权的责任和使命,将个人命运与国家命运紧紧联系在了一起。 (屏幕展示新文化运动影响) 师:新文化运动打破了封建道德礼教的统治地位,给国人以民主和科学的思想洗礼,引领他们勇敢追求自由独立的人生,为之后的中国革命起到了思想宣传和铺垫的作用,掀起了一股思想解放的潮流。 请同学们记住,新文化运动的性质就是中国近代史上一次空前的思想解放运动。 回望百年前的这段历史,在激情澎湃之余,我们更应该多一些深刻的认识和冷静的思考。请第四组同学根据材料分享你们的思考。		材料研读,论从史出。教师组织学生阅读学案中给出的材料,总结归纳新文化运动的意义。 通过组织学生小组交流后展示本组讨论成果,提高学生的交流表达能力。 补充相关史料,使学生对新文化运动对待传统文化的态度有更全面的理解,让学生用辩证态度看待新文化运动,从新文化运动中学会一分为二、客观评价历史事件的方法。 同学们根据学案上的4组材料,分组讨论、合作探究重铸国魂的影响。 学完本课,请同学们各抒己见。

续表

	《新文化运动》教学设计		
	师：对，这组同学看问题很全面。我们要辩证地、一分为二地看待问题，不能全盘肯定或者全盘否定。要不忘本来、吸收外来、面向未来，用传统文化和新文化共同构筑起文化自信，使之成为中华民族发展的持久力量。 　　学完本课请同学们各抒己见，新文化运动的干将们给我们留下哪些精神财富？请同学们自己思考一下，再来作答。 　　师：哲人已逝、精神永存，民主、科学、爱国、奉献、责任、担当……，我们也要有这样的家国情怀！		通过新文化运动主要代表人物的学习，让学生感受先进知识分子崇高的社会责任感和在反封建斗争中的勇敢精神和先锋作用，激发学生勇于创新、积极进取的精神，增强热爱祖国、建设祖国的历史使命感，形成正确的道德观、人生观和价值观。
课堂反馈	本课的教学以史实为基础，以视频为导入，以问题为载体，以重铸国魂为主线，以史料为实现方式。师生互动，生生互动，经过课堂全体参与者的阅读、思考、讨论、分析，每个学生都经历了主动获取知识、应用知识、解决问题、完善情感、升华人格的自主学习过程。学生能根据教材内容和老师给出的史料总结新文化运动的内涵、特点，体现了教师的主导作用和学生的主体作用。教师采用分组讨论、合作探究的形式，活跃课堂气氛，使学生对新文化运动的缘起和影响都有更深入的了解。		
课堂小结	屏幕展示内容：青年兴则国家兴，青年强则国家强。同学们，我们不应忘记正是这样一批新文化运动的干将们，唤醒了国民精神的觉醒，给我们留下丰富的精神财富，重建了民族文化心理，成就了民族精神、民族魂魄，重铸国魂！		
作业布置	观看新文化运动相关的纪录片，收集新文化运动相关史料，以"我与新文化运动"为题撰写历史短文。 　　要求：文体不限、主题鲜明、逻辑严谨、表达清晰。		
板书设计	重铸国魂 　　——第12课　新文化运动 第一篇章　重铸国魂之缘起 第二篇章　重铸国魂之良方 第三篇章　重铸国魂之回响		

（二）教学设计分析

1. 确定教学立意。

明确《课标》要求，分析教材地位，阅读相关史料、书籍，确立主旨——重铸国魂。

新文化运动前，国家仍存在愚昧、迷信、专制等封建思想的残余，一群先进的中国人用西方的"民主""科学"，启发国民新的伦理道德意识，培养国民的独立人格，担负起重建民族文化心理的历史使命，寻找良方，重铸国魂。于是，确定"重铸国魂"为本课主旨。

2. 整合教材，重构叙事方式。

本课内容分为两个子目，分别介绍了新文化运动的兴起、新文化运动的内容及意义，逻辑清晰，符合学生认知规律，有利于学生认识、了解新文化运动的主要内容。但因为本课新文化运动背景方面的知识涉及较少，需要教师在教学过程中补充相关史料，同时，教材对于新文化运动意义的介绍较为表面，不利于学生理解新文化运动对历史进程的重要影响，因此教师应当基于三维目标培养要求重构教学叙事方式，整合教材生成新文化运动的叙事。我以"重铸国魂"为核心，以"缘起——良方——回响"为主线，对教材进行重新整合和有效拓展。

3. 围绕主旨，精选史料。

笔者精选了一些新文化运动背景的史料，让学生像是真的回到20世纪初期新文化运动前的民国。

关于新文化运动的影响，笔者同样引用了一些情境性史料。随着时空场景的迁移，学生走进了新文化运动后的民国，他们似乎目睹了一群男女青年的华丽转身，他们毅然决然打破封建旧思想的桎梏，走出家庭，走进学校，走向属于自己的独立人生，融入社会进步的洪流。面对民族危机，勇敢承担起挽救民族危亡的责任和使命。

前后两段史料的对比，让学生在时空变化中，感受到历史是动态发展的过程，也更加深刻领悟到新文化运动的干将们唤醒了国民精神，给后人留下了丰富的精神财富，重建了民族文化心理，成就了民族精神、民族魂魄，重铸了国魂！

4. 冲突性史料，挖掘内涵。

对待中西方文化态度这一问题，需要挖掘冲突性材料。最后得出我们要辩证地一分为二看待问题，不能全盘肯定或者全盘否定的结论。要不忘本来、吸收外来、面向未来，用传统文化和新文化共同构筑起文化自信，使之成为中华民族发展的持久力量。

本课教师为主导，学生为主体的理念得到充分体现。除了传统的启发式问答教学，还增加了分组讨论以及角色扮演等形式，让同学们体会到参与课堂学习的乐趣，让每名同学在本课学习过程中都有所收获。

5. 回归本真，培养家国情怀。

教师展示寄语，希望同学们能继承新文化运动的"民主、科学、爱国、奉献"的精神，做21世纪的新青年，开创一个新的时代！

（本案例由朝阳中学许颖提供）

二、案例2:九年级下册《罗斯福新政》教学设计

(一)教学设计

表3-2 《罗斯福新政》教学设计

\multicolumn{4}{c	}{《罗斯福新政》教学设计}
课名	\multicolumn{3}{l	}{第13课 罗斯福新政}
课型	新课	\multicolumn{2}{l	}{1课时}
教材分析	\multicolumn{3}{l	}{　　一战后,国际局势相对稳定,主要资本主义国家的经济,尤其是美国的经济繁荣发展,但繁荣的表象下隐藏着危机,最终导致经济大危机的爆发。 　　经济大危机爆发后,胡佛总统依然奉行自由主义经济政策,使得危机不断加重。罗斯福上任后,宣布实施新政。罗斯福新政加强了美国政府对经济的宏观调控能力,使美国逐渐走出危机,对资本主义世界产生深远影响。}
学情分析	\multicolumn{3}{l	}{　　初三学生经过两年多的历史学习,具备一定的理性思维能力,能够通过历史现象分析历史问题的本质,但是对世界历史的了解相对较少,特别是本课涉及较多的经济现象和理论,这些都是学生较为薄弱和陌生的内容,更加需要深入浅出,化难为易。因此,本课精选了历史名人、名言名句、生动的图片、影像资料等,用来激发学生的学习兴趣。}
育人目标	\multicolumn{3}{l	}{　　了解经济大危机的根本原因,理解其爆发的必然性,进而形成对资本主义制度基本矛盾的一般性认识,了解罗斯福新政的主要内容,概括罗斯福新政的主要特点,理解罗斯福新政的局限性。 　　对比分析胡佛自由放任政策和罗斯福新政,培养学生比较分析历史问题的能力,进而形成敢于担当、勇于担当的责任意识和精神品质。 　　通过对资本主义发展脉络的梳理,理解资本主义经济从繁荣到危机再到新政的过程,以及在自我扬弃中调整创新的内在逻辑,认识到国家治理应该因时而变,顺势而新。}
学习重难点	\multicolumn{3}{l	}{教学重点:经济大危机的特点;罗斯福新政的内容及影响。 教学难点:经济大危机的原因(资本主义制度的基本矛盾);罗斯福新政的影响(国家干预政策对西方经济发展的影响)。}
\multicolumn{4}{c	}{教学过程}
环节	教学内容	教师活动	学生活动	设计意图 (育人点及育人效果预期)
课题导入	20世纪30年代:高速发展的经济与工人低下的生活水平的冲突。	播放视频:1936年电影《摩登时代》片段。 　　影片故事发生在20世纪30年代的美国,卓别林扮演的主人公查理是一个普通的工人,生产流水线的高速运转要求他每天发疯般地重复同一个动作:扭紧六角螺帽。结果最后他唯一能看到的东西就是一个个转瞬即逝的六角螺帽。他疯狂工作的目的其实很简单,就是要得可怜的工资填饱肚子,可是就连这个最低要求有时也无法实现。 　　查理的生活状况就是美国那个时代的缩影。于是我们不禁追问,那是一个怎样的时代? 　　引用狄更斯《双城记》中的一句话"这是最好的时代,也是最坏的时代"。	观看电影片段,思考:那是一个怎样的时代?为何是最好的时代,也是最坏的时代?	通过影像资料,引导学生迅速进入历史情境;通过教师解读和设问,进一步激趣,引发学生的好奇心。

132

续表

		《罗斯福新政》教学设计		
新课教学	一、繁荣时代的扭曲，难以规避的离乱	1.20世纪20年代美国经济的繁荣。 展示图片：20世纪20年代，第二次科技革命的成果在这一时期得到普及，带动了美国经济的空前繁荣，新兴产业迅速发展，新兴产品进入大众家庭。在世界大多数地区人们尚不知电熨斗、洗衣机、吸尘器、电冰箱为何物时，美国家庭主妇已将它们买回家作为家庭日用电器使用。 展示历史材料：经济学家告诉人们"现在没有担心的必要，这一繁荣将会继续下去"。 师："空前繁荣"是否真的等于"永久繁荣"？ 师：不是！繁荣的表象下其实隐藏着巨大的危机。危从何来？ 2.繁荣背后的危机。 展示材料：工业产品增长比例与工人工资增长比例、国民财富占有情况。 师：上述表格反映了什么现象？会导致什么问题？ 现象：人民收入的增长远远低于工业产品增长的速度。 追问：生产力在迅速发展，但是工人却相对贫困，请问，工人们创造的财富哪里去了？这会导致什么问题？ 人民购买力不足，生产大于消费，导致生产相对过剩。可是，已经被利润和财富冲昏头脑的资本家没有意识到这一隐藏的矛盾，依然开足马力进行生产，最终导致危机的爆发。 展示材料："一个人只需每月储蓄15美元，并将之购买可靠的普通股票，利滚利，到20年之后，就将有至少8万美元和每月至少400美元投资收入，这是举手之劳，发财的大门敞开着。"1929年初，即使在社交谈话中对投机不赞成或稍加怀疑，都会引起仇怨。在《时代》周刊上发表这样的意见必然会招来攻击，有人会说这个作者妄图抹黑或终止美国的繁荣。 师：上述材料反映了当时美国怎样的社会风气？ 渴望发财致富，盲目乐观。(发财致富成了最大希望，投机活动备受青睐，人们冷静分析事物的能力已丧失殆尽) 贪婪之下，理性的声音永远是微弱的。大量资金进入股票市场，不只是资本家，连普通民众也把有限的积蓄用来购买股票。种种矛盾和迹象都预示着危机的到来。	观察图片，体会20世纪20年代美国经济的繁荣。 思考问题："空前繁荣"是否真的等于"永久繁荣"？危从何来？ 阅读历史材料，分析经济大危机爆发的原因。	观察工业产品增长比例与工人工资增长比例、国民财富占有情况数据图，了解生产与消费关系。资本主义的基本矛盾是经济大危机爆发的根本原因。 阅读反映当时美国社会投机风气的资料，认识到人们的投机活动是经济大危机爆发的重要原因。

续表

		《罗斯福新政》教学设计		
	二、空前严重的危机，自由放任的失败	1.空前的经济大危机。 　　1929年10月下旬，美国股票价格突然暴跌。一场资本主义世界历史上空前的经济大危机爆发了！ 　　何谓"空前"？这次危机与资本主义世界以往的危机不同，有许多新的特点。 　　教师展示表格。 　　师：根据表格内容，概括1929年经济大危机的主要特点。 　　面对这场空前严重的经济大危机，时任美国总统的胡佛及其政府又是如何应对的呢？ 　　2.胡佛政府的应对。 　　面对空前的经济大危机，他说："我国今后100年往哪里走，关键在于恪守美国传统，而不是乱搞什么新花样。" 　　传统是什么：自由主义、个人奋斗。 　　他认为，这次危机和美国过去历次经历的经济危机一样，都应在政府自由放任的情形下依靠市场的自我调节到克服，他和他的政府的责任是尽力保护自由放任的经济制度，反对联邦政府直接干预经济生活。即使不得已而为之，也要尽力限制干预的深度、广度和时间。 　　结果如何呢？胡佛政府是否有效应对了经济危机？ 　　人们失望、无助、恐惧、怀疑，很大一部分人对现有制度丧失了信心。可见，自由放任的政策之下，危机非但没有得到缓解，反而愈演愈烈，引发了社会危机、政治危机。 　　危机到了最困难的阶段，美国政府正在经受考验，资本主义也正在经受考验，西方文明的前途如何，取决于这次考验的结果。 　　危机的严重性促使人们意识到改革的必要性，才能给创造历史的人革故鼎新的机会。	根据表格内容，概括1929年经济大危机的主要特点。 持续时间长、影响范围广、破坏程度重。 根据图片文字材料，了解胡佛生平经历及其自由放任的经济政策密切相关，这些都是罗斯福就任和实施新政的重要背景。	通过表格对比分析，得出经济大危机的主要特点。 　　通过胡佛生平经历的文字材料，了解其个人经历与自由放任政策之间的关联，将历史人物置于特定的历史背景下去考量。 　　阅读经济大危机导致美国社会危机和政治危机的文字材料，理解自由放任政策的失败，为罗斯福的就任和新政的实施奠定了重要基础。厘清历史发展的脉络和历史事件间的因果联系。

续表

《罗斯福新政》教学设计

三、应对危机的新政，国家干预的实践	师：危机之下，首先需要有人站出来。 1932年，作为总统候选人的罗斯福在接受提名的演说中说："唯一让我们恐惧的就是恐惧本身。鼓舞人民战胜危机的信心。美国人民需要的不仅是信心，还有行动！"他继续说："我向你们保证，我对自己立下誓言，要为美国人民实行新政。"最终，罗斯福以绝对优势击败胡佛，当选美国第32任总统。罗斯福就任后，大刀阔斧推行了一系列反危机措施，称为罗斯福新政。 　1.罗斯福新政的主要内容、特点。 　师：关键在于"对症下药"，按照"危机—应对"模式，来学习罗斯福新政的内容。 　展示图片，该图描绘了经济危机爆发后，位于纽约金融中心的曼哈顿大道，旁边就是刚刚建成的帝国大厦。伴随股票价格跌下的还有一个个鲜活的生命。 　据统计，罗斯福就职当天，两千多家银行倒闭，华尔街证券交易所和芝加哥商品交易所正式关门，全国金融的心脏停止跳动，美国整个银行系统开始崩溃。九百万储户失去自己的存款，数以千计的人跳楼自杀。 　（1）金融危机→国会通过《紧急银行法》，整顿银行，恢复银行信用→起到了疏通国民经济生活血液循环系统的作用，为经济的恢复创造了良好的条件，稳定了美国的银行制度。 　材料：失业人数激增，美国有1500~1700万人失业，穷人们想尽一切办法艰难度日，常常食不果腹，衣不御寒。（配图：我只想要一份工作） 　（2）失业危机→推行"以工代赈"：投资兴建大量公共设施，为失业者提供就业机会→建立社会保障制度。 　展示图片：企业间盲目竞争，工业产品积压，为维持价格不惜销毁；人们将牛奶倒入密西西比河。	了解罗斯福生平经历，感受其坚忍不拔的精神品质。 分组合作探究："危机—应对"模式，学习罗斯福新政的主要内容。 列表整理归纳，罗斯福新政的主要特点。 根据图表数据材料，分阶段、多角度分析罗斯福新政的影响。同时结合经济大危机爆发的根源，理解罗斯福新政的局限性。	通过对罗斯福生平经历的介绍（求学、因病残疾、多次竞选等），引导学生感受其坚忍不拔的精神品质。 分组合作探究，根据危机的表现找出对应的新政措施，引导学生加深理解的同时，汲取罗斯福实施新政的历史智慧。 分析"新政"影响及其局限性，引导学生学会辩证看待历史事件的影响。

续表

		《罗斯福新政》教学设计		
		（3）工农业危机：生产大于消费，供给大于需求。如何解决？平衡供求，双管齐下，两手同抓。①加强对工业的计划指导，防止盲目竞争；缓和劳资关系，规定工资工时。②缩减耕地面积，限制农产品产量；稳定农产品价格，政府补贴。 （线索：政府利用整顿银行所掌握的钱款，进行失业救济，启动公共工程，以扩大消费需求。在消费需求有所增加的情况下，恢复工农业的生产，调节供给） 小结：以上就是罗斯福这位全科医生给危机中的美国量身打造的治疗方案。这是与以往"自由放任"的政策明显不同的方案，于是我们称其为"新政"。"新政"之新在何处？国家干预经济就是罗斯福新政最突出的特点。 2.罗斯福新政的影响。 展示材料：1933-1938年美国失业率；1928-1942年美国人均国内生产总值。 （1）1933-1938年，分析美国失业率和人均国内生产总值的变化情况，变化说明了什么？ （2）1933-1942年，美国经济发展虽有浮动，但整体趋势是逐年攀升，这又能说明什么？ 罗斯福新政开创了资本主义国家干预经济的新模式，为二战后许多资本主义国家借鉴和沿用，这是罗斯福新政留给世界的宝贵遗产，为二战后资本主义世界经济的起飞奠定了基础。		
课堂 反馈		本课以卓别林的电影《摩登时代》进行新课导入，将学生带回20世纪20年代的美国，将看似陌生的历史与学生的距离一下拉近。教学实施过程环环相扣，深入浅出，特别是学生理解较为困难的经济学理论等难点都得到了有效突破。在教学重点上突出了罗斯福新政的内容及影响，由于在经济大危机方面做足了铺垫和预设，因此学生能够较为容易达成学习目标，在轻松愉悦的课堂氛围中掌握重点。从学生反馈看，本课使用了大量新颖的、贴合学生实际的生动素材，避免了单纯枯燥的讲述，师生在谈话中你一言我一语，你回答我追问，共同探究问题，这种教学风格深受学生喜爱。		
课堂 小结		结课：放眼20世纪以来，不同制度的国家有着不同的经济政策和发展轨迹，一条轨迹是从苏俄的战时共产主义政策到新经济政策再到苏联模式；另一条轨迹是从自由主义到经济大危机再到罗斯福新政，我们能够得出怎样的认识？对当今国家治理的启示又是什么？ 适时调整、因时而变、顺势而新，始终关注民生。 因时而进：适应时代之变的必然选择。 因事而举：立足国家人民的现实需求。 因需而新：创新国家治理体系，提高国家治理能力。		

续表

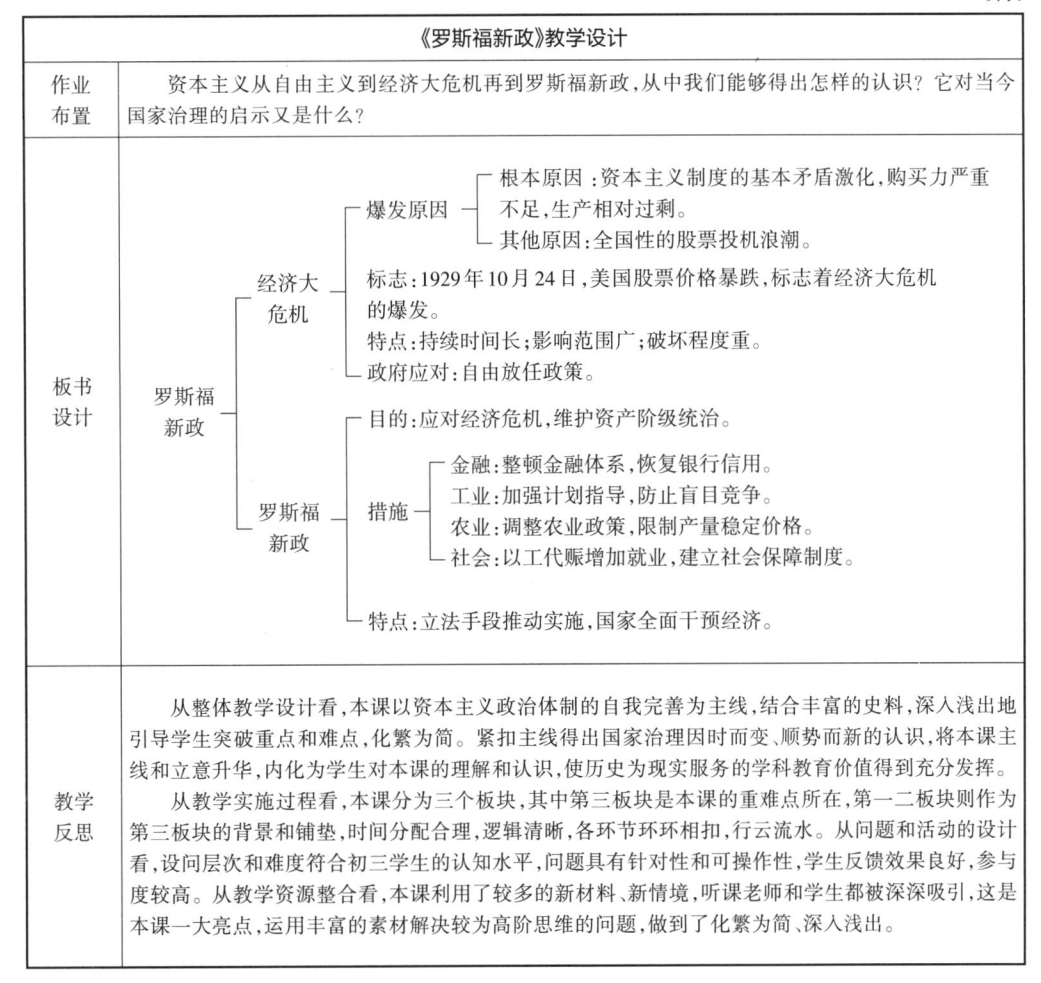

	《罗斯福新政》教学设计
作业布置	资本主义从自由主义到经济大危机再到罗斯福新政,从中我们能够得出怎样的认识?它对当今国家治理的启示又是什么?
板书设计	罗斯福新政 ├─经济大危机 │　├─爆发原因 │　│　├─根本原因:资本主义制度的基本矛盾激化,购买力严重不足,生产相对过剩。 │　│　└─其他原因:全国性的股票投机浪潮。 │　├─标志:1929年10月24日,美国股票价格暴跌,标志着经济大危机的爆发。 │　├─特点:持续时间长;影响范围广;破坏程度重。 │　└─政府应对:自由放任政策。 └─罗斯福新政 　　├─目的:应对经济危机,维护资产阶级统治。 　　├─措施 　　│　├─金融:整顿金融体系,恢复银行信用。 　　│　├─工业:加强计划指导,防止盲目竞争。 　　│　├─农业:调整农业政策,限制产量稳定价格。 　　│　└─社会:以工代赈增加就业,建立社会保障制度。 　　└─特点:立法手段推动实施,国家全面干预经济。
教学反思	从整体教学设计看,本课以资本主义政治体制的自我完善为主线,结合丰富的史料,深入浅出地引导学生突破重点和难点,化繁为简。紧扣主线得出国家治理因时而变、顺势而新的认识,将本课主线和立意升华,内化为学生对本课的理解和认识,使历史为现实服务的学科教育价值得到充分发挥。 　　从教学实施过程看,本课分为三个板块,其中第三板块是本课的重难点所在,第一二板块则作为第三板块的背景和铺垫,时间分配合理,逻辑清晰,各环节环环相扣,行云流水。从问题和活动的设计看,设问层次和难度符合初三学生的认知水平,问题具有针对性和可操作性,学生反馈效果良好,参与度较高。从教学资源整合看,本课利用了较多的新材料、新情境,听课老师和学生都被深深吸引,这是本课一大亮点,运用丰富的素材解决较为高阶思维的问题,做到了化繁为简、深入浅出。

(二)教学设计分析

本课是九年级下册第13课,内容分为"从繁荣到危机""罗斯福新政"两个部分,两部分内容之间关系密切,经济大危机是罗斯福实施新政的背景。罗斯福新政加强了美国政府对经济的宏观调控能力,使美国逐渐走出危机,对资本主义世界产生了深远影响。在高中历史教材《中外历史纲要》中,经济大危机与罗斯福新政均未列入教材,学生只在初中阶段有机会学习这个部分的相关知识,此课的学习更应彰显其现实价值。在进行教学设计时,始终围绕"危机""应对"这两个关键词,将"危"与"机"结合起来,在"危"中找到"机",凸显社会主义制度的优越性,体现制度自信和道路自信,充分发挥历史学科的育人功能。

(本案例由西南大学附属中学赵敏岩提供)

第四章 初中历史学科全息育人教学实施

教学实施是实现课程教学计划的关键环节,是完成教学计划的重要保障。如果教学设计解决的是"做什么",那么教学实施就是解决"怎么做"。教学实施必须指向教学设计,它把教学设计以具体的活动形式加以呈现,要做到教学设计的预设性与教学实施的生成性统一,离不开教师对教学实施过程的反复检查。由于教学实施是依据学生在教学过程中的具体表现来进行的,而课堂教学并不是一成不变的,它受教师、学生、教学环境等多种因素的影响会产生不同的教学实施情形,为保障教学实施的顺利开展,教师在进行教学实施时要遵循初中历史的学科规律,把握科学的策略,采用有效的教学方式。

第一节　初中历史学科全息育人教学实施理念

一、发挥学科的育人功能

教学的本质是育人，学科教学是学校教育的重要组成部分，是落实德智体美劳教育、实现全面育人的关键环节。实现学科全息育人，一是要由学科教学转向学科育人，即由传授知识转向培养学生全面发展。二是重视全员、全课程、全方位立体式的育人。

历史学科是全面推进素质教育的一门基础性学科，蕴含着丰富的育人功能。除了引导学生掌握基本的历史知识外，更为重要的是塑造和培养学生的人格，使学生学会以人为本、善待生命，并进一步关注国家和民族的命运前途以及全人类的发展，培养正确的世界观、人生观、价值观。初中阶段是学生世界观、人生观、价值观初步形成的关键时期，义务教育阶段的历史教师首先应该转变历史教学的观念，明白教育的终极目的在于为社会培养德智体美劳全面发展的社会主义建设者和接班人，形成历史学科的育人观念。其次，教师在教学中应充分发挥历史学科的综合教育功能，培养学生的综合素质，促进学生的全面发展，在历史课堂上进行全员、全过程、全方位的立体式育人，实现历史学科的育人功能。

二、师生"双主共学"

师生"双主共学"，即在课堂教学中，教师与学生同是课堂教学的主体，师生共同参与教，也共同参与学，建立起师生课堂学习共同体，从根本上改变单一的课堂形态，促成师生在课堂上共同发展的教育目标。在"双主共学"教育教学观念的指引下，历史课堂要实现以下几个转变：由过去在教学中以教师为主体，转变为教师和学生为主体，关注学生对教学的参与程度，注重师生之间的互动；由过去注重知识的单向传授，转变为注重教学信息的多重传递以及师生的双向交流；在教学模式上，由统一规格教育向差异性教育及教学个性化转变；对学生的态度，由居高临下向平等融洽转变；由过去注重对历史知识进行讲授的活动，转变为注重学生对历史感悟、体验和认识，并进行运用的活动；由注重教学的结果，转变为注重教学的过程，注重引导学生积极探究历史的过程。

三、充分利用现代教育技术

现代教育技术就是运用现代教育理论和现代信息技术,通过对教与学过程和教学资源的设计、开发、利用、评价和管理,以实现教学优化的理论和实践。[1]现代教育技术能有效地促进学生主动参与学习过程,允许学生可以根据自己的实际能力和学习需要来安排自己的学习,为教师提供更多样、更先进的教学手段、教学模式和教学理念,是提高教学效果的有效途径。所以在历史教学中,教师应充分运用现代教育技术辅助教学,如进行多媒体教学和网络教学等。多媒体教学就是将多媒体技术融入历史课堂,利用其图文并茂、声像并举、能动会变、形象直观的特点为学生创设各种历史情境,激起学生各种感官的参与,调动学生强烈的学习欲望,激发动机与兴趣,从而提高学生的积极性。同时,利用多媒体能够化静为动,突破教学重点、难点,更容易帮助教师揭示历史规律、拓展教学内容、发散学生思维,进一步提高教师的教学效率。网络技术历史教学可以有多种方式,例如网上参观、网上阅读、网上搜索、网上讨论、网上展示、网上答疑、网上课堂等,这些网上教学的方式,既可以在课堂教学中运用,也可以在课外学习中运用;既可以用于集体学习,也可以用于个人学习。另外,教师的备课、上课、教研、进修等活动,也是可以充分利用网络技术和资源进行的。

第二节 初中历史学科全息育人课堂教学方式

教学方式是指在教学原则的指导下,为完成教学计划、实现教学内容,运用一系列教学手段而进行的师生相互作用的活动。

一、初中历史学科全息育人教学方式的原则

初中历史学科全息育人课堂教学方式要依据《课标》、初中生的认知特点和历史学科的知识特点,要能集中反映历史教学规律,要对教学过程进行经验总结,要注意以下几个方面。

---

[1] 张剑平.现代教育技术——理论与应用[M].北京:高等教育出版社,2006.

(一)坚持史论结合的原则

这是义务教育阶段历史教学中最主要也是最根本的原则。"史"指的是历史发展过程中的客观实际,"论"指的是以马克思主义理论为指导,用唯物史观去揭示历史发展的本质与规律。"史论结合"就是在科学理论的指导下,通过对事物已经过去了的发展过程、当前正在发生和即将发生的发展过程及相关事实总和的全面研究,全面把握事物的历史发展实际,并进一步发现相关事物的发展趋势和规律性,提出更加科学的理论及指导事物进一步健康发展的科学观点[①]。

(二)致力学生全面发展的原则

培养社会主义的建设者和接班人是我国学校教育的根本任务和教育现代化的方向目标。作为人文学科的历史在教学中不仅要传递学科知识,也要培养学生的核心素养,促进学生的全面发展。初中历史学科全息育人的课堂教学更加注重学生在历史课堂中获取知识的整个过程,教师在教学中不能只局限于智育目标,只关注学生的成绩,也要关注学生德育、美育、健康和能力实践等方面;不仅要培养学生获取历史知识的能力,也要帮助学生获得历史思维能力以及准确、科学地得到历史情感的体验。教师要充分挖掘历史课程资源中多方面的育人素材,培养学生的高尚品德,形成正确的价值观。要立足于学生的终身发展,倡导"培养学生全面发展"的理念,因此在历史教学过程中要推行全面发展的教育模式,让学生形成积极主动的学习态度,使学生在获得历史基础知识与技能的同时,学会学习并形成正确的价值观。

(三)突出重点的原则

历史教学内容中的不同知识点有不同层次的能力要求,加之历史教学中还存在着内容多、时间少的现状,所以历史教学要让学生掌握主要内容和重点知识。所谓"重点",指的是历史客观发展过程中的关键环节,是构成历史知识体系的中心内容,在初中历史教学中,突出重点就是要突出教材中最关键、最核心的知识。教师根据历史学科的知识体系,以课程标准、教材、学情为基础,结合历史学科研究的新成果和发展趋势,形成教师进行课堂教学的核心。教师在进行教学时要围绕重点知识设计教学立意,建立重点知识之间的内在联系,形成以重点知识为主干的知识导航图,并依据实际的学情安排教学。

---

① 廖其发.论教育研究中的"史论结合"[J].西南大学学报(社会科学版),2014,40(02):85-93+182.

二、初中历史学科全息育人课堂教学方式

(一)情境体验式教学

情境体验式教学是一种以实践为中心的教学方式,它强调教师要科学设置典型情境或者组织社会实践,让学生能够在这种情境中进行感知学习,激发学习热情,并在教师的指导下,进行学习探究。

情境体验既是一种学生经验产生行为的方式,也是一种结果。它的一个特点就是实践,学生借助自己的亲身经历,通过练习、交流和思考,将其学习知识与已有思维有机地结合在一起,更能直观地了解并解决问题。已经发生的史实是不可改变的,而历史又在不断发展,其本身的时代性和学生当前的认知有一定的差距。所以缩短"现实生活中的学生"与"遥远记忆中的历史"的距离,拉近教学内容与学生的关系对于实现教学目标显得尤为重要。教师创设情境,进行课堂互动,通过交流,使得学生的情感体验得以提升,尤其是现代多媒体技术的应用更加能够生动形象地展现历史氛围,进而更加形成体验式的教育氛围,采用情境体验式教学的学生能够对历史知识的记忆更加深刻。

教师应该为学生提供广泛的信息渠道,为学生更好地参与提供便利条件。课堂中的情境教学通常包括实物展示、影视播放、角色扮演等主要方式。不论哪一种,都应该模拟出与真实历史情境相似的情境,让学生主动参与、激发热情、体验历史、感悟历史。

(二)问题探究式教学

问题探究式教学就是围绕"问题探究"这个中心组织和开展教学,教师根据对教学内容的理解、学情、学生的学习目标和发展的需要,创设情境引发学生的思考,使学生在生成问题和探究问题的过程中,引导学生构建自己的知识体系[1]。问题探究式教学注重凸显学生的主体地位,培养学生各方面的能力,这有利于构建师生积极互动的历史课堂,也有利于提高教师的教学能力。

首先,问题探究式教学要培养学生的问题意识。全息育人的历史课堂应创设宽松、和谐的课堂氛围,让学生敢于提问,敢于表达自己的观点,正确处理学生在问题探究中出现的各种问题。其次,问题是课堂教学的核心,问题的质量决定着课堂教学的效果,教师对问题的设计要立足学情,符合学生的认知水平。最后,教师在设计和展示

---

[1] 李林川.关于历史课堂"问题教学"的若干思考——兼议"问题史学"的借鉴意义[J]中学历史教学参考,2014(1):80-82.

问题时要有层次性,由浅入深,由表及里,注意问题的逻辑顺序,让学生在解决问题的过程中达成教学目标。数量要适度,问题探究中还要注意对学生课堂上的表现进行即时性评价和过程性评价。

(三)拓展研修式教学

拓展研修式教学是指在不脱离历史教学主题的前提下,通过综合性的教学活动,如研学旅行、历史考察、辩论演讲、论文写作、创作情景剧等对教学内容等进行延伸挖掘、深入研究,其主要目的是激发学生的学习兴趣,巩固教学内容,培养学生的历史学科思维,提升学生的知识广度和解决问题的能力。

在历史课堂教学中,教师组织学生进行辩论演讲,运用同伴竞争与同伴互评的方式,充分发挥同伴教育的优势[1]。学生在参与辩论演讲时,需要主动搜集、整理材料,这样可以使得他们多角度去理解问题、关注历史学习的多个层面,有利于激发学习内驱力,有助于形成正确的历史观、民族观、文化观,有助于提升语言表达能力。

将情景剧创作引入历史课堂教学,可以使学生通过分析历史信息、创作剧本、扮演角色等方式去感悟历史,并用所学知识去分析、解决扮演角色所面临的问题,将被动接受知识转为主动探究,从而激发学习的积极性,使教学内容更容易为学生所掌握。教无定法,全息育人历史课堂的教学方式不仅仅局限于以上几种,教师可以根据具体的教学实际采用适合的教学方式。无论采用何种教学方式都是为了提高学生的能力,促进学生的健康成长并为其终身成长奠定基础。对于教师来说,需要不断了解、学习先进的教学理论,及时更新教学思维,不断提高自己的专业素养和教学能力。

三、案例1:七年级上册《秦统一中国》

表4-1 《秦统一中国》案例

课题	第9课《秦统一中国》		
课型	新课	课时	1课时
教材分析	本课分为秦完成统一和秦巩固统一两个部分,这两部分既是因果关系也是相互促进的关系。 秦完成统一承接了前一主题的内容,让学生认识到统一是民众的共同心愿,是历史发展的必然趋势。秦的统一启迪了后世王朝,尤其是在制度上的创新,被历朝历代的封建王朝沿袭和使用,为统一的多民族的封建国家的巩固与发展奠定了基础,奠定了中国封建社会历史的基础。 秦朝是我国第一个统一多民族封建王朝,学习秦朝历史,可以使学生担负起维护国家统一的使命感。引导学生学习伟人的品质,培养其正确的价值观。		

---

[1] 陈善礼.新生入馆同伴教育模式研究[J].图书情报工作,2015,59(08):48-53.

续表

课题	第9课《秦统一中国》			
学情分析	由于七年级学生对历史的了解大多数来自影视作品,思维以感性思维为主,缺乏一定的史料解读能力,本课用丰富的图片和符合学生认知水平的史料呈现鲜活的历史,符合学生认知的学习方式,有助于他们积极参与探究学习。			
育人目标	知道秦始皇和秦统一中国,建立起我国历史上第一个统一多民族的封建国家,对我国统一多民族国家的形成产生了深远的影响。 秦朝中央集权制度的确立,奠定了我国古代政治制度的基本模式,从"三公九卿"到郡县制再到统一度量衡,引导学生感受制度的创新,体验秦统治者的智慧之美;体会秦始皇的雄才伟略,学习秦始皇和他的群臣为统治这个新生的大帝国的担当与探索的勇气。 秦朝疆域东到大海、西至陇西、南达南海、北至长城,感受秦帝国的壮丽山川。参观秦长城、秦都城遗址、秦历史博物馆。			
学习重难点	教学重点:秦统一全国及其巩固统一的主要措施。 教学难点:中央集权制度、巩固统一措施的作用。			
教学过程				
环节	教学内容	教师活动	学生活动	实施反馈 (育人点及育人效果预期)
课题导入		展示《荆轲刺秦王》电影海报,引导学生思考历史上对此事件的不同评价。	欣赏海报。思考教师提出的问题,分别从当时的时代要求中寻找解答问题的突破口。	通过对两种观点的思考,认识弃秦或顺秦,这不是一个简单的问题,而是对国家前途、人生命运的思考。
新课教学	金戈铁马 天下统一	展示材料。 材料一:"争地以战,杀人盈野;争城以战,杀人盈城。"(译文:为了抢夺一块土地而发动的战争,被杀死的人满山遍野;为了夺取一座城池而发动的战争,被杀死的人满城皆是。) ——《孟子》 材料二:"孝公用商鞅之法,移风易俗,民以殷盛,国以富强,百姓乐用,诸侯亲服,获楚魏之师,举地千里,至今治强。" ——《史记》 师:请根据材料并结合教材知识分析,此时秦国统一天下具备了哪些有利因素? 展示秦统一过程地图。 师:请同学们仔细观察秦灭六国的先后顺序,想一想,秦在统一进程中采用了怎样的策略? 过渡:秦王扫六合,虎视何雄哉!挥剑决浮云,诸侯尽西来。但这仅仅是军事上完成了统一,建立什么样的政治体制来巩固统一,是其面临的首要问题。	阅读材料并结合教材知识分析,回答秦统一天下的有利条件。 辨读秦灭六国地图,观察先后顺序,思考秦统一进程的策略。	通过材料加深学生对教材知识的认识,培养学生解读历史史料的能力。 通过识读历史地图培养学生的时空观念。 通过讲解秦始皇相关史实,体会他的雄才伟略。

续表

课题	第9课《秦统一中国》			
新课教学	始皇用计 巩固统一	展示材料：秦始皇的两个症状。 症状一：秦王日夜操劳国事，每天要看重达一百多斤的竹简奏章，他不断唉声叹气："唉！统一之后真是辛苦，寡人连休息的时间都没有了，心好累。" 症状二：丞相建议，要在离京城都很远的地方封几个王，李斯却说周亡皆因诸侯祸起。他想："真纠结啊，到底怎么办？" 师：请结合教材，找出他的心病，给他开处方单。 师：解决了政治制度，秦始皇还有烦恼。请看大屏幕，此时秦始皇的烦恼是什么？ 烦恼：北方的匈奴虎视眈眈，不时南下侵扰，怎样才能巩固来之不易的统一？ 结合教材知识，指出秦始皇解决百姓烦恼的措施及影响。 展示材料：（秦朝建立之初）有个秦地人孔虚驾着马车、带着钱周游各地。走到韩地，发现道路太窄，秦地的车过不去，只好把车卖了步行。路过店铺发现招牌上面好多字都看不懂。好不容易来到楚地故都郢，想买些稻米，发现按斤给的数量比秦地少了好多，更可气的是老板不收秦地货币。到了齐地后，路过一家裁缝店，于是叫齐地的裁缝给他在秦地的尺寸订做了一条裤子，可是等他拿到裤子的时候，发现是"超短裤"，他发现了齐地的一尺比秦地的一尺短了很多。几番折腾后，他一点旅游的兴致都没有了。 师：秦朝建立，不单皇帝有烦恼，百姓也有烦恼，结合教材知识，指出秦始皇解决百姓烦恼的措施及影响。	小组合作，阅读材料，结合教材，帮助秦始皇解决烦恼提建议。 小组合作，阅读材料，结合教材，帮助秦始皇思考解决百姓烦恼的办法。 参观秦长城，秦都城遗址，秦历史博物馆。	学生在指导下自主阅读教材，提取有效信息，掌握获取历史信息的方法。 通过对材料的分析、理解、归纳以及对方法和思维进行训练，引导学生认识到汲取历史教训和听取他人建议的重要性。 阅读材料，有所勾画，分层次提取有效信息，解读历史材料。 从"三公九卿"到郡县制再到统一度量衡，感受制度的创新，体验秦统治者的智慧之美。 秦朝宏大的工程，以及北击匈奴、南征越族的举措，都建立在劳动人们辛苦劳作的基础之上。

续表

课题	第9课《秦统一中国》			
新课教学	开创世纪 评说统一	展示秦朝疆域图。 师：我们可结合秦朝疆域图，制作一份秦朝疆域示意图。 播放《中国通史》有关秦始皇的片段。 展示材料： 秦统一以后，人民可以有一个比较安定的环境从事生产。秦王朝推行了许多消除分裂因素的措施，加强了各地区的经济、文化联系，为我国长期的统一奠定了基础。这对我国历史的发展，有着巨大而深远的影响。 展示朱绍侯主编《中国古代史》节选片段。 师：观看视频，结合本课所学和课堂补充材料，谈谈秦在中国历史上的作用。	学生结合地图，自己绘制秦朝疆域示意图。 观看视频，结合本课所学和课堂补充材料，与同桌合作，谈谈秦在中国历史上的作用。	通过识读历史地图培养学生的时空观念。 通过对视频和文献材料等多种材料类型的解读，使学生掌握获取、解释历史信息的方法，培养学生利用所学知识解决问题的能力，增强史料实证、历史解释的素养。 认识统一是历史发展的趋势，深入体会秦制度创新的政治智慧。
课堂小结	秦的统一，结束了春秋战国长期征战混战的局面，建立起我国历史上第一个统一的多民族的封建国家。秦巩固统一的措施，加强了各地区的经济、文化联系，为我国长期的统一奠定了基础，为中华文明的发展奠定了基础。 恢宏传奇的秦帝国，创造了中国人的历史，它不仅从疆域上，更是从文化上、民族心理上，铸成了中华民族这个东方大国的不可撼动的牢固根基。一个统一的时代由此开始，一个民族的精神也由此凝集，这是中华文明的起点，一个华夏的传奇。虽然现在海峡两岸还未统一，但统一才是我们的国家发展的必然趋势。无论历史长河如何蜿蜒曲折，无论时代潮流怎样潮涨潮落，统一始终是中国历史的主流，统一始终是大势所趋、人心所向。			
作业布置	完成配套练习相应习题。			
板书设计	秦灭六国 → 秦 巩固　　建立中央集权 　　统一文字 　　统一货币 　　统一度量衡、统一道路 　　南开灵渠 　　北修长城			

【案例分析】

本节课对教材内容进行了重构，将秦的统一意义放在课文结尾处讲解，结构搭建合理，即使整堂课的逻辑思维更严密和完整，也更符合学生的认知水平。本堂课以认识统一是历史的必然趋势为主线，秦始皇的举措为暗线，通过秦完成统一、巩固统一，使学生认识到统一是历史发展的趋势，在历史学科知识达成的基础上，注重了学生历史学科方法的训练和学科思维的培养；同时课堂的各项育人点准确，结构简单明了，德育生成自然，通过了解秦制度创新，欣赏灵渠、长城的自然之美、建筑之美，有助于达成育人目标，彰显了历史课堂育人为本的学科功能。

本节课注重教学活动方式多样化与有效性,及时有效地对学生的回答进行评价,也关注了以学生为本,关注学生成长的育人价值观。本课通过讲授、问答、小组讨论、专题研讨、辩论、角色扮演、演示等多种教学方式,配合以现代教育技术的充分利用,师生共同参与教学,教师在课堂中的主导和学生在课堂中的主体作用得到充分体现。尤其是通过"给秦始皇把脉"等活动,学生的学习热情高涨,教学活动方式多样化且有效,教师也能及时有效地对学生的回答进行评价。"秦始皇的病症""秦始皇的烦恼""百姓的烦恼",这些白话的史料,具有发展意识,符合学生认知水平,加上丰富的图片,有助于学生积极参与探究学习。

但是,新课教学的导入方式可以使用开门见山的方式,不宜过绕;问题教学贯穿整堂课,层层设问,师生互动较好,但引导学生思考的技巧还有待加强。而且,对学生的评价应注重语言的多样性。

四、案例2:九年级上册《工业革命》

表4-2 《工业革命》案例

课题	科技创新,强国之路——回望工业革命	
课型	复习课	1课时
教材分析	本课是九年级历史上册第七单元和九下第一单元的整合,主要讲解了两次工业革命的相关成就,工业化时代来临的历史意义,及两次工业革命带来的社会进步和社会问题。本课知识在世界近代史中起着承上启下的重要作用,它影响了欧美国家政治制度变革,也为资本主义制度的扩展奠定了基础。工业革命不仅是一次技术革命,也是一场深刻的社会变革,对人类社会产生了深远的影响。	
学情分析	经过两年历史知识的积累,初三学生已在感性认识的基础上,有了一定程度的理性认识。所以本课的教学主要采用问题导学法和学生自主学习法,在调动学生深化感性认识的基础上,加深学生的理性认识。	
育人目标	学生根据已学知识自主完成专题知识结构表,梳理教材结构,巩固旧知识,知道两次工业革命的时间、标志性成就、主要发明、领先国家等相关史实,并能适当归类;通过精题演练增强学生的动手能力,加深对所学知识的理解。 通过对基础知识的分析,初步理解工业化时代来临的历史意义,培养学生解读历史信息的能力,增强学生对现代工业文明的审美意识,培养学生的劳动实践意识。通过对两次工业革命影响的对比,学习搜集辨析历史材料的方法,认识工业革命带来的社会进步和社会问题。 通过拓宽视野环节,认识工业革命与马克思主义诞生的联系及与中国的联系(工业革命国家对外扩张与中国近代化),形成对科学技术的辩证认识,培养科技改变世界的意识,增强发展科技、振兴国家的家国情怀。	

续表

学习重难点	重点:两次工业革命的概况。 难点:理解两次工业革命带来的社会进步和社会问题;工业革命带给当时东西方世界的变化。				
教学过程						

环节	教学内容	教师活动	学生活动	育人点及育人效果实施反馈
课题导入	工业革命成果产品谜语竞猜	猜一猜活动:出示谜面。 远看像道墙,近看一排房。 走时快如飞,脚下雷声响。 （打一交通工具） 昔日"盈盈一水间、脉脉不得语"; 今日"轻轻一拨号、频频传佳音"。 （打一科技产品）	看谜面,思谜底。	基本上所有学生都能猜出这两则谜题的答案（火车、电话），学生们的学习兴趣得以激发,拉近了历史与现实的距离。
新课教学	专题知识结构表	<表格> 比较项目 | 第一次工业革命 | 第二次工业革命 开始时间 主要标志 出现原因 领先国家 主要发明 影响	按照表格提示归纳相关知识点。	两次工业革命的开始时间、出现原因、领先国家、主要发明,学生基本都能正确落实,个别同学对两次工业革命的主要标志理解有误的,容易与开始标志相混淆,教师进行反复强调,并请同学自行区分。

续表

新课教学	拓宽视野	1.与马克思主义诞生的联系： 导致资本主义国家内部日益分裂为（　　）两大直接对立的阶级。 2.与中国的联系（工业革命国家对外扩张与中国近代化）： 西方列强的坚船利炮打开了中国大门。中国兴起学习西方的热潮，先后掀起了（　　）运动、（　　）运动和（　　）革命和（　　）运动，开启近代化的进程。	学生分为三大组，分别就自己的问题进行讨论，多角度认识工业革命。	此问题是本课内容中最具难度和综合性挑战的问题，为减轻学生负担，让全班同学分为3个大组，分别进行讨论。 首先，工业革命与马克思主义诞生的联系。结合所学知识，学生能在本教材上找到答案。 其次，工业革命与中国的联系。大多数的学生基本都忘记了对中国近代化的影响，老师通过带领大家回顾八年级上册的内容，慢慢建立起历史的纵横联系，也加深对本课知识的理解。 最后，工业革命与现实的联系。本问题考查了历史与现实的联系，与学生们的常识有关，就算历史成绩不是很好的同学也基本能回答一部分。

续表

新课教学	精题演练	3.与现实的联系。 单项选择题。 (1)职业是人们在社会中所从事的作为谋生手段的工作,随着社会的发展,新的职业也会不断出现。以下是各种职业的出现时间,请按照先后顺序排列,正确的一组是(　　) 　A.汽车驾驶员→飞行员→铁路工人→网络工程师 　B.火车驾驶员→飞行员→网络工程师→石油工人 　C.火车驾驶员→汽车驾驶员→飞行员→网络工程师 　D.石油工人→飞行员→宇航员→轮船驾驶员 (2)据下图的演讲内容,该演讲者的主题是(　　) 　　　　在佛山某中学的演讲提纲 　　同学们,今天我演讲的主题是:…… 　　事例:瓦特——英国工业革命、爱迪生——电气时代、莱特兄弟——飞天梦想、计算机——网络新时代 　A.科技革命在全球的扩展 　B.英国是世界科技发展的中心 　C.科技革命造就伟大的科学家 　D.重大科技创新推动社会发展的伟大进程 (3)某历史兴趣小组通过分析下表内容,结合所学知识得出以下4个结论。其中正确的是(　　) | | 发明者的身份 | 进入时代 | 开始的国家 | 发明到应用时间 | |---|---|---|---|---| | 第一次工业革命 | 技术工人 | 蒸汽时代 | 英国 | 蒸汽机—80多年 | | 第二次工业革命 | 科学家 | 电气时代 | 美国、德国 | 电动机—60多年 | | 第三次科技革命 | 科学家 | 信息时代 | 发达资本主义国家 | 原子能—6年 | 　A.三次科技革命的发明都是科学与技术紧密结合的产物 　B.三次科技革命都改变了世界的面貌和人们的生活 　C.三次科技革命与发展中国家都没有任何联系 　D.三次科技革命科学技术转化为生产力的速度越来越慢 判断题。 观察第二次工业革命创造发明示意图后判断:以下表述是从图上信息中得出的,请在其后的括号内填"A";违背了右图信息表达的意思的,请在括号内填"B";是右图信息没有涉及的,请在括号内填"C"。 　(1)第二次工业革命发生于19世纪下半叶,其发明创造集中在欧洲和北美洲。　　　　　　　　　　　　(　　) 　(2)第二次工业革命几乎同时发生于几个国家。(　　) 　(3)汽车先于电车和飞机在美国被发明出来。(　　) 　(4)电力的广泛应用是第二次工业革命的重要内容。(　　) 　(5)戊戌变法运动期间,第二次工业革命扩展到中国。(　　)	学生结合手中学案,完成对应题目。	选择题侧重对本单元基础知识的检验,学生能快速准确回答,本课基础知识掌握较好。 判断题前面四小问完成较好,但第五小问又涉及八年级上册的知识点,近一半的同学又在此处权衡不定。应让学生将前面所学教材都带上,以备查阅。

续表

新课教学	精题演练	材料解析题： 1.观察下图并回答。 材料一： 工业革命后一家纺织厂的生产场景 （1）材料一从哪些方面反映了工业革命给社会生产带来的变化？（写出两个方面即可） 材料二： 1855年，英国设菲尔德到处是拥挤的房子和高耸的工厂烟囱。那时谢菲尔德的人口增长了500%，达到了135000人。 （2）材料二反映出工业革命给人类生活带来了怎样的变化？（写出2点即可）	材料解析部分也是本课内容检测中较难的部分，主要侧重考查工业革命带来的社会进步与社会问题，同时要求学生理解相关历史概念，比如生产关系。此题的正确率相对较低，尤其是部分同学对第一问中社会生产的变化回答不准确，出现了脱离材料照搬教材的现象，在老师强调了概念理解后，能将答案简练而正确地归纳，达成了教学目标。
课堂小结		在分析两次工业革命带来的社会进步和社会问题后，更加深了我们对科技与国家崛起的认识。如果说，六十年前的大国多以军事力量作为崛起的杠杆，那么，今天则是以综合国力作为崛起的标志。如果说，六十年前的霸权国家想要的是帝国，那么，今天的大国所要的则是市场。而占领市场的秘诀就是拥有这个时代核心的竞争力，那就是科技创新的能力。科技推动进步，创新创造未来。	
作业布置		完成配套练习相应习题。	
板书设计		梳理结构 → 精题过手	

【案例分析】

　　此课以谜底竞猜为切入点,层层深入,以情境体验式、问题探究式、拓展研修式多种教学方式,充分利用现代教育技术,对两次工业革命的相关史实及影响进行深入浅出地讲解。整堂课逻辑性强,重难点突出,线索清楚,尤其是在讲解工业革命与马克思主义的诞生,与中国近代化探索道路的联系时,充分体现了历史知识纵横联系的教学原则,凸显了历史学科核心素养的培养,彰显了历史课堂育人为本的功能。

　　此课体现了初中历史教学的一贯原则与方法,在授课过程中,致力于帮助学生掌握科学的复习方法,养成良好的复习习惯。比如,在课前安排学生看书、查找旧知识,完成知识表格;同时,致力于教会学生思考问题、解决问题的能力,课中师生共同完成知识易混点梳理,指导学生听课、做笔记;课堂后半段时间安排学生在巩固知识基础上进行中考真题练习,培养学生审题、思考、作答的方法等,学生的主动性被充分调动,能及时思考、回答问题。课堂中体现史论结合,突出重点题型的解答训练,这既充分体现了复习课扎实学科知识的目标,也通过大家合作解决易混知识点和中考材料题,帮助学生在历史学科知识基础之上的核心素养养成,有利于促进学生的全面发展。

　　总之,此课例体现了复习课的复习模式,注重《课标》,依据《课标》梳理知识,整合、构建知识网络,习题巩固部分体现了习题选取与教材知识的紧密结合与提升,注重了解题能力的培养,同时也注重历史核心素养和全息育人目标在复习课教学中的落实。

（本案例由江北中学熊春梅提供）

第五章 初中历史学科全息育人教学评价

教学评价是指对教学工作质量所做的测量、分析和评定。历史教学评价是初中历史教学过程的重要组成部分,贯穿于初中历史教学活动的全过程,具有多重功能,如导向功能、诊断功能、激励功能、促进功能、管理功能和研究功能等。初中历史学科全息育人的教学评价主要依据《课标》,根据科学性原则、客观性原则、可行性原则、多维性原则、开放性原则,灵活运用各种科学可行的评价方法,对历史教学过程、教学成果以及影响教学的各种因素进行发展性评价、多元性评价和多样性评价。初中历史学科全息育人的教学评价,既要对教师的教学进行评价,也要对学生的学习进行评价,同时还要对影响历史教学的各种因素进行评价,以便为历史教学提供反馈信息,更好地促使历史学科全息育人目标的完成,实现师生的共同成长。

第一节　初中历史学科全息育人教学评价理念

一、发展性评价

发展性的课堂教学评价是针对传统课堂教学评价而提出的一种新的评价思想和理念。它是指随着课堂教学评价实践的深入，人们对于传统课堂教学评价过分关注教师教学的等级评定，忽略对教师个体自身教学水平和教学能力的提高，忽视评价的激励、改进功能而提出的一种以促进评价对象发展为根本目的，重过程、重评价对象主体性的教学评价。

发展性教学评价在全息育人背景下，要从指导教师的教学改进，转移到关注学生的成长，以及育人目标的达成上。教师教学的改进以促进学生成长为导向，以提升育人质量为目的，最终促进师生的共同成长。

二、多元性评价

开展以学生发展为中心的多元性评价，就是教师在课堂中要充分关注学生的状态，从学生的注意状态、参与状态、交往状态、思维状态、情绪状态、生成状态等方面观察了解并随机做出适当的评价。通过评价，鼓励学生去思考、去尝试、去实践。比如，教师对不同层次的学生在讨论问题、发表看法、解决问题等方面进行分层次训练时，根据训练的难易程度提问不同的学生，教师在评价学生时用肯定、激励、赞赏的语言，帮助学生认识自我，体验成功，树立信心。

在全息育人背景下的评价，还需要场景的多元，要素的多元，学生的学习不仅发生在课堂与考试中，还发生在生活中，我们应延展评价的时间与空间，评价学生迁移知识的能力。

三、多样性评价

传统的评价方式主要是定量或定性评价。定量评价是采用数学的方法，收集和处理数据资料，对评价对象做出定量结果的价值判断。定量评价强调数量计算，以教育测量为基础。定性评价是不采用数学的方法,而是根据评价者对评价对象平时的表现、现实和状态或文献资料的观察和分析,直接对评价对象做出定性结论的价值判断。不管定量评价还是定性评价,都有明显的不足,定量评价的工具无法做到科学全面,定性评价又受制于评价的专业水平与价值取向。全息育人下的评价,采取定性与定量结合,过程与结果相结合的方法,相互补充,不断提升评价的科学性。

在过程评价中从单主体变为多主体,让学生成为评价的重要参与者,增加评价的客观性。在传统的评价体系中,学生往往处于被动局面,扮演一种被管理者的角色。他们对评价本身也是持一种否定态度,或者处于老师要怎么评就怎么评的消极心理状态。实践证明,任何评价如果没有被评价者的积极参与,很难达到预期目的。引入教师评价、学生自评和互评、学生与教师互动评价等,把学校评价、社会评价和家长评价结合起来,打破教师和学校教学管理部门对教学评价的垄断,可以激发学生内在的潜能,提高自我调控能力,主动发展,实现育人目标。

第二节 初中历史学科全息育人教学评价原则

一、科学性原则

科学性原则是指在进行教学评价时,要从教与学相统一的角度出发,以教学目标体系为依据,确定合理、统一的评价标准,认真编制、预试、修订评价工具;在此基础上,使用先进的测量手段和统计方法,依据科学的评价程序和方法,对获得的各种数据进行严格的处理,而不是依靠经验和直觉进行主观判断。[1]科学性原则不仅要求评价目标、评价标准的科学化,而且要求评价程序、评价手段和评价结果分析的科学化,即评价全程的科学化。具体而言,要实现历史课堂全息育人教学评价的科学化,首先,要保证评价理论的科学性。要进行科学的评价,就要掌握科学的评价理论,并有效运用于具体的历史课堂教学评价情境。其次,要保证评价技术和教学环节的科学性。从信息的收集、贮存、加工至反馈,从教学的开始到结束等各个环节,都需要评价主体对之进行精心的设计与安排,以保证评价技术与教学环节的对应与匹配。最

---

[1] 陈旭远.张捷.新课程实用课堂教学艺术[M].长春:东北师范大学出版社,2006.

后,要保证评价结果与分析的科学性。质量评价的结果与分析尽可能客观、准确、真实,避免主观性。

二、客观性原则

客观性原则指在进行教学评价时,必须以客观事实为基础,严格执行评价标准,坚持客观的、实事求是的态度,不能主观臆断,或掺杂个人情绪。首先要做到评价标准客观,不带随意性;其次要做到评价方法客观,不带偶然性;最后要做到评价态度客观,不带主观性。这样才能如实地反映出教师的教学质量和学生的学业水平,并成为指导改进教学工作的依据。

三、可行性原则

可行性原则是指评价的指标、体系以及方法、技术要尽可能简便易行,教学评价程序要便于实施操作,既要符合教学目标的要求,又要适合中学历史教学实践。一是从教学评价的制订而言,要充分考虑当地的教育水平、学校以及学生的具体情况。二是,教学评价的体系要有梯度和发展性,能够激励和指导课堂教学行为,起到正确的导向作用。要突出增值评价的指导作用,突出学生发展的过程性,突出某一堂课学生在课前、课中和课后的变化,突出教师备课、上课和课后的反思。三是,评价方法要切实可行,能够让评价者熟练掌握和运用,也要较容易地让被评价者看到课堂教学的成功和改进之处,从而发挥教学改进的导向作用,实现评价的最大收益,最终促进学生德智体美劳全面发展。

四、多维性原则

多维性原则指的是在课堂教学评价中,应该从多种角度、运用多种方法对课堂教学的过程和课堂教学的结果进行评价。

1.评价主体多元化。

初中历史全息育人课堂教学是师生共同发展的双主学习。评价的主体必须走向多元化,学校、学生、家长、社会共同参与多元化评价,广泛地收集各方面的反馈信息,才能更有效地评价初中历史学科课堂教学情况。[1]

---

[1] 殷丽萍.历史课程与教学论[M].广州:广东高等教育出版社,2007.

2.评价方法多维化。

全息性的学习既有课堂学习,又有实践活动学习,既在学习活动过程中学习,又在学习氛围中受到影响和熏陶,因此我们提倡和创造多种多样的评价方法。如:学习档案、历史习作、历史制作、历史调查和考试等。

3.评价角度多层化。

教学评价既要评价"教",又要评价"学"。

评价教师教学行为,是为了让教师在培养学生历史学科核心素养的教学理念下,对自己的教学设计进行优化。教师可从目标的预设、情境的创设、问题的设置等几个方面着手进行评价。

评价学生的学习过程,是为了让他们把学习与评价的过程结合在一起,因为学会评价本身也是学习的重要内容之一。评价学生的学习结果,力图把评价结果反馈、回流,促使学生反思学习过程、改进学习方法、提高学习效率。

4.评价的方式互补化。

量性评价以量化的方式描述、评定一个人的发展状况,往往数据具体明确,可操作性较强,同时呈现出简单化和表面化的特点,学生发展的生动性和丰富性、个性及努力程度单单从数据无法体现。质性评价则以其全面、深入、真实的特点再现评价对象的特点和发展趋势,弥补量性评价的不足。

五、开放性原则

全息育人的教学评价应该采取开放性原则。

教学系统是一个全息系统,因而在全息育人教学过程中,教师要运用灵活多变、不拘一格的教学方法、方式或手段,使不同层次的学生都得到发展。在知识教学中可以依据教育主题的需要,或者学生的知识基础和心理特点,适当地对知识进行大胆取舍和整合。

第三节　初中历史学科全息育人的课堂教学评价方法

一、初中历史学科全息育人教师课堂教学评价

初中历史学科全息育人教师课堂教学评价的主要方法有课堂观察法和综合考察法。

(一)课堂观察法

课堂观察法是指研究者有计划、有目的地凭借自身感官(如眼、耳等)和辅助工具(如观察量表),对课堂教学进行考察,从中收集资料的一种教学科学研究方法。

课堂观察法主要方式是课堂听课。观察课堂前必须要明确观察的目的,并根据观察目的做好听课前的准备,如熟悉《课标》和教学内容等,并对观察对象做出系统的规划。单独一个人不可能涉及课堂教学的每一个方面,所以要根据观察的目的选择观察中心,每一个观察员的观察维度围绕某一中心进行,从而使观察更有效。制订初中历史学科全息育人教学观察表(见表5-1),科学设计育人观察点,这是课堂观察的关键。课堂观察结束后,要尽快整理、分析资料,进行反馈,积极参与评课。由于课堂观察是一种现场研究活动,为了提高观察的效率,要尽可能地减少观察者对课堂的干预。

表5-1　初中历史学科全息育人教学观察表

时　　间:_____年____月____日　　地　点:_____
教学内容:_____　　授课年级:_____
授课教师:_____　　评 价 人:_____

评价维度	价值导向	观察要点	可视化行为	评价等级				
				A 很好	B 较好	C 一般	D 较差	E 很差
全要素设计	目标定位准确、全面,表述准确	目标设计	目标明确,定位全面,把立德树人作为中心环节,聚焦初中历史学科核心素养。					
			立足初中历史学科本质,符合学生实际,蕴含德、智、体、美、劳育人要素,充分发挥历史学科的育人功能。					
	知识点与育人点结合,契合学生经验	内容设计	教学内容充实、准确,难易适度,逻辑性强,对不同层次的知识点把握准确、具体。					
			充分利用教学资源,培养学生学习历史的基本方法和基本技能,注意突出重点,有效突破难点。					
			注重史料实证,使用的教学材料符合学生的阅读和理解水平,注重学生的知识储备和生活经验,适当联系其他领域或学科的知识。					

续表

评价维度	价值导向	观察要点	可视化行为	评价等级				
				A 很好	B 较好	C 一般	D 较差	E 很差
全要素设计	围绕知识点，有效渗透育人思想，逐层实现育人目标	过程设计	坚持以学生为中心，充分体现教师是组织者、指导者、合作者的思想。					
			育人点渗透合理有效，与知识、材料相关度高，全息育人表现形式丰富。					
			教学内容情境化，教学过程问题化，有效调动学生已有认知。					
	积极的学习氛围，作业设计彰显五育要素	评价设计	聚焦育人点，体现追问、反问、质疑、激励等互动评价方式。					
			根据学习内容和育人目标，有效设计课堂及课外作业。					
全过程育人	学习方式多样，知识点揭示准确，关注育人目标、内容与评价检测的一致性	目标意识	学生明确学习目标，知识点、育人点和学生发展一致。					
			育人点设计准确、具体、有层次性，接近学生的学习发展区。					
		生本意识	体现学生学习的主体地位，学生能积极、主动参与学习活动。					
			关注学生的学习状态和学习视角，能根据课堂生成调整预案。					
		学习意识	熟练运用现代教学手段，有机整合历史学科教学与现代教育技术，为学生提供丰富的学习资源，帮助学生有效学习。					
			注重引导学生自主、合作、探究学习，学习活动开展有趣、有序。					
		融合意识	育人点与知识点结合有效，课堂教学中能够自然、生动地融入五育。					
			注重养成教育，充分关注学生的学习动机、习惯、信心等非智力因素。					
		评价意识	评价方式多元，有依据、有标准，有自评、互评、教师激励性评价等，紧扣课标和育人目标。					
			评价载体多样，包括活动、交流、讨论、作业等开放式评价。					
			评价及时、有效，具有明显的以五育为抓手促进学生终身发展的理念意识。					
		发展意识	注重让学生经历知识习得过程，注重知识整体价值的体现，促进学生历史综合素养的形成与发展。					
			坚持唯物史观，引导学生走进历史时空，从当时的历史条件下理解历史人物、事件和现象，培养学生正确的价值观。					
			学生能提出有意义的问题和见解。					

续表

评价维度	价值导向	观察要点	可视化行为	评价等级				
				A 很好	B 较好	C 一般	D 较差	E 很差
全息性达成	价值导向正确,学习愉悦、参与度高	行为表现	课堂氛围民主、融洽、活跃、有序,师生关系和谐,体现教学相长的原则。					
			学生求知欲强,注意力集中、思维活跃、兴趣浓厚,积极主动参与学习的全过程。					
			课堂形态丰富,学生自主学习、自我展示能力强。学生能围绕学习内容积极开展自主、合作、探究性学习,展现参与的广度和深度。					
		目标达成	按时完成教学任务,落实全息育人教学目标。					
			不同层次的学生都能体验到学习的快乐,人文素养、探究精神、审美意识、创新思想、德行认知得到培养和提升。					
			能充分发挥历史学科以史为鉴、借史启智、学以致用的功能。					

(二)综合考察法

综合考察法包括历史习作法、历史调查法、历史制作法、测验等方式。

历史习作法是一种考查学生收集和处理信息的能力、思维能力、语言表达能力的方法。包括撰写历史论文、历史剧本、历史演讲稿等方式。

历史调查法是一种学生参与的实践活动。教师在教学活动中结合教学内容的需要和实际学情,为学生安排合理的、适当的、具有可操作性的历史调查实践活动,拉近学生与历史的距离,增强学生对历史的理性认识,达到实践育人的目的。

历史制作法通过制作历史图表、历史道具等,培养学生的综合能力,在对历史制作进行评价时,要设计科学的评价标准,对其进行客观公正的评价。

测验包括课堂口试和纸笔测验,口试检查学生的历史知识掌握情况,考查学生的思维能力以及口头表达能力。纸笔测验是历史考试最主要的形式,测验时要围绕课程目标和教学内容的要求,注意测验试题的层次性和探究性,采取开卷或者闭卷的方式,确保考试的信度和效度。

二、初中历史学科全息育人学生课堂学习评价

(一)讨论法

讨论法是历史教师在进行课堂教学中经常运用的一种方法,它也是历史教学评价中一个行之有效的方法。课堂讨论一般采用小组讨论与全班讨论相结合的方式,每个小组 6~8 人,并选出组长、记录员、记时员等。在进行小组讨论时,每个成员就讨论主题发言,由记录员做记录。操作过程可分为:1.评价目标。观察学生在问题讨论中的表现,评价学生对基本史实的掌握能力、口头表达能力,以及是否具有正确的情感态度和价值观。2.评价过程。就某一历史问题确定讨论课题;设计评价标准,如探究问题(5分),资料收集(2分),史论结合(1分),语言表达(1分),合作协调(1分);进行小组讨论;教师巡视并参与学生的讨论。3.评价总结。在组长的主持下小组进行讨论,并根据标准对每一位成员的表现做出评价。4.反馈。在讨论中,激发了学生对历史学习的兴趣,不仅获取了知识,而且初步学习了如何客观地认识历史人物和历史事件。

(二)活动法

在教学过程中,可根据学习内容、学生特点和教学条件等,以学生自主活动、直接体验为基本形式进行活动,如做作业、进行演讲、举办历史知识竞赛、制作历史图表、开展社会调查等。例如在学习了某段历史后,教师可开展"自编、自画、自演某朝历史小故事"的活动。

具体过程如下:1.评价目标。学生对基本史实的掌握和理解情况,以及用多种方法收集历史信息和用多种方式表达历史事件的能力。2.评价准备。(1)教师指导全班学生收集和整理该历史朝代的小故事,列出目录。(2)根据兴趣和个人特点,学生分为写作组、绘画组、表演组,分别进行创作,每组选出组长。(3)每一组选出代表本组的作品(小故事、绘画作品、剧本等),在课堂上进行展示。(4)选出 1 名主持人及 4 名评委。评委要求知识面广,在同学中有一定威信,评分公正。3.评价过程。(1)布置教室,在黑板上写上活动主题。主持人宣布活动开始,请出3位组长代表简介本组各成员对这次活动的准备情况,共约 5 分钟。(2)每组各用 6~8 分钟的时间展示本组的作品。(3)主持人公布评分标准:准备情况(2分)、展示内容(4分)、语言表达情况(2分)、组内的团结协作程度(1分)、投入程度(1分)。(4)评委根据评分标准选出表现最佳小组,公布成绩。4.评

价总结。教师小结，指出不足，表扬突出者。这种活动可以让学生有空间和时间去表现自己的特长，并掌握课本外的知识。通过讲故事、介绍绘画作品、表演小短剧，提高他们的口头表达能力；通过写故事或剧本，提高学生的收集、整理资料能力及写作能力；爱好美术的绘画组学生也能展示自己的才华；评选最佳小组活动，加强学生的竞争意识和团队精神。

(三)测验法

测验法是对学生历史学习成果进行数量测定，并对测定结果进行解释、分析和评论的一种方法，它一般用以评价学生一个教学单元、一个学期或一个学年历史教学目标达成情况。《课标》要求历史教学的测验、考试要把历史知识和历史能力有机地结合起来加以考查，不但要考查学生再认再现历史知识的能力，更要考查学生综合运用所学知识分析解决问题的能力。同时，测验要充分体现历史课程的综合性特点和独特的情感教育功能。教师在这方面也可以做一些尝试：第一，课堂测验的形式多样化。第二，题型多样化。除传统的选择题、填空题、问答题外，还可以设置历史猜谜、巧连线、识图与设计、追根溯源等生动、活泼的试题。第三，命题多样化。教师可尝试采用自主测验的形式，教师命题占80分，其余20分让学生自己分组命题、编制试卷，测验后师生共同评价总结。

(四)课堂学习评价量表的制订

历史课堂学习评价本质上是一种过程性评价，关注结果(对学生的课堂学习情况和课后"作业"的完成情况进行评价和反馈)，但更注重历史学习的过程(包括课堂学习过程和课后学习过程)。

课堂教学效果的好坏，并不完全取决于教师课上表现有多完美，很大程度上在于学生在课堂上有多少收获。因此，应针对学生群体，设计一个以学生为主体、立足于学生受益的课堂学习效果评价指标体系。这就要求解决这样一个问题：如何为一堂历史课的学习效果设立一个基本标准？结合我国初中历史课程的实际情况，为推动探究式教学与学生学习评价的有效结合，采取量化评价与质性评价相结合的方式(如表5-2)，注重对历史学科素养的综合考查，得出的评价结果与反馈意见更具科学性和发展性。充分利用好课堂学习评价的"促学"功能，做到"激励学生学习，促进学生的学业进步和全面发展"。对此，关于学生历史课堂学习评价量表的制订可做如下探索。

表5-2　历史学科全息育人课堂学习评价量表

课程内容	(可为一课、一单元或整本教材)			
学习表现评价及分值	课堂学习表现评价	分值	课后学习考试评价	分值
	阅读、收集、处理历史信息的能力(共25分)		①对历史基础知识及基本能力的掌握情况。②书面表达的能力等。(试卷测评)课后学习考试评价总分(共100分)	
	重现历史事件的能力(绘画、历史小故事、小短剧等)(共25分)			
	利用史料证据表达历史观点的能力(共25分)			
	团结协作的能力(同学互评,共25分,取平均值)			
	课堂学习表现评价总分(共100分)			
评价总结				
后期学习建议	根据各项评价目标的得分情况提出对应学习建议			

第四节　初中历史学科全息育人教学评价案例

一、教学设计呈现

表5-3　《经济和社会生活的变化》教学设计评价

《经济和社会生活的变化》教学设计评价			
课题	第25课 经济和社会生活的变化		
课型	新课		1课时
教材分析	本课是八上第八单元第25课,主要内容是民族资本主义的发展和社会生活的变化,这两部分内容之间为并列关系,都是中国在西方工业文明影响下发生的变化。本课一方面起到了总结近代中国政治背景的作用,另一方面,工业的发展改变着社会生活,为下一课教育文化事业的发展的学习奠定基础。		
学情分析	通过前面的学习,学生已经了解了中国近代以来社会政治方面的变化。但本课主要学习这一历史时期经济和社会生活方面的内容,尤其是近代以来经济的发展状况,所涉及的知识点较多,与前面学过的内容关联性较强,需要在复习回顾前面知识的基础上学习,因为时间跨度较大,给学生的学习带来一定的困难。		
育人目标	了解近代中国的农耕文明面临西方工业文明冲击的时代背景,以及近代中国社会生活的变化和特点;认识民族工业发展的曲折历程;通过对剪辫、放足、婚姻观念等社会习俗变化的深入分析,理解人们的思想观念开始变化;分析归纳近代中国的巨变,懂得新事物的发展过程是艰难而曲折的,但新事物取代旧事物是历史的必然;通过学习以张謇为代表的一批近代民族资本家实业救国的行为,深刻体会其爱国主义精神和坚忍不拔的拼搏品质,增强民族自信心、自豪感。		
教学重难点	教学重点:中国近代民族资本主义的曲折发展、社会生活变化的表现。 教学难点:中国近代民族工业发展和社会生活变化的特点。		

续表

《经济和社会生活的变化》教学设计评价					
教学过程					
环节	教学内容	教师活动		学生活动	设计意图（育人点及育人效果预期）
课题导入	变之因，欧风美雨摧华夏	播放视频：《复兴之路》片段。 师：哪位同学来分享一下你从视频中得到了哪些信息？ 展示两幅历史图片：19世纪30年代西方国家和晚清时期的中国。 师：请同学们观察这两幅图，说说二者有何异同？		观看视频《复兴之路》片段，概括近代中国巨变的原因。 观察两幅图片，对比异同，感受工业文明与农耕文明的碰撞。	通过观看视频《复兴之路》，对比东西文明不同的图片，拉近历史的距离，体会新旧事物碰撞的时代巨变。
新课教学	变之势，新潮涌荡近代化（经济的变化——民族资本主义的发展）	展示张謇的图片，介绍其生平。 师：为什么他头年刚中状元，第二年就弃官从商呢？当时发生了什么呢？ 展示《马关条约》部分内容和《张謇日记》"和约十款，几罄中国之膏血，国体之得失无论矣"的言论。 师：面对国家危难，张謇痛心疾首，说《马关条约》的签订几乎耗尽了中国的血汗，已经不是有失国家尊严的事了。从他的字里行间我们可以看出张謇对国家命运有着怎样的情怀？ 展示材料：《代鄂督条陈立国自强疏》中的一段话，"世人皆言外洋以商务立国，此皮毛之论也，不知外洋富民强国之本实在于工"。 师：痛定思痛之后，他认识到国家、社会将在开放的世界面前不可逆转的趋势。张謇找到了救国的道路，是什么呢？ 展示材料：《南通张季直先生传记》节选，"（1895年）父亲奔走南京、湖北等地，白天谈论、写信……夜间又苦心焦思……寝不安枕，官绅的接洽说话，一天几变……有钱人的面孔更是难看，推三阻四。上面的总督虽然赞助，而底下的官员没有一个不拆台……" 师：在爱国精神的驱使下，张謇开始办厂，工厂的创办很容易吗？请看他的儿子在给他写的传记中的描述，请同学们一起读一读。 展示大生纱厂、工业奖励执照的图片。 师：为什么这一时期大生纱厂会获得这么大的发展呢？		理解张謇"弃官从商"的时代背景。 解读历史材料，概括张謇实业救国的主张，感受张謇创办工厂的艰辛历程。 解读历史材料和历史图片，归纳影响民族工业发展的因素。	通过多重史料印证，认识民族工业发展的曲折历程。 通过学习张謇"弃官从商"的价值追求和以张謇为代表的一批近代民族资本家实业救国的行为，深刻体会其爱国主义精神和坚忍不拔的拼搏品质。

167

续表

		《经济和社会生活的变化》教学设计评价		
新课教学	变之势，新潮涌荡近代化（经济的变化——民族资本主义的发展）	展示材料："第一次世界大战结束后，外商加大进入中国市场的力度……民族企业明显处于劣势……作为一国之政府不但不支持，反而与民争利……大生纱厂顿时转赢为亏，损失巨大，外负债多达400万两。" 师：可是好景不长，当第一次世界大战结束不久，大生纱厂负债累累，濒临倒闭。这又是为什么呢？ 展示资料：到1925年，大生企业宣告破产。1926年74岁的张謇在日记中写道："不幸而生今之年代……"和一系列民族实业家图片。 师：在近代以张謇为代表的一大批爱国实业家大有人在，他们的工厂在夹缝中以顽强的姿态抗争着，这些爱国实业家有卢作孚、侯德榜、荣宗敬、荣德生，这些名字也应该被历史深深记住。近代无数的民族资本家创办的无数的民族工业，在整体上有何共同发展历程呢？ 展示图片《近代中国民族工业发展历程图》。 请同学们阅读教材，画一画近代中国民族工业发展的历程图。 师：这个历程图非常直观地反映了民族工业发展历程的什么特点？ 展示材料：民族资本主义分布图和轻工业所占比重图等。 师：除此之外，民族工业的特点还体现在这些方面，请大家根据图片和材料归纳出中国近代民族工业的发展还有何特点？从它的分布和比重来看分别是何特点？	结合教材画出近代中国民族工业发展的历程图。 解读历史地图和历史图片，归纳近代民族工业发展的特点。	
	变之势，新潮涌荡近代化（社会生活的变化）	播放展示近代中国社会生活的变化的视频。 师：这些是我们看到的社会生活表面发生的变化，透过生活变化的表象，我们还会发现更深层次的变化是什么呢？请看这幅图片。 展示图片：今日剪发奖肉酱面一碗、女子形体修饰对比图。	观看视频，结合教材完成近代社会在衣、食、住、行、社会习俗等方面变化表格。	阅读大量历史照片、报纸、文学作品和历史史料，文史互证了解近代中国社会生活的变化和理解变化的特点；通过对剪辫、放足、婚姻观念等社会习俗变化的深入分析，从生活变化表象看到深层的变化是人们思想观念的变化，形成透过现象看本质的唯物史观。

续表

		《经济和社会生活的变化》教学设计评价		
新课教学	变之势，新潮涌荡近代化（社会生活的变化）	展示《民国日报》中的征婚广告："(1931年7月6日)刊登的一则女子征婚启事：面貌俊秀，中段(等)身材，望之若庄严，亲之甚和蔼。……经济有相当的独立。没有烟酒等不良的嗜好。有创造的思想和保守的能力。" 师：可以看出近代的人们开始了从头到脚的解放。这种解放还体现在征婚启事上，这里有一则征婚广告，请一位女同学大声念出来这位女子的征婚要求。同学们，在传统的封建社会婚礼是父母之命，媒妁之言，何况女子更应该待字深闺，到了近代女子居然可以自己选择对象了，结合刚才的剪发、放足，分析当时社会出现了哪种追求？ 师：这说明近中国社会出现的深层次变化是什么的变化？ 展示矛盾《子夜》片段："吴老太爷从乡下乘轮船来到上海……坐进30年代的汽车里，像一具刚从棺材里爬出来的僵尸……南京路上，到处是光怪陆离的灯光和高耸的摩天大楼。最让吴老太爷大受刺激的，是一位身穿高开叉旗袍、连肌肤都看得分明的时髦少妇……终于，吴老太爷大叫一声，昏死过去……" 师：从这一描述中，你能获得什么信息？文学作品是否可信呢？ 展示扶小兰《近代城市文化娱乐生活方式与社会心理之变迁》节选，"近代中国文化娱乐生活的发展是不平衡的。当上海、广州等大城市的洋派人物洋溢"在烛光摇曳的酒厅中举杯相庆"圣诞、复活节等洋节时，内地城市和广大农村的人们还不知提琴、洋笛为何物。当商人、企业家、知识分子等群体中的不少人成为领导时代的弄潮儿时，普通市井小民、杂役及乞丐等下层社会人员……被排斥在近代文明之外。" 师：请根据材料，归纳近代中国社会生活发展不平衡的表现。	解读历史图片，仔细对比两幅图片的变化，体会近代中国在思想观念方面发生的深层次变化。 解读文学作品和史料，进行文史互证，并对史料进行分层，归纳近代中国社会生活发展不平衡的表现。	

续表

《经济和社会生活的变化》教学设计评价

新课教学	变之思——?（主动求变振中华）	师：在中西文化的碰撞下，近代中国所发生的深刻变革给我们留下了怎样的思考呢？ 展示表格：民族工业的发展和社会生活的变化在背景、过程、特点、作用方面的发展概况。 师：接下来请同学们分组探究，归纳对比中国近代经济和社会生活的变化有何共同点？请各小组找好代表发言。综合起来，你能得出什么历史结论？今天的中国想要实现民族的伟大复兴引领时代潮流，我们应该怎么做呢？请大家为变之思拟七个字的小标题。（教师参考意见"主动求变振中华"）。 播放视频：《了不起我的国》片段。	分组合作，讨论探究民族工业的发展和社会生活的变化在背景、过程、特点、作用方面发展概况的共同之处，得出结论。 为"变之思"拟七个字的小标题。 观看《了不起我的国》片段，感受中国智慧带给我们今天的巨大变化。	分析归纳中国巨变的背景，知道新事物的发展过程是艰难而曲折的，但新事物取代旧事物是历史的必然；通过中国因为在近代没有主动创造新事物，而远远落后于西方的教训，懂得今天我们要主动求变振中华；观看视频《了不起我的国》片段，感受中国智慧带给我们今天的巨大变化，增强学生的民族自信心和自豪感，点燃心中的爱国情怀。
课堂小结	本堂课围绕"变"字展开，分为变之因——欧风美雨摧华夏、变之势——新潮涌荡近代化、变之思——主动求变振中华三个板块，重点在变之势和变之思，通过对近代中国经济和社会生活的变化两方面的深入挖掘和理解，引导学生树立要实现民族的伟大复兴就要主动求变的观念。			
作业布置	根据本节课的所学所悟，感受现实生活的变化给我们带来的影响。			
板书设计	经济和社会生活的变化 ｛ 变之因——欧风美雨摧华夏（西方工业文明的冲击） 变之势——新潮涌荡近代化 　1.民族资本主义的发展 　2.社会生活的变化 　　(1)表：衣、食、住、行、社会习俗 　　(2)里：思想观念（自由、平等） 变之思——主动求变振中华			
教学反思	本堂课在整体上，立意高远，主线明确而清晰，教学环节紧凑，逻辑性强。从时间分配看，重难点突出，时间分配恰当；从课程结构看，充分利用教材资源，讲练结合，及时巩固，设计合理，注重知识点的落实和运用；从课堂流程看，过渡自然，生动活泼。本课注重培养学生分析归纳和解读历史材料的能力，在上课过程中发现本课在短时间内完成了对内容的升华，学生的学习积极性调动得也较好，绝大部分学生都参与课堂的学习中。让学生对内容的理解更加透彻，引导学生深切体会近代中国经济和社会生活变化的精华，在增强学生民族的自豪感和自信心方面达到较好。反思本堂课教师和学生的表现，教师表现比较从容、状态良好，学生的思考的空间很大，学生的主体性作用得到了充分发挥。 　　教学过程是一个动态生成的过程，在预设与生成之间要达成良好效果，必须要充分把握学情，然后根据学生和教师的储备设计出切切实实符合学生实际的、朴素、朴实的美妙课堂，并且教师也能享受其中，真正达到教学相长。所以在备课过程中如何备学生、备教师、备教学环境等方面都是要重点下功夫研究的问题，解决好以上问题才能实现让学生在智慧的盛宴中品尝历史的味道。			

（此案例由朝阳中学邹婷提供）

二、教学点评

1.教学目标。

从教学目标来看,本节课贯彻落实了必备知识和核心素养。以张謇兴办实业为例,学生初步认识了近代中国民族工业的曲折发展。通过分析文学作品和历史资料,文史互证,了解近代中国社会生活的变化和理解变化的特点;又通过对剪辫、放足等社会习俗变化的深入分析,发现人们思想观念的变化,形成透过现象看本质的唯物史观;通过对剪辫、放足、婚姻观念等社会习俗变化的深入分析,理解人们的思想观念开始变化;分析归纳近代中国的巨变,懂得新事物的发展过程是艰难而曲折的,但新事物取代旧事物是历史的必然;通过学习以张謇为代表的一批近代民族资本家实业救国的行为,深刻体会其爱国主义精神和顽强坚韧的拼搏品质,增强民族自信心、自豪感。

2.教学内容。

从教学内容来看,本节课主线清晰、史料丰富。本节课对教材内容进行了重构,分为近代中国巨变的原因、内容和反思三个板块。

在第一个板块中,学生对观看视频和历史图片表现出浓厚兴趣,并能概括出近代中国巨变的原因是受到西方工业文明的冲击。第二个板块涉及经济和社会生活两方面的变化。经济变化方面,学生对猜测历史人物及其相关经历的细节性材料的热情较高,能从中体会张謇"弃官从商"的价值追求和以他为代表的一批近代民族资本家的热爱祖国和顽强坚韧的拼搏精神,且能结合教材完成近代中国民族工业发展历程图,直观感受民族工业发展曲折的特点;在社会生活变化方面,学生能总结出衣、食、住、行和社会习俗发生的变化。在第三板块中,学生能够通过合作探究分析表格,得出结论,即新事物的发展过程是艰难而曲折的,但新事物取代旧事物是历史的必然。

3.教学行为。

从教学行为来看,本节课注重学生课堂参与,坚持"以人为本"。活动设计上,通过大量的史料解读、信息提取、历程图制作、小组合作探究等,增强了课堂互动,让学生感受到历史离自己其实并不遥远,只要善于思考就可以变被动学习为主动学习,感受历史的魅力。

4.教学效果。

从教学效果来看本节课学生全身心投入,教师专业素养和个人魅力也得到了彰显。在学习的过程中,学生学习兴趣浓厚、富有想象力、知识迁移能力强,学科思维、情感体验和实践能力得到加强,提升了核心素养。教师在整个讲授过程中充满关爱、语言幽默、肢体表达富有亲和力。语言表达准确、语调张弛有度,语气抑扬顿挫,具有较强的课堂表现力。整堂课下来,师生良好的表现产生一种美感,将听众带入学习情境。

三、全息育人视角下教学片段案例分析与评价

1.注重学生的个体发展。例如,在教学设计的最后一个关节——变化反思板块,通过"归纳对比中国近代经济和社会生活的变化有何共同点"这一主题,学生积极讨论,各抒己见。"一千个读者就有一千个哈姆雷特",不同的学生站在不同的角度对于本堂课的收获和思考也不同,这个环节的设置有利于学生主体性的发挥。

2.注重培养学生的核心素养。例如,通过材料,了解近代中国的农耕文明面临着西方工业文明冲击的时代背景,以及近代中国社会生活的变化和理解变化的特点;概括近代中国经济、社会生活的变化集中出现在东部沿海城市的特点,形成强烈的时空观念;认识民族工业发展的曲折历程;通过对剪辫、放足、婚姻观念等社会习俗变化的深入分析,形成透过现象看本质的唯物史观等。

3.突出了立德树人的根本任务。例如,在学习过程中通过学习以张謇为代表的一批近代民族资本家实业救国的行为,深刻体会其爱国情感和顽强坚韧的拼搏品质;通过材料感受当代中国巨大的变化,增强学生的民族自信心和自豪感。

第六章

初中历史学科全息育人研修

初中历史全息育人理念下的学科研修,是基于北碚区初中历史教学真实问题的研修。它以全息育人理念和浇根式改善型教师理念为指导,以历史学科研训为载体,以实现学科育人为核心,以提升初中历史教师的教学素养和学生的历史学科核心素养为价值指向,秉承学科性与育人性相结合、整体性与差异性相结合、基础性与发展性相结合、固定性与灵活性相结合、针对性与时效性相结合等原则,通过问题的分析和解决,扩展参研教师的育人知识、增强参研教师的育人技能、提振参研教师的育人情怀,实现区域初中历史教师育人素养提升,最终达成提升区域学科教学育人整体水平的目的。初中历史学科全息育人学科研修和以往研修相比,在研修的核心理念、核心思路、核心策略、核心模型、核心保障等方面都有较大区别,是对以往研修的理论提升和经验总结。

第一节 初中历史学科全息育人研修理念

初中历史学科全息育人研修理念以历史课程与教学论为理论支撑,通过初中历史学科研修,改善初中历史教师教学行为,提升初中历史学科育人实效。其具体内容涵盖"五育融合、主题设计""问题引领、精准施策""众筹智慧、三级联动""课题推进、任务驱动""技术加持、手段创新"五大理念。

一、五育融合、主题设计

"五育融合、主题设计"是初中历史学科全息育人研修的核心理念,是初中历史学科研修创新所在。"五育融合"是指将德智体美劳五育融入日常的学科研修。"主题设计"是指基于主题的教学设计,将一个育人主题贯穿于研修目标的预设、策略的选用、素材的筛选、效果的检测等设计的始终。"五育融合"的提出,还蕴含了一种新的教育理念或育人理念,即"融合理念",它与"融合实践"一样,直指以往制约育人质量提升的主要瓶颈和难题之一:各育之间的相互割裂、对立甚至相互矛盾。[1]过往的初中历史学科研修,立足于学科本位,聚焦于学科教学中的某一方面,着力解决学科教学中的某个或某类问题。全息育人下的初中历史学科研修,立足于人本,聚焦"五育融合",通过探索历史学科核心素养的培育路径,实现"五育之间,五育与教师、学科教学的有效融合",最终促进人(学生、教师)的发展。"主题设计"是"五育融合"下的"主题设计",将初中历史学科教学中的设计、实践和评价等活动中,德智体美劳的某一方面或几方面出现的问题提炼为研修的主题。"五育融合"是目标,"主题设计"是形式,通过"主题设计"推动"五育融合",最终在改进教师的育人理念、改善教师的育人行为、提升教师的育人能力的基础上,实现立德树人根本任务,促进德智体美劳全面发展总目标在初中历史学科教学实践中的落实。

---

[1] 李政涛."五育融合",提升育人质量[J].云南教育(视界综合版),2020(Z1):1.

二、问题引领、精准施策

"问题引领、精准施策"是初中历史学科全息育人研修的核心思路,是历史学科特点在学科研修中的具体表现。初中历史学科全息育人研修以问题为引领,源于问题并结于问题,以全息原理为指导,贯穿于研修的准备、实施和评价全程,具体体现为问题的提出、问题的分析和问题的解决三个部分,每部分都指向研修主题本身。在研修的准备阶段,首先通过问卷星、QQ等平台向参与活动的对象收集问题,然后将收集的问题分门别类进行整理,再以主题研讨的方式,对分类后的问题进行价值判断,确定研修的主题,最后将主题分解成若干个具体的问题,并作为研修的引领。"精准施策"是指针对研修要解决的问题,进行研讨并加以解决。"精准施策"体现在研修过程的针对性和制订措施的有效性上。在研修的过程中,所有研修活动都围绕研修主题进行,采用分组研讨等方式进行,每组研讨的问题虽各不相同,但每一个问题都指向研修的主题,做到"形散而神不散"。这样所有小组的研讨共同组成了主题全体,其研讨的过程变成了针对主题的、合理的应对策略。

三、众筹智慧、三级联动

"众筹智慧、三级联动"是初中历史学科全息育人研修的核心策略。"众筹智慧"是指在初中历史学科全息育人研修中,研修主题的确立、研修方案的制订、研修过程的实施和研修效果的评估,都有赖于研修活动参与者的智慧碰撞。众人拾柴火焰高,全体初中历史教师是初中历史学科全息育人研修的实施主体,通过"众筹智慧",群策群力,充分发挥"人"的主体地位。"三级联动"是指在初中历史学科全息育人研修中要实现校本研修、集团研修、区域研修三级之间相互关联、上下联动,它充分体现了全息的相关原理。具体而言,"三级联动"将研修问题采用层层推进的方式展开研修。教师个体不能解决的问题通过校本研修解决,校本研修不能解决的问题,可以通过集团研修解决(北碚区分别组建了朝阳教育集团、兼善教育集团、江北教育集团,北碚区所有初级中学按区教委的统一部署,分别加入其中,实行学科研修一体化),集团研修不能解决的问题上升为区域问题,又可由区域研修解决。在研修的过程中,"众筹智慧"的对象从学校内的初中历史教师变成集团内的初中历史教师,再变为全区的初中历史教师。通过"众筹智慧、三级联动",参训的初中历史教师在研修中的身份从以往的聆听者变成了现在活动设计者、实施者,实现了从研修客体向主体的转变。

四、课题推进、任务驱动

"课题推进、任务驱动"是初中历史学科全息育人研修的核心模型,集中反映了浇根式改善型教师培训理念。"课题推进"是指在研修活动的设计中,为推动参研教师的积极性,提升其成果意识,采取课题推进的方式开展研修。2019年,北碚区初中历史学科已成功申请并立项重庆市北碚区区级课题《基于全息育人的初中历史教学设计研究》。本研究力图通过课题的方式,将全区初中历史学科全息育人研究推向深入并形成研究的成果。通过学科研修,将研修成果迅速落实于学科教学中,从而实现研修成果向教学效益的转化。"任务驱动"是指在研修活动中,每位教师紧紧围绕一个共同的任务活动中心,在强烈的问题动机的驱动下,积极主动应用研修资源,自主探索和互动协作,在完成既定任务的同时,培养自身的主动性和积极性。"任务驱动"贯穿于整个研修活动的始终,完成任务的过程就是解决问题的过程。采用"课题推进、任务驱动",有利于推动个体教学素养的提升,更利于研修成果的孵化,进而提升区域整体育人水平。

五、技术加持、手段创新

"技术加持、手段创新"是初中历史学科全息育人研修的核心保障,是现代信息技术与学科研修结合的产物。"技术加持、手段创新"是指在初中历史学科全息育人研修中,利用现代信息技术,创设研修网络平台,推动研修开放,实现手段创新。《教育信息化十年发展规划(2011—2020年)》发布以后,"互联网+教育""信息化教学""教育信息化""可视化教学"等成为当前学科教学的新方向,为初中历史学科全息育人研修指明了前进的方向。以往的研修都以现场研修为主,受时间和空间的限制较大,主要靠区域的内力达成研修目的,而和以往的现场研修相比,初中历史学科全息育人是现代信息技术加持下的网络研修,通过群策群力,成功构建"1+1"模式,此模式围绕育人开展,利用线下的主题式课例研修和线上云平台研修相结合的方式进行,既延伸了研修时间的长度,又拓宽了研修空间的宽度,打破了区域对学科研修的限制,增强了研修的机动性、时效性、区域性、灵活性,扩大了研修的范围,巩固了研修的成果。

第二节　初中历史学科全息育人研修原则

百年大计,教育为本;教育大计,教师为本。初中历史教师是初中历史学科全息育人的主体力量,其自身素养的高低直接关系学科育人效果的高低。终身学习是提升教师育人水平的重要前提和条件。初中历史学科全息育人研修基于终身学习的思想,以提升初中历史教师的专业能力为抓手,通过学科研修打通教师专业发展的渠道,打破阻碍其发展的专业障碍,利用专业能力的提升实现育人素养的提升,进而提升初中历史课堂的育人效果,最终实现育人的同时也育己。为此,初中历史学科全息育人在研修活动中遵循了以下几点原则。

一、学科性与育人性相结合的原则

学科研修,学科是研修的载体,全息是指导理念,育人是研修的焦点。初中历史学科全息育人研修,以提升学科育人水平为研修目的,以提升初中历史教师育人素养为抓手,是研修和教学实践的有机结合。初中历史学科全息育人研修注重历史学科性与育人性相结合。就历史学科而言,其本身具有丰富的育人内涵,是培养学生健全人格、进行社会主义核心价值观教育、培养德智体美劳全面发展的社会主义建设者和接班人的重要学科。就历史教师而言,挖掘历史的育人内涵,彰显历史学科独特的育人价值是每一个历史教师的应尽职责。由此,初中历史学科全息育人研修要以历史学科为基,力图实现历史学科育人从实践到理念的升华。

二、整体性与差异性相结合的原则

整体和个体之间是辩证统一的,整体居于主导地位,统率着部分,具有部分不具备的功能,部分离不开整体,我们应树立全局观念,立足整体,统筹全局,实现最优目标。初中历史学科全息育人研修关注整体和个体之间的逻辑关系,立足个人,以个体提升推动整体发展。通过发挥研修者的个体力量,实现研修整体目的的提升。具体而言,就是通过研修改进每个初中历史教师的育人理念、改善每个初中历史教师的育人行为,来提升区域初中历史学科育人的整体水平。

三、基础性与发展性相结合的原则

教师育人素养的提升过程是一个由低到高、循序渐进、动态的发展过程,其育人知识会经历由少变多的过程;育人技能会经历由生涩到熟练的过程;育人行为会经历由模糊到清晰的过程;育人情怀会经历积少成多的过程。通过问卷调查等手段,摸清每一名参研教师的基础,找准其生长点,利用整体推进等方式并落实到研修的过程中。让参研的初中历史教师通过研修活动,夯实基础并找准未来发展的方向,不仅要提升其学科育人素养,更要为其终身发展打下坚实的基础。

四、固定性与灵活性相结合的原则

固定性与灵活性相结合是初中历史学科全息育人研修的一大特色。过去的学科研修,在方式上往往走向两个极端,要么研修方式固定长期不变,要么追求随时变换新意,这都不利于研修效果的提升。全息育人下的初中历史学科研修,针对不同类型的学科研修和研修主题,采取不同的研修方式实现研修的灵活性,通过研修主题的类型和研修方式的匹配实现研修方式的固定性。

五、针对性与时效性相结合的原则

"小切口,大方向",这是历史试题命题的一个基本范式,这个范式也适合初中历史学科全息育人研修的原则。针对性和时效性是提高研修实效、提升研修品质的基本要求。针对性分为研修主题的针对性和研修过程的针对性两方面,确保研修过程中不偏题、跑题,研修活动始终围绕预设的主题进行,它指向研修空间的广度。时效性是指研修活动中产生效果的时间长度,解决的"当时有效,过后无用"等问题。初中历史学科全息育人研修,从宏观处定位、从中观处建构、从微观处透析。力求做到主题针对、方案针对、实施针对和评价针对,把针对性和时效性贯穿于研修的始终,从低效走向高能。

第三节　初中历史学科全息育人研修策划与实施

初中历史学科全息育人是初中历史学科研修的智慧结晶,是北碚区全体初中历史教师在学科教学研讨中群策群力的结果。长期以来,在北碚区教师进修学院历史教研员廖成林老师的组织下,北碚区初中历史教师通过区域、集团、校本三级模式,积极探究初中历史课堂育人的新思路、新方略,以全息育人理念为指引,学科性和育人性相结合,努力发挥新时代初中历史教材的育人功能,用实际行动践行立德树人理念下的历史学科研修。

一、研修活动的策划

研修活动的策划是开展学科研修的前提,其策划是否科学、是否合理、是否完善直接关系到研修的效果好坏。初中历史学科全息育人研修的策划,以历史学科全息育人理念为指导,包括研修活动主题和研修活动形式两方面。

(一)研修活动主题

1.研修主题的有效性和针对性。有效的、针对性强的研修活动才能使参加者真正融入其中。这既需要具有"参与者"的意识,也需要许多操作性的设计,以及一定的任务驱动,如"基于合作的课堂教学微格观察与诊断""基于合作互动的'教学问题大会诊'"等主题,有任务做介质,教师才能跟着动起来。初中历史学科全息育人研修的主题来源于一线教师在历史学科育人上存在的真实问题和困惑,并通过意见的收集整理与历史教学论相结合,从中提炼出一线教师共性的、急需解决的育人问题。

2.研修主题的建设性。研修主题对老师而言应具有建设性。教师参训的目标是改进教学方式和提升素养。教师参加研修活动的收获主要反映在三个方面,一是认识上的进步,二是行为上的改进,三是理念上的更新。有建设性的研修主题好比教师成长的"扶手",能够在研修后形成有助于教师改进教学行为的理解和建议,从而提升认知。

3.研修主题的连续性和渐进性。研修活动不是一劳永逸的,试图通过一次活动就解决问题是不切实际的。要达到更新教育理念、改进教学行为的目的,需要坚持对某一主题进行多方位持续的研究。因此,研修活动的策划应尽量做到将若干表面相异而实质相关的主题联系在一起,做阶段性的连续研究,体现"螺旋式上升"的特点。初中历史学科全息育人研修主题的策划是系列化的而非单个化的,聚集某个主题开展系列化的研训活动。同时通过后期贯彻和课堂跟踪等方式对参训教师进行持续性指导。

(二)研修活动形式

1. 名师导引,专家引领。"区域研修+校本研修"是初中历史学科全息育人研修的基本载体。专家名师多元化、分层式的引领研修活动虽应避免单纯枯燥的理论式讲解,但也需要专家高屋建瓴的专业引领。专业引领不只是单纯的知识讲座,还是专家和与会者的对话,专家通过解答与会者的问题与困惑,把深奥的理论寓于具体的课堂教学设计与实施中或问题情境中去阐述。以区域为单位"请进来",即充分发挥区域名师和专家对本区域教师的引领,同时"走出去"实行跨区域教研,现阶段重庆市初中历史教研工作坊交流协作体研讨活动为跨区域研修提供了很好的平台。

2. 校本研修,智慧共享。对教师而言,区域研修的次数有限,如何将区域研修的学习成果转化为课堂教学的实效,校本研修是其中的关键环节。教师是课程资源的建设者,现实教学中教师使用的课程与教学资源并不能完全靠第三方的开发,需要依靠团队合作,共同建设。学校教学资源包括备课资源、教学设计、作业资源、课程资源、综合实践等。

3. 网络平台,高效研修。随着"互联网+"时代的到来,网络研修以其便捷、省时、高效的特点被各级各类的研修和培训活动所采用,初中历史学科全息育人研修主张通过网络平台进行在线探讨,实现跨学科、跨地区的研修模式,使教师得以获得不同类型的丰富资源,满足教师的不同需求,为此我们建立了各类教师研修工作坊,力图通过工作坊的方式,让学科教师及时、随地开展学科育人研修,提高研修的效率。

二、研修活动的实施

初中历史学科全息育人研修拥有一套相对稳定且高效的研训模型。经过不断的实践探索,形成了以"1+1"模式下的区域学科研修和特殊校本研修相结合的方式,推进学科育人研修,并取得较好效果。

(一)"1+1"模式的含义

前一个"1"是指确立一种比较固定的模式作为历史学科研修的核心模式,即主题式研修。主题式研修是指以课程实施过程中教师所面对的各种具体问题为对象,以教师为研究的主体,关注教师的实际需要,从而形成教师之间彼此合作、交流、共享、探讨的,以促进教师的专业发展为根本的一种研修活动模式。后一个"1"是北碚区历史研修的拓展模式,即网络研修。这种研修模式信息容量大,交流范围广,有利于教师的专业发展。

(二)"1+1"主题式研修模式的建构

1. 主题研修的主要形式。

(1)同主题同内容:同题异构,即确定同一主题,对同一教学内容进行不同的教学设计、展示与研讨。如在高中新课改中,依据新课程目标和新的教学理念,教师在教学中面临着一系列问题,结合教师自身的发展需要,我区开展的研修活动的主题是"初中新课改下的课堂教学高效性的研究",分别由一位有经验的老教师和一位年轻教师以《中国早期政治制度的特点》这一课进行了不同的教学设计和展示,并组织了全区的高一年级历史教师进行研讨,参会教师围绕这两节课并结合自己的课堂教学,表达自己的体会与感受,纷纷表示收获很大,这既提高了教师的教学实践能力,也适应了新课程改革的发展需要。

(2)同主题不同内容:确定同一主题,以不同的教学内容体现这一主题,进行教学设计、展示与研讨。如,针对"高中历史教学中讲评课的研究"这一主题,北碚区教师进修学院历史教师员廖成林老师把它分解成了"高中历史教学中选择题的有效设计与指导的研究""高中历史材料分析题的设计与指导的研究"两个主题,在全区高中历史教学中开展了研修活动。

(3)同内容不同层次:确定同一主题,对同一内容进行不同层次的教学设计、展示与研讨。北碚区教师进修学院历史教研员陈晓琴老师结合其主持的市级课题"初高中历史教学衔接问题的研究",以"新中国初期的外交成就"为主题,指定重庆市朝阳中学高一年级和八年级的两位老师进行了教学设计、展示与研讨。参会的全区八年级和高一年级的历史教师在会上各抒己见,表示教师在做好初高中历史教学的衔接,传授知识的同时,注意培养学生学科能力等方面达成共识。

2. 主题研修的实施。

主题式研修的实施过程包括三阶段五环节,三阶段:发现问题找主题——行为跟进研主题——总结提升拓主题;五环节:学课——备课——上课——议课——结课,在各个阶段、各个环节的研修活动应该先干什么,后干什么,以及主讲教师、参与教师、教研组长、教研员要做什么都有明确的要求。

第一阶段:发现问题找主题。研究始于问题,问题是主题研修的出发点。在发现的问题中选择教研活动将要研究的主题,能够增强研修活动的价值,提高研修活动研究的效益。选择主题的要求:要与教学实践直接联系,解决教师最棘手的教学问题,以及真实的、实际的问题。如在高中新课改下的高中历史教学中,我们的老师面临的最大问题是教材内容多、课时少,有的老师继续按照原来的教材思维、教学方式进行教学,结果导致原定的教学任务无法完成,针对这些问题,北碚区教师进修学院历史教师员廖成林老师确定了以"高中历史课堂教学问题教学模式的研究"为主题的研修活动。所谓问题教学模式,就是在教学过程中,教师立足于学生的实际情况,依据课程标准和现行教材提出问题,让学生在问题情境中,通过教师的引导和自主学习、合作探究,最终解决问题的一种教学方式。其本质是用"问题"贯穿整个教学过程,以实现教学目标,培养学生思维能力,激发创新潜能为目的。

第二阶段:行为跟进研主题。(1)学课。参加研修活动的所有人员都要为这次主题研修活动做好准备,学习与这一主题有关的课标、教材、教学展示等,了解相关信息,提高研修的起点,在学习的过程中要注意吸取精华,加以改造,灵活运用于该课教学及教研之中。教研员还要学习与主题有关的理论和案例,并写好专题讲座材料。(2)备课。主讲教师要写出说课稿或教学设计,承担这一研修主题的学校教研组长要组织组内教师进行研讨,与主讲教师一起解决备课中发现的疑难问题。在这一阶段里,也可邀请专家做专题讲座,深化对研修主题的认识与理解。(3)讲课。课堂是主题研修的主阵地,主讲教师应该在充分准备的情况下把课上好,力求做到教学理念先进、对教材理解深刻、教材处理恰当、教学方法灵活和教学效果明显。在课堂教学中教师不仅要注意培养学生收集、处理、交流和合作学习以及运用知识等能力,还要注意培养其求实、探究和创新精神等。参加听课的教师也要充分准备,专心听讲,认真记录,思考需要研讨的问题。

第三阶段:总结提升拓主题。(1)议课。议课是主题研修的关键环节,先由主讲教师反思自己的课堂教学,哪些方面达到了目标,取得了哪些成果,还存在哪些问题,下一步如何改进,参议人员要将自己学习的专题研究材料与听课的实际情况结合起来,并结合教学实践进行议课,包括自己对教学内容的理解、教学方法的选择和教学过程的实施等,以及在学习中、听课中、研讨中新发现的问题。议课要求主题明确、详略得当、以事论理、言简意赅、观点鲜明、人人发言和公正客观等。通过议课,教师将实践与反思进行相互联系,全力解决教学中存在的问题。(2)结课。这里是指对研修活动的教学及研讨进行小结，其目的是提高教学、教研能力，形成教学、教研成果。首先，教研员准备好与主题相关的材料，将其与先进的教学理念、本地的教学实际、本课的教学实例结合起来，进行深入浅出的分析，提出指导性意见，做好专业引领工作。其次，所有参研人员将自己在该次研修活动中最深刻的一点或几点认识写成总结性文章，形成个人研修成果。主讲教师要根据大家在议课时提出的改进意见，优化该课的教学设计，进行行为跟进。主题教研组长要收集本次研修活动的所有文字资料，写好本次活动的简报。

(三)"1+1"模式评析与思考

较之过往研修模式，"1+1"模式使研修活动发生了诸多变化：首先，研修活动的理念发生了变化，由过去无主题、走过场、重接受、重展示，转变为重问题、重内涵、重参与、重实效，解决了历史教师在教学中实实在在存在的问题，从而提高了研修活动的有效性。其次，教师的研修观念发生了变化。教师由原来研修活动的旁观者，变成了参与者，增强了主体意识，激发了自主参与研修的积极性，对推动课程改革的发展，提高教师专业化水平起到了积极的作用。最后，教学资源共享共建程度提高，学习研究的共同体已经形成，教师在研修的过程中资源共享、互相学习、互相帮助。

初中历史学科全息育人研训，以主题式研修推动研修过程，因其活动主题的有效性和针对性、研修主题的建设性、研修主题的连续性和渐进性，受到广大一线教师的欢迎。研修活动实行分工合作，重大主题由教研员主持，一般主题由优秀教师或骨干教师主持的模式。所有参研教师按活动内容被分为若干小组，推进研修项目化。研修活动中人人是主体，通过营造相互信任的组织氛围，挖掘团队中每一个个体所蕴藏的积极因素。在"1+1"模式下的区域学科研修中，初中历史学科全息育人还强调校本研修特色实施，开展基于课题研究的校本教研活动。在校本研修中，以课题研究作为载体，通过以"疑难问题"为切口的主题提炼、以"项目推进"为特点的行动研究、以"过程反思"为内容的系列写作和以"成果共享"为目的论坛讲演等系列活动，扎实课题研究过程，从而促进教师专业发展。

第四节　初中历史学科全息育人课堂教学研修案例及评析

实践出真知,全息育人从理念到实效需要实践。教学研修架起两者之间的桥梁,打通两者之间的关节。课堂是初中历史学科全息育人的主阵地,教研是发挥历史学育人功能、优化历史课堂育人结构、提升历史课堂育人实效的重要方式。长期以来,北碚区初中历史学科教研以全息育人理念为指引,教学案例为支撑,通过"1+1"主题式研修的方式竭力提升区域初中历史课堂的育人实效,并取得了较好的效果。下面以《百家争鸣》课例研修为例进行阐述。

一、案例:七年级上册第8课《百家争鸣》

(一)任务分工

1.课例研究:首先确定本次课堂执教者,然后将历史组教师分成6个小组,安排不同任务,利用问卷、观课表、访谈记录、讨论记录等工具进行研究。

2.教学设计组:旨在根据课堂反馈及需要,不断美化教学设计并实施教学(邹婷、汪玉梅、戴丹雪)。

3.前后测组:旨在了解"学习结果"的"增量"(李萍、吕云萍)。

4.访谈组:旨在了解不同层次学生的思维差异(邹婷、汪玉梅、戴丹雪)。

5.课堂观察组:旨在从现场不同角度获取"教与学"的信息,了解学生在教学过程中的学习投入情况(郑柯、明秀丽)。

6.教学结构小组:旨在总体把握教学脉络和时间分配(孟易旭、张耀武)。

7.问题结构与主题研究小组:旨在总体把握主干问题如何驱动教学,重点考察"历史问题设置有效性"的运行(苟扬、邓荣、苏小琴、贺静)。

（二）教学实施与问题讨论

第一次教学实施。

表6-1 《百家争鸣》第一次教学实施

课题	第8课《百家争鸣》		
课型	新课		1课时
教材分析	百家争鸣是春秋战国时期诸子百家思想交相辉映的结果，它谱写了中国传统文化的序曲，其思想精华仍具有为现代社会服务的现实意义。该课能让学生深切体会中国传统文化的精华，增强其民族的自豪感和自信心。因此该课在本册教材中的地位非常重要。		
学情分析	初一学生具备了一定的自学能力，理解史料能力有了一定程度的提高，阅读、归纳、演绎推理能力以及运用逻辑进行判断的能力也有所进步。但是，学生的学习观、价值观都尚未完全定型，可塑性、叛逆性都很强，因此，教师的引导和帮助显得格外重要。必须引导学生找到适合自己的学习方法，提升认知历史的层次，锻炼独立分析、解决问题的能力，让他们逐步掌握历史演进的规律，学会用联系和发展的眼光看待历史，拓宽历史思维，为初中三年的学习打好基础。		
育人目标	知道百家争鸣出现的原因；了解儒家、道家、墨家、法家等诸子百家的代表人物及主要观点；初步理解春秋战国时期百家争鸣局面形成的重要意义。通过找找、读读、填填、写写，激发学习热情，巩固基础知识；通过材料解析，初步培养从材料中获取有效信息的能力和分析历史问题的能力，感知论从史出的学习方法。通过写历史小论文，初步培养历史思维能力。感受诸子百家为追求政治理想做出的卓越贡献，体会人类优秀思想传承对人类文明演进的价值，增强使命感与责任感。		
学习重难点	教学重点：战国时期儒家、道家、法家、墨家四家学派代表人物及主要观点，其中又以儒、法两家为重。 教学难点：百家争鸣的原因及影响。		
教学过程			
环节	教学内容	教师活动	学生活动	设计意图
课题导入	千年一梦	播放有关诸子百家的视频、音乐《幽兰操》。（2分钟） 师：你们知道刚才那首歌是唱的谁吗？你们知道孔子的核心思想是什么吗？ 师：孔子和战国时期的另一群思想家一样，他们都有一个共同的追求，那就是"和"。 展示图片："和"。 这个"和"字体现了什么思想？几千年来我们追求这一梦想的步伐从未停止。至今仍然在为实现和谐社会而努力着，可谓千年一梦。	观看视频，了解诸子百家代表及其主张。	观看视频资料，加深学生对诸子百家代表人物及其主张的印象。
新课教学	乱世梦起（百家争鸣的背景）	师：下面这段视频介绍了百家争鸣的社会背景，请同学们认真观看并注意提取相关信息或者关键词，看哪些同学找得又多又准确。 播放视频：《中华文明》片段。 师：总结起来百家争鸣产生的背景有两点，第一个是这一时期的社会大变革；第二个是出现了诸子百家，"子"是对有学问、有修养的人的尊称。	观看视频并从中提取有效信息。	观看视频、阅读教材、填写表格，使学生初步了解百家争鸣的背景和各学派的代表人物及其主张。

续表

新课教学	百家逐梦（百家争鸣的内容）	展示活动表格： |	法家	道家	墨家	儒家
代表人物				
主张				| 师：下面请同学们分组阅读教材，第一组是儒家，第二组是墨家，第三组是道家，第四组是法家。请找出你们这一学派的代表人物并归纳提炼出他们的思想主张。请先自行阅读，然后可以相互讨论并推选出一名同学作为代表，将答案填写在黑板上。	分组阅读教材，归纳提炼各学派代表人物及其思想主张并分享交流。 学生根据自学内容，初步讲解各学派的主张，并相互交流。	
		师：填好的同学请先按照儒墨道法的顺序站在讲台旁边。下面请各位同学依次到讲台中央做介绍。 师：下面我们通过几段材料，一起来判断以下材料表达的是哪些学派的观点。 展示材料，引导学生通过阅读材料判断各学派及其主张。 　　地方百里而可以为王。王如施仁政于民，省刑罚，薄税敛……可使制梃以挞秦楚之坚甲利兵矣。……王往而征之，夫谁与王敌？故曰："仁者无敌。" 　　　　　　　　　　　　——《孟子》 　　君人者，隆礼尊贤而王，重法爱民而霸。 　　　　　　　　　　　　——《荀子》 　　视人之国若视其国，视人之家若视其家，视人之身若视其身。 　　　　　　　　　　　　——《墨子》 　　天地无为而无不为也，人也孰能得无为哉。 　　　　　　　　　　　　——《至乐篇》 　　夫严刑者，民之所畏也；重罚者，民之所恶也。故圣人陈其所畏以禁其邪，设其所恶以防其奸，是以国安而暴乱不起。 　　　　　　　　　　　　——《韩非子》 师：对以上几家学派的主张，同学们已经有了初步的了解，不知道各位同学更赞同哪家学派的观点？ 　　下面假设我们都生活在战国时期，我是诸侯国国君。现在寡人想在这乱世之中富国强兵、一统天下，苦无治国良策，所以寡人颁布求贤令，广招天下贤士，你认为寡人应该采取什么主张更有利于实现霸业？能够说服寡人采纳你这一学派主张的贤士，寡人重重有赏！ 师：好，众贤士唇枪舌剑，寡人实难选择。到底哪家学派的主张更切中时弊，下一课《秦朝的统一》可见分晓。电视剧《芈月传》第30集中就有一段百家争鸣的内容，下面通过这段影视作品去感受当时激烈争辩的场面吧。 师：动荡与变革交织的战国时期已然远去，但诸子百家逐梦的思想与智慧的光芒依然在中华大地上闪烁。	解读和判断各材料内容所体现的学派主张。填表格，加强对各学派代表及其主张的掌握。 阅读材料，进一步加深对儒墨道法各学派思想的理解。 观看视频，感受当时激烈争辩的场面。	通过材料解读，拉近历史与现实的距离，使学生进一步了解诸子百家的主张。 通过材料解读和表格填写，加强学生对诸子百家及其思想主张的理解与掌握。 通过角色扮演和视频观看，进一步加深学生对诸子百家及其思想主张的理解。

续表

新课教学	梦之余响（百家争鸣的影响）	展示材料。 师：这是一场历时三百多年之久的跨世纪（思想）大辩论，儒墨争雄、儒道争锋、儒法争用，可谓纵横捭阖、机锋迭起、智慧纷呈，展现出无穷的魅力。 ——易中天《先秦诸子百家争鸣》 师：请同学们根据这段文字指出百家争鸣对当时有何影响？ 第一个影响就是促进了当时思想的繁荣。但百家争鸣对当时的影响远不止思想这一方面，穿越两千多年的岁月，战国时期的大量文物通过考古重现于世，屏幕上这几幅插图，向我们展现了当时的哪些社会风貌呢？左边第一幅《战国星宿图》体现了哪个方面的成果？ 下面请各位同学结合图片和以下材料概括百家争鸣对当时还有怎样的影响？ 长时间的百家争鸣造就出一批又一批以思想家为主体的学者，他们活跃在政治、外交、军事、学术、教育、科技、文学艺术等领域，为当时的社会进步和文化发展做出了重大贡献。 2000多年前，中国就出现了诸子百家的盛况，老子、孔子、墨子等思想家……提出的很多理念，如孝悌忠信、礼义廉耻、仁者爱人、与人为善、天人合一、道法自然、自强不息等，至今仍然深深影响着中国人的生活，也培育了以爱国主义为核心的民族精神。 师：非常好，简而言之就是对后世影响深远，深深影响着我们的精神、我们的生活等。 师：这一时期百家争鸣、百花齐放，留下了中国思想文化史上辉煌的一页。是啊，墨家关注社会，留下了平等、互利、博爱的社会理想；道家关注人生，留下了真实、自由、宽容的人生追求；法家关注国家，留下了公平、公开、公正的治国理念；儒家关注文化，留下了仁爱的核心价值。而他们所有思想观点的精髓可以用一个词总结，那就是"和谐"。 师：先贤们虽然已经离我们远去，但他们逐梦的余响却从来没有消失，比如先贤们的梦想在今天被我们称之为中国梦。中国梦是每个中国人的梦，你们今天也需要为和谐社会的梦想做出自己的努力。 下面请同学们以"我是学校的小主人"为题，思考如何运用诸子百家的思想来遏制这些不和谐的行为，构建和谐校园。 师：最后小结一下本课内容，请看黑板。 一、单项选择题 1.在生态文明建设方面，要汲取我国古代"天人合一"的思想智慧。战国时期，主张"天人合一"并成为其哲学思想的核心理念的人物是（　　） 　　A.孔子　　B.老子　　C.庄子　　D.韩非子 2.力主建立中央集权的统一国家，全面加强君权的思想家是（　　） 　　A.孔子　　B.老子　　C.墨子　　D.韩非子	解读不同类型的材料。 分组合作，讨论分享如何合理运用诸子百家的思想来遏制不良校风，让历史照进现实。 完成习题，夯实基础。 交流分享心得。	通过不同类型材料的解读，加深学生对百家争鸣影响的理解。 解读时代新梦，让历史照进现实，拉近历史与现实的距离，加深学生对百家争鸣影响的理解。

续表

新课教学	梦之余响（百家争鸣的影响）	3.郭沫若说："由秦到现在两千多年了，我们依然感觉春秋战国在学术思想史上是中国的黄金时代。"这是因为春秋战国出现（　　） A.竞相改革的时代风潮　B.诸侯争霸的局面 C."百家争鸣"的活跃局面　D.商业繁荣的局面 二、判断题 | 项目	治国主张	对战争的看法	对天和鬼法的看法
孟子	爱有差等，劳心者治人，劳力治于人，治人要实行仁政	认为善战者应该受到严厉的惩罚，不反对正义战争	基本遵循"敬鬼神而远之"的原则
墨子	把"兼爱"、举贤作为国家的基本政策	坚决反对大国侵略小国，主张"非攻"，不反对正义战争。	天是有意志的，鬼神是存在的。	 以下表述是从上表中得出的，请在括号内填"A"；违背了上表所表达的意思的，请在括号内填"B"；上表信息没有涉及的，请在括号内填"C"。 1.孟子和墨子都是战国时期著名的思想家。（　　） 2.孟子和墨子都主张"兼爱"。（　　） 3.孟子和墨子都反对不义战争。（　　） 4.孟子继承了孔子的思想。（　　） 5.墨子认为天完全是遵循人的意志的。（　　） 师：同学们的悟性非常不错，希望你们今天学有所获，接下来，请同学们把你这节课最大的收获或者疑问写下来，我们在下一节课时与大家分享交流。	
课堂小结	本堂课围绕"梦"展开，分为乱世梦起（百家争鸣的背景）、百家逐梦（百家争鸣的内容）、梦之余响（百家争鸣的影响），重点在百家逐梦和梦之余响，通过对百家争鸣内容和影响的深入挖掘和理解，引导学生感受诸子百家为追求政治理想做出的卓越贡献，体会人类优秀思想传承对人类文明演进的价值；增强学生对社会改造的使命感与责任感。		
作业布置	根据本节课的所学所悟，感受诸子百家思想给我们现实生活带来的影响。		
板书设计	战国时期百家争鸣 乱世梦起（百家争鸣的原因）。 百家逐梦（百家争鸣的内容）。 梦之余响（百家争鸣的影响）。		
教学反思	本堂课材料教学较为突出，但由于课前准备不够，教学内容太多，教学难度太大，重难点不够突出，留给学生的思考时间不充足，关注到的学生不多，还有很大部分没有完全参与课堂，问题设置太随意，层次性和逻辑性不强，整体效果不是很理想。		

第一次分组研讨：

全体参加教研活动的老师围绕教学优化，结合观课实际，从教学的设计、实施、评价，学生与教师的互动两个层面展开了分组研讨，并分组派代表汇报了小组研讨的结果。

知识检测组：在本堂课的学习中，学生只掌握了四个学派的名称，具体学派代表还不能完全对号入座，由于材料太难，学生不能根据材料理解并讨论不同学派代表人物的不同观点，由此看来基本知识点没有落实到位。（李萍、吕云萍）

访谈组：本次授课班级学生基础差，语文阅读水平有限，理解那几则材料有难度，加之课堂节奏太快，对学派观点没能理解，难度大，摸不着头脑。（邹婷、汪玉梅、戴丹雪）

课堂观察组：本堂课所设大问题5个，小问题71个，其中有效问题23个，参与回答问题的学生人数只有8个，回答正确的只有5个。其他大部分同学在讨论时不在学习状态，没能参与进来。（郑柯、明秀丽）

教学结构小组：由于百家争鸣的背景和内容花时35分钟，影响花时5分钟，以致后面的时代新梦、小试牛刀、心得与疑问三大板块未能完成，分析原因在于解读材料时难度超过学生认知。（孟易旭、张耀武）

问题结构与主题研究小组：问题设置不科学、不连贯，教学过渡不自然。具体表现在：第一，导入歌曲平淡冗长，以孔子引出百家争鸣太突兀，且不符逻辑。第二，小组讨论的形式不当，用于讨论的材料难度偏大，教师没有单独引导，学生不能独自解读以致浪费大量时间，讨论时又讨论不起来。第三，问题设置没有体现层次，不能层层递进，抽丝剥茧。第四，"时代新梦"这一板块的设计与政治课内容相似，像是附在本课的一个尾巴，应予改变；最后一个板块的习题老套，且没有时间完成，建议舍弃。（苟扬、邓荣、苏晓琴、贺静）

邹婷老师根据以上问题和建议，对教学设计和实施进行了调整。

表6-2 《百家争鸣》第二次教学实施

教学过程				
环节	教学内容	教师活动	学生活动	设计意图（育人点及育人效果预期）
课题导入	千年一梦	播放视频：2008年奥运会开幕式"和"字出现的片段（教师解说，这是2008年北京奥运会开幕式中孔子三千弟子诵读论语的场景）。 师：上课，同学们好！刚才视频中给你印象最深的是哪一个字？ 师：对了，一个"和"字荟萃千年，表达了孔子"和为贵"的人文理念，也彰显了中华民族历史悠久的"和谐观"。几千年来我们追求这一梦想的步伐从未停止，至今仍然在为实现和谐社会而努力着，可谓千年一梦。	观看视频，体会"和"字蕴含着几千年来一直是中国人共同梦想的深刻寓意。	通过视频观看，拉近历史与现实的距离，加深学生对本课的印象。

续表

教学过程				
新课教学	百家逐梦（百家争鸣的内容）	精选材料，引导学生通过阅读材料判断各学派及其主张： 视人之国若视其国，视人之家若视其家，视人之身若视其身。 ——《墨子》 王如施仁政于民……夫谁与王敌？故曰："仁者无敌。"王请勿疑。 ——《孟子》 君人者，隆礼尊贤而王，重法爱民而霸。 ——《荀子》 事在四方，要在中央。圣人执要，四方来效。 ——《韩非子》	学生根据自学内容，初步讲解各学派的主张，并相互交流、解读和判断各材料内容所体现的主张。	通过材料解读，拉近历史与现实的距离，使学生进一步了解诸子百家的主张。
	梦之余响（百家争鸣的影响）	师：先贤们虽然已经离我们远去，但他们逐梦的余响却从来没有消失。比如先贤们的梦想在今天被我们称之为中国梦，即实现中华民族的伟大复兴。中国梦是每个中国人的梦，你们也需要为和谐社会的梦想做出你的努力。 同学们在校园中也可能看到一些不和谐的现象，像乱扔垃圾、随地吐痰等。下面请同学们以"我是学校的小主人"为题，思考如何运用诸子百家的思想来遏制这些不和谐的行为，构建和谐校园。 师：最后小结一下本课内容，请看黑板，本课的主要内容是百家争鸣的背景，可以闭上眼睛在头脑里回忆一遍，内容有哪些，影响有哪些。	分组合作，讨论如何合理运用诸子百家的思想来遏制不良风气，让历史照进现实。	通过解读时代新梦，让历史照进现实，拉近历史与现实的距离，加深学生对百家争鸣影响的理解。

板书设计	战国时期诸子百家思想		
	学派	代表	主张
	法家	韩非子	"严刑峻法" "小央集权"
	道家	庄子	"无为而治" "天人合一"
	墨家	墨子	"兼爱" "非攻"
	儒家	孟子	"仁政"
		荀子	"隆礼重法" "制天命而用之"

教学反思	本次教学活动体现了学生自主、合作探究的新课程理念，实现了学生为主体，教师为主导的目标，建立了新型、和谐的师生互动关系；教学中的学生自学、表格填写、角色扮演等活动，符合学生的心理特点，学生表现积极，既突破了重点，又激发了学生学习的兴趣。但在教学难点的突破上，感觉还是不理想。本想着通过教师的引导化难为易，但是学生在归纳的时候，不能很好地贯穿起来；在鼓励学生质疑方面，方法指导上做得不完全到位。

第二次教学分组研讨：

第二次分组研讨针对第一次上课情况进行了分析和修正，全体参研教师做了跟进性课例观察和课例研究，并进行分组汇报。

前后测组：在本堂课的学习中，学生掌握了四个学派的名称及各派的代表人物，并通过提取教材中的有效信息和小组讨论，归纳出不同学派代表人物的不同观点，由此看来本课的基本知识点落实到位。（李萍、吕云萍）

访谈组：本堂课容量恰当，学生有所收获，初步学会了解阅读历史材料的方法，只是没能运用；通过角色扮演，学生对百家争鸣有初步感受，但不够直观，对百家争鸣的激烈程度感受不深刻。（邹婷、汪玉梅、戴丹雪）

课堂观察组：本堂课所设大问题6个，小问题47个，其中有效问题31个，参与回答问题的学生人数有27人，回答正确的有24人。有小部分同学在讨论时不在学习状态，没能参与进来。（郑柯、明秀丽）

教学结构小组：百家争鸣的背景和内容花20分钟，影响花时11分钟，时代新梦花时9分钟。最后一个板块用时过长，且结束本课时没有点睛之笔，让课堂没能完整。（孟易旭、张耀武）

问题结构与主题研究小组：问题设置较为连贯，教学过渡基本自然，只是导入部分直接引用2008年奥运开幕式中的片段，使得历史学科特色不足；这次教学整体结构较为完整，问题设置基本能体现层次；"时代新梦"这一板块的设计与本课内容紧密相关，能让学生活学活用，可以检验学生对本课内容的掌握情况。（苟扬、邓荣、苏晓琴、贺静）

第三次教学实施调整部分内容：

表6-3 《百家争鸣》第三次教学实施

环节	教学内容	教师活动	学生活动	设计意图
课题导入	千年一梦	课前循环播放诸子百家画像及其名言。（并配轻音乐） 师：刚才老师给大家展示了一些图片，其中令你印象最深的是什么呢？这些思想家的理念多种多样，但都表达了一个共同的追求，即国家的安定，社会的和谐。几千年来我们追求这一梦想的步伐从未停止，至今仍然在为实现和谐社会而努力着，可谓千年一梦。	了解诸子百家代表及其主张。	通过观看，营造历史情境，拉近学生与历史的距离，加深学生对诸子百家代表及其主张的印象。

续表

教学过程				
新课教学	百家逐梦（百家争鸣的内容）	展示材料,引导学生通过阅读材料判断各学派及其主张： 王如施仁政于民……夫谁与王敌？故曰："仁者无敌。"王请勿疑！ ——《孟子》 视人之国若视其国,视人之家若视其家,视人之身若视其身。 ——《墨子》 事在四方,要在中央。圣人执要,四方来效。 ——《韩非子》 君人者,隆礼尊贤而王,重法爱民而霸。 ——《荀子》 师：同学们的辩论非常激烈,下面我们再通过一段影视作品回到两千多年前的战国时期,一起去感受当时百家争鸣的激烈场景。(播放《大秦帝国》片段) 师：虽然影视作品不能完全反映真实的历史,但它也是我们了解历史的一种重要渠道。动荡与变革交织的战国时期已然远去,但诸子百家逐梦的思想与智慧的光芒依然在中华大地上闪烁。	解读和判断各材料内容所体现的学派主张。 观看视频,感受当时激烈的场面。	通过材料解读、观看视频,拉近学生与历史与现实的距离,使学生进一步了解诸子百家的主张。
^^	梦之余响（百家争鸣的影响）	师：先贤们虽然已经离我们远去,但他们逐梦的余响却从来没有消失。比如先贤们的梦想在今天我们称之为中国梦,即实现中华民族的伟大复兴。中国梦是每个中国人的梦,你们今天也需要为和谐社会的梦想做出自己的努力,比如同学们在校园中可能会看到一些不和谐的现象,像乱扔垃圾、随地吐痰等。下面请同学们以"我是学校的小主人"为题,思考如何运用诸子百家的思想来遏制这些不和谐的行为,构建和谐校园。 师：你可以任意选择一家学派的思想对某一不和谐的现象写出解决之道。待会儿请几位同学与我们分享一下。		通过齐读"天道行健,君子自强,和谐之路,坦坦荡荡",升华本课思想。
^^		师：这几位同学能够活学活用,说明对今天学习的诸子百家的主要思想是理解到位的。如果他们的例子打开了你的思路,你们可以在下课后与其他同学交流,写出科学、合理的班级公约。构建和谐社会先从构建和谐校园开始,只要每个人都能尽一份力,和谐社会必将早日实现。现在,让我们起立,向所有这些伟大的思想家表示最崇高的敬意！让我们告诉他们,中华儿女一定会无愧于自己的祖先,请齐声朗读： 天道行健, 君子自强, 和谐之路, 坦坦荡荡。	饱含深情,齐读文字。	
课堂小结				本堂课围绕"梦"展开,重点在百家逐梦和梦之余响。通过对百家争鸣内容和影响的深入挖掘和理解,感受诸子百家为追求政治理想做出的卓越贡献,体会人类优秀思想传承对人类文明演进的价值,增强学生对社会改造的使命感与责任感。

第三次教学研讨、总结。

此次教学效果较好。从整体上看,本课立意高远,主线明确而清晰,教学环节紧凑,逻辑性强。从时间分配看,重难点突出,时间分配恰当;从课程结构看,教材资源利用合理,讲练结合,设计合理,注重知识点的落实和运用;从课堂流程看,过渡自然,生动活泼。由于没有充分把握学情,本次教学是建立在学生已经学过新课并有一定知识基础的情况下设计的,所以本课时注重培养学生分析归纳和解读历史材料的能力,但在上课过程中,教师发现学生没有掌握一些基本的知识点,不能在短时间内完成对内容的升华,因此本堂课学生的学习积极性调动得不好,虽然绝大部分学生都参与了课堂的学习,但其对内容的理解不透彻,没能让学生深切体会中国传统文化的精华,在增强学生民族的自豪感和自信心方面也达成不够。师生互动、生生互动的课堂氛围不好是本课最大的遗憾。教学过程是一个动态生成的过程,在预设与生成之间要达成良好效果,必须充分把握学情,然后根据学生和教师的储备设计出切切实实符合学生实际的、朴素而朴实的美妙课堂,真正达到教学相长。所以在备课过程中如何备学生、备教师、备教学环境等方面都是要重点下功夫研究的问题,然后精心设计问题,以"问"引导,抓住契机,辩证分析,激活思维。

二、案例评析

本案例曾获重庆市初中历史优质课大赛一等奖,是北碚区初中历史学科开展学科全息育人课堂教学研修的代表性成果之一。本次学科研修采用课例研修的基本方式,是"1+1"模式的成功实践。纵览研修过程,我们不难发现学科全息育人的相关理念、相关路径、相关方法贯穿于教学的全过程,集中体现了北碚区初中历史人的学科全息育人的经验和智慧。

(一)体现研修先进理念

"兵马未动,粮草先行。"一堂优质的课例、一个先进的教研模式必须要由先进的理念支撑。此课例之所以优秀,不仅在于老师的合理把控,还在于优秀的教学设计,更在于其体现了以学生为中心、教师为主导的"双主共学"理念。同样,此研修案例之所以能够获得成功,不仅在于充分的活动准备、完美的实施细节,更在于先进的研修理念,一个重要的因素就在教育理念的转变,即从第一次知识教学转向第二三次的学科育人,充分彰显北碚区初中历史学科全息育人"五育融合、主题设计""问题引领、精准施策""众筹智慧、三级联动"等理念,对参训教师进行思想洗礼,以挖掘历史教学内容的育人价值为突破口,其执教理念从学科教学逐渐转向学科育人。

(二)彰显学科育人功能

从学科教学转向学科育人是当前学科改革的必然趋势。基础教育课程承担着全面贯彻党的教育方针,培养德智体美劳全面发展的社会主义建设者和接班人的重任,是落实立德树人根本任务的重要渠道。历史教育工作者应以此为己任,更新原有的教学理念,从学科教学转向学科育人。此研修活动中,参训历史教师将历史学科的育人功能作为教学设计、教学实施和评价的抓手。在教学设计上,以发挥历史学的育人功能为突破口进行教学立意,将教学和育人相结合,从家国情怀的角度去理解诸子百家进行争鸣的精神内核,并以此作为立意统领教学;通过分析诸子百家的爱国情怀,帮助学生认识到一个优秀的人是对国家、对民族有深情大爱的人,对学生进行精神和思想上的双重洗礼。在教学实施中,执教教师需从自身和学生的角度有意识、有目的地带领学生挖掘教学内容的育人内涵,从德智体美劳的角度对学生进行完整的知识建构、充分的能力培养和正确的价值引领。

(三)提升学科研修实效

基于真实问题、结合案例实践、围绕问题解决是全息育人初中历史研修的基本思路。研修的目的在于提升教学实效,研修的路径是通过问题解决达成教学共识。在此次研修活动中,参研教师在教研员的组织下,结合百家争鸣的课例,以发挥历史育人功能、优化历史课堂育人结构、提升历史课堂育人实效为主题进行学科研修。从"前后测、访谈、课堂观察和教学结构"四个层面进行细致研讨,从教学立意、思路建构到学习方式、评价反馈等方面,结合观察结果,围绕问题进行深入细致的教研,形成教学共识。研修实行项目以合作探究的方式进行,每一个参研教师都有事做,每一件事都有人做。所以这是真的研修、活的研修,而非走过场的研修。通过本次研修,老师有收获,团体有进步。本课作为北碚区初中历史全息育人教学研究的示范课,起到了良好的示范作用。它既是课例的示范,同时也是全息育人背景下初中历史教学研究的示范。执教课例的邹婷老师获得重庆市初中历史优质课大赛一等奖,其余老师认识到全息育人理念的先进性,教学实践中将全息育人理念和自身教学实践相结合,撰写了大量的高质量育人论文,整体推进北碚区初中历史课堂育人的发展。

三、部分参训教师收获

本次研修,是一次初中历史学科全新育人实践的成功探索,是对北碚区初中历史学科全新育人理念的经验性总结。参训教师认为要发挥历史学科育人功能、优化历史课堂育人结构、提升历史课堂育人实效应注意6个"要"。

1. 育人目标要有层次。即问题应有一定的层次性、梯度性,尽量做到由表及里,由易到难,由浅入深,循序渐进。这样,不但可以让学生在易、浅的问题上找到"成功感",从而激发其学习探讨的兴趣,也有利于教师对学生进行引导,使学生的思想不断升华。相反,提问不讲究梯度,时不时抛出一两个难题,如突兀之石,学生一时无法回答,整个课堂就失去了生机和活力。对那些难度较大的问题,我们一定要精心设计,将其分解成一组由浅到深、由易到难的几个小问题,层层推进,最终得到圆满解决。这样做的最大好处是能够照顾全体学生,不至于有些学生连笔都不敢动,口不敢开,从而使不同层次的学生回答不同层次梯度的问题,每个学生都能积极思考,积极讨论,积极作答,活跃课堂气氛,让学生真正成为课堂的主体。

2. 要加强组织。这里的"组织"指的是设置问题应精心准备,精心预设问题。听课时我们经常会发现很多教师都有"随意问"的现象,这一现象的根源就是课前准备不足。课堂上突发奇想地提出问题,不排除个别问题的合理性,但多数问题缺乏深思熟虑。俗话说:"凡事预则立,不预则废。"显然历史课堂的问题教学应做好"预"。一堂课设置哪些问题,问题如何呈现,什么时机呈现,问题的难度如何,学生如何解决等,教师都应做好准备。教师如何"预"? 教学方法服务于教学目标的实现,因此问题设置的依据是教学目标,教师应根据教学目标的要求设置问题。当然提问的对象是学生,在目标制订和问题设置中还应充分考虑学生学情,结合学生的认知水平、身心特点设置问题。

3. 问题设置要适量和适度。"适量"即一堂课问题的数量应适中,问题不是越多越好。教师应根据教学目标和学生实际设置问题,力求做到少而精。"适度"即问题的难度要合适,不能太难也不能太容易。

4. 难度要适中。太难学生无法回答,打击学生的积极性,使学生得不到成功体验;太易则没有思考价值,无法激起学生思维的火花。教师应力求做到:学生不用思考就能回答的不问,学生怎么思考也答不出的不问,问在"最近发展区"。"最近发展区"的问题,对学生来说具有一定的思考性和挑战性但又不是"高不可攀""遥不可及",使学生"心求通而不能,口欲言而不达"的愤悱境界,在学生大脑中形成一个个兴奋中心,学生通过一定的努力可以解决问题,促使学生最大限度地调动相关旧知来积极探究。

5.育人参与度要广。学科全息育人的一个很重要的思想,是教育要面向全体学生。问题教学不能出现"遗忘的角落",要让所有学生都感受到教师的关注、期待,培养所有学生的参与意识和竞争意识,从而营造出主动积极的集体思维,进而推动每个学生更主观能动地进行思维活动。现实历史课堂问题教学中经常出现"冷场"的情况,学生参与度不高。很多情况不是学生不会,而是不敢、不愿发言。如何解决呢?我想应从以下方面入手:一是教学民主,建立良好融洽的师生关系,让学生敢于参与,学生不怕答错了;二是尽量设置需要学生通过合作、分组、分工解决的问题,既有利于培养学生的集体意识,又使学生在集体活动中参与问题;三是设置开放性的问题,答案不是唯一的,使每个学生都有自己的见解;四是问题要有层次性和一定的挑战性,照顾不同层次学生。激发兴趣。孔子曰:"知之者不如好之者,好之者不如乐之者。"可见兴趣是最好的老师,兴趣是学习的动力,学生的学习动机很大程度上是由兴趣所引起的,有了兴趣才能有思考的动机。因此教师设置问题应能激发学生的兴趣,使学生乐于思考,主动探究。一般来说贴近学生生活实际的问题、情境材料新颖的问题、学生付出一定努力能解决的问题易激起学生兴趣。所以,教师应该在教学中通过提供合适的情景材料,让学生主动发现问题,让问题自然地生成出来。这样学生解决自己发现的问题的动力远大于教师布置的问题,正如爱因斯坦说过:"提出一个问题比解决一个问题更为重要。"

6.育人评价要科学。实践中,有的教师对学生回答的正确与否,不做评价,或者只用"对""错"等简单评价,还有些教师一味地鼓励表扬。上述做法都是不恰当的。第一,要及时评价。有些老师在学生回答完问题后,直接让学生"请坐"就结束了。学生回答了问题,迫切地想知道答案,得到各方面的评价,因此及时评价是必要的,某种程度上说评价是对学生"劳动成果"的鉴定;第二,要客观评价。现在很多教师片面的理解奖励机制,对学生回答的问题不管对与错一律是"好""很好"等鼓励性评价,其实上述两种评价方式都是不可取的,因为学生不知道好在哪儿、对在哪儿、错在哪儿。教师应指出学生回答的合理性、闪光点,同时也要敏锐地指出其不足之处,这有利于学生的发现自身的优点与不足,有利于学生的"可持续发展"。第三,要多元评价。传统的评价是教师主导的,学生没有评价的权利,评价主体单一。我们现在倡导教师把部分评价权下放给学生,让学生去评价同学回答的问题,引发学生互评,由于是同伴的评议,被评价者消除了被评心理,能以主人翁身份参与评价活动,保证了评价者能更好地获得有效信息;而被评价者又能及时发现自身问题,找出差距。慢慢地,学生的兴趣就会转移到对知识的探究上,从而产生出对这门学科的兴趣。这样的评价促使其他的学生在评价过程中学会倾听,学会思考,学会客观地评价。而被评价者在同伴的评议中学会反思,且能以平和的心态接受他人的评价。有效地开展学生互评活动,使学生作为评价的主体,让评价者与被评价者都能在评价中健康地成长。[1]

---

[1] 周成平.中国著名特级教师课堂魅力经典解读[M].南京:江苏人民出版社,2006.

参考文献

硕博论文：

1. 王艺璇.新时代中学生品德养成教育研究[D].长沙:湖南大学,2019.

2. 岳定权.意义的追寻:教师教材理解研究[D].成都:四川师范大学,2020.

3. 黄家琪.新编初中历史教材教学对策研究——以七年级下册历史教科书为中心[D].西安:陕西师范大学,2019.

4. 徐凯旋.建国以来党的教育方针演变述论[D].长沙:湖南师范大学,2008.

5. 董陈琦岚.基于STEM项目学习的学生能力评价研究[D].天津:天津师范大学,2017.

6. 兰安琦.落实核心素养的化学学习评价设计研究——以人教版高中化学选修四为例[D].天津:天津师范大学,2019.

期刊文章：

1. 顾泠沅,王洁.教师在教育行动中成长——以课例为载体的教师教育模式研究(下)[J].课程·教材·教法,2003(02).

2. 邓辉.整体性原则在历史教学中的运用[J].四川教育学院学报,2004(S1).

3. 席作宏.基于多元智能理论的教学评价实施策略[J].当代教育论坛(宏观教育研究),2007(05).

4. 李斌,孟凡丽.课堂教学文化的内涵与特征[J].教育学术月刊.2008(08).

5. 丁念金.素质文化视野中的课堂评价理念.全球教育展望[J],2011,40(12).

6. 张力.纵论立德树人——教育的根本任务[J].人民教育,2013(01).

7. 肖海燕.双主共学,构建师生学习共同体[J].新课程学习(中),2013(07).

8. 廖其发.论教育研究中的"史论结合"[J].西南大学学报(社会科学版),2014(02).

9. 陈善礼.新生入馆同伴教育模式研究[J].图书情报工作,2015(08).

10. 吴西忠.中学历史教学中信息化教学策略探究[J].教学管理与教育研究,2016(01).

11. 叶澜:融通"教""育",深度开发学科的育人价值[J].基础教育论坛,2016(15).

12.陈柳.美国:教师专业发展模式的"翻转式"探索[J].人民教育,2016(21).

13.杨志成.核心素养背景下全息课堂教学原理与策略研究[J].北京教育学院学报,2017(02).

14.蒋敏杰.问题引领需求,研修促进教师"成事""成人"[J].江苏教育,2017(07).

15.成尚荣.学科育人的意蕴[J].教学研究与评论(中学教育教学版),2018(05).

16.教育部考试中心.深化考试内容改革 凸显学科育人功能——2019年高考历史试题评析[J].中国考试,2019(07).

17.成尚荣.学科育人:教学改革的指南针和准绳[J].课程·教材·教法,2019(10).

18.张文英.初中历史统编教材施教策略[J].贵州教育,2019(15).

19.李政涛."五育融合",提升育人质量[J].云南教育(视界),2020(02).

20.郭元祥.论学科育人的逻辑起点、内在条件与实践诉求[J].教育研究,2020(04).

21.冯建军.构建德智体美劳全面培养的教育体系:理据与策略[J].西北师大学报(社会科学版),2020(03).

22.叶澜.重建课堂教学价值观[J].教育研究,2020(05).

23.宁本涛."五育融合"与中国基础教育生态重建[J].中国电化教育,2020(05).

24.李园林,杨执潮,邓猛,汤剑文.培智课堂教学评价价值取向刍议[J].中国特殊教育,2020(05).

25.谭友坤.价值导向:教师课堂教学应有的思想自觉[J].教学理论与实践,2020(02).

专著:

1.雅斯贝尔斯.什么是教育[M].北京:生活·读书·新知三联书店.1991.

2.林丙义,郭景扬.中学历史课程教材改革评介(第2版)[M].北京:高等教育出版社,2001.

3.王家范.中国历史通论[M].上海:华东师范大学出版社,2000.

4.联合国教科文组织总部中文科译.教育-财富蕴藏其中[M].北京:教育科学出版社,2001.

5.聂幼犁.历史课程与教学论[M].杭州:浙江教育出版社,2003.

6.程书肖.教育评价方法技术[M].北京:北京师范大学出版社,2004.

7.张剑平.现代教育技术——理论与应用[M].北京:高等教育出版社,2005.

8.丹东尼奥.课堂提问的艺术:发展教师的有效提问技能[M].北京:中国轻工业出版社,2006.

9.陈旭远,张捷.新课程实用课堂教学艺术[M].长春:东北师范大学出版社,2004.

10 周成平.中国著名特级教师课堂魅力经典解读[M].南京:江苏人民出版社,2006.

11.吴亚萍,王芳.备课的变革[M].北京:教育科学出版社,2007.

12.加涅等.教学设计原理(第5版)[M].上海:华东师范大学出版社,2007.

13.卡尔.历史是什么[M].北京:商务印书馆,1981.

14.王守恒,姚运标.课程改革与教师专业发展[M].合肥:安徽教育出版社,2007.

15.王云,李志河.现代教育技术应用[M].北京:北京交通大学出版社,2007.

16.殷丽萍.历史课程与教学论[M].广州:广东高等教育出版社,2013.

17.刘宗寅,秦荃田.全息教学论原理[M].济南:山东大学出版社,1990.

18.王道俊,郭文安.教育学[M].北京:人民教育出版社,2016.

19.于友西.中学历史教学法[M].北京:高等教育出版社,2009.

20.徐学福.探究式学习教学策略[M].北京:北京师范大学出版社,2010.

21.何成刚,彭禹,夏辉辉,沈为慧等.智慧课堂:史料教学中的方法与策略[M].北京:北京师范大学出版社,2010.

22.周新桂,费利益.探究教学操作全手册[M].南京:江苏教育出版社,2010.

23.杨耕.危机中的重建:唯物主义历史观的现代阐释[M].武汉:武汉大学出版社,2011.

24.中国社会科学院语言研究所词典编辑室.现代汉语词典(第7版)[M].北京:商务印书馆,2016.

25.教育部基础教育课程教材专家工作委员会.义务教育历史课程标准(2011年版)解读[M].北京:北京师范大学出版社,2012.

26.何成刚,张汉林,沈为慧.史料教学案例设计解析[M].北京:北京师范大学出版社,2012.

27.杜芳,刘汝明.中学历史教学设计与案例研究[M].北京:科学出版社,2013.

28.袁丛秀主编.中学历史教学设计与案例研究[M].北京:科学出版社,2014.

29.约翰·杜威.民主主义与教育[M].北京:中国轻工业出版社,2015.

30.小威廉·E.多尔.后现代课程观[M].北京:教育科学出版社,2015.

31.张汉林.历史教育追寻什么及如何可能[M].北京:中国民主法制出版社,2016.

32.候桂红.中学历史教学设计及评价[M].北京:北京师范大学出版社,2016.

33.格兰特·威金斯,杰伊·麦克泰格.追求理解的教学设计(第2版)[M].上海:华东师范大学出版社出版,2017.

34.于友西,赵亚夫.中学历史教学法(第4版)[M].北京:高等教育出版社,2017.

35.徐蓝,朱汉国.普通高中历史课程标准(2017年版2020年修订)解读[M].北京:高等教育出版社,2020.

36.杨开城著.课程开发:一种技术学的视角[M].北京:北京师范大学出版社,2018.

后记

为了更好地落实立德树人的教育根本任务,培养社会主义的建设者和接班人,重庆市北碚区教师进修学院组织编写了《初中历史学科全息育人》,本书由重庆市北碚区教师进修学院历史教研员廖成林、周均、陈晓琴担任主编,北碚区部分初中优秀历史老师参与了编写,广大一线初中历史教师参与了审读。在书稿编写过程中,所有编写人员付出了艰辛的努力,字斟句酌、数易其稿,历经反复研磨,终于付梓成书。本书编写分工如下。

第一章:赵敏岩;第二章:康宇;第三章:周均、邹婷;第四章:汪玉梅、邓佰平、熊春梅、叶静;第五章:汪玉梅、周均、康宇、邓佰平、邹婷、熊春梅;第六章:廖成林、陈晓琴、赵敏岩。书中全息育人点导引由康宇、汪玉梅、熊春梅、周均、邹婷、邓佰平共同梳理完成;案例整理由邹婷、赵敏岩、熊春梅合作完成。

在编写过程中,重庆市教育科学研究院历史教研员黄开红专家对本书的修改和完善给予悉心指导,提出了很多宝贵意见。在此,向黄老师表示诚挚感谢!

编写团队也参考了大量学术文献及相关研究成果。在大家的共同努力下,本书在全息育人背景下有关初中历史教学的许多理论和具体问题的研究上取得了很大进展。受限于编者的知识视野、理论水平和所掌握的材料,本书难免存在不足,真诚希望广大读者对本书提出宝贵意见,我们将集思广益,不断修订,使本书趋于完善。

本书编者
2024年5月